Die Relevanz des Urheberrechts für den Steuerabzug nach § 50a Abs. 1 Nr. 3 EStG im Rahmen der Softwareentwicklung

SCHRIFTENREIHE ZUM
URHEBER- UND KUNSTRECHT

Herausgegeben von Thomas Hoeren

BAND 22

Owen Mc Grath

Die Relevanz des Urheberrechts für den Steuerabzug nach § 50a Abs. 1 Nr. 3 EStG im Rahmen der Softwareentwicklung

Eine urheber- und einkommenssteuerrechtliche Betrachtung umfassender Nutzungsrechteeinräumungen

PETER LANG

Lausanne - Berlin - Bruxelles - Chennai - New York - Oxford

Bibliografische Information der Deutschen Nationalbibliothek
Die Deutsche Nationalbibliothek verzeichnet diese Publikation in der Deutschen Nationalbibliografie; detaillierte bibliografische Daten sind im Internet über http://dnb.d-nb.de abrufbar.

Zugl.: Münster (Westfalen), Univ., Diss., 2023

D 6
ISSN 1860-076X
ISBN 978-3-631-90633-0 (Print)
E-ISBN 978-3-631-90669-9 (E-PDF)
E-ISBN 978-3-631-90670-5 (EPUB)
DOI 10.3726/b21084

Internationaler Verlag der Wissenschaften

Verlegt durch:
Peter Lang GmbH, Berlin, Deutschland

info@peterlang.com http://www.peterlang.com/

Diese Publikation wurde begutachtet.

Meinen Eltern

Vorwort

Die vorliegende Arbeit wurde im Wintersemester 2022/23 von der Rechtswissenschaftlichen Fakultät der Westfälischen Wilhelms-Universität Münster als Dissertation angenommen. Die mündliche Prüfung fand im April 2023 statt. Rechtsprechung und Literatur konnten bis Juli 2022 berücksichtigt werden.

Einleitend danken möchte ich meinem Doktorvater, *Professor Dr. Thomas Hoeren*, für die Anstellung an seinem Institut, die Betreuung während der Erstellung dieser Arbeit und auch die Aufnahme in seine Schriftenreihe zum Urheber- und Kunstrecht. Für die Erstellung des Zweitgutachtens danke ich *Professor Dr. Marcel Krumm*.

Herzlicher Dank gebührt meinen Kolleginnen und Kollegen vom ITM. Sowohl ihr fachlicher als auch menschlicher Beistand hat mich durch die Erstellung der Dissertation und die Arbeit am Institut getragen.

Besonders hervorheben möchte ich hierbei *Dr. Marten Tiessen, Dr. Julia Werner, Dr. Nico Gielen, Dr. Steffen Uphues* und *Nicolas John*.

Spezieller Dank gilt *Jonas Brickwede*. Seit Studienbeginn waren die meisten Hürden durch seine Leidensgenossenschaft ein ganzes Stück niedriger.

Der größte Dank teilt sich auf. Er gilt zum einen *Malin Fischer*. Nicht nur für die Durchsicht des Manuskripts und den stetigen fachlichen Austausch, sondern insbesondere für ihren anhaltenden Zuspruch und ihre liebevolle Unterstützung.

Zum anderen meinen Eltern und meinem Bruder. Ohne ihren bedingungslosen Rückhalt, ihr unbegrenztes Vertrauen und ihren liebevollen Zuspruch im fachlichen und persönlichen Bereich wäre schon mein Studium nicht möglich gewesen. Meinen Eltern ist diese Arbeit gewidmet.

Lüneburg im Juli 2023
Owen Mc Grath

Vorbemerkung

Die Arbeit ist auf dem Stand Juli 2022. Anfang August 2022 veröffentlichte das Bundesfinanzministerium ein neues Schreiben zu der Thematik „Steuerabzug nach § 50a Einkommensteuergesetz bei Softwareauftragsentwicklung" (BStBl. I 2022, 1253). Die mit diesem Schreiben kundgetane Einschätzung der Verwaltung deckt sich nunmehr– entgegen der zeitweisen Bezeichnung in der Arbeit - in Teilen mit der vom Verfasser vertretenen Auffassung in Bezug auf den Steuerabzug bei Softwarewerken. Die in dieser Arbeit geführte Argumentation verliert dadurch keineswegs an Gültigkeit. Vielmehr unterstreicht die teilweise gewandelte Überzeugung der Finanzverwaltung die Ergebnisse der Arbeit.

Siehe für Abkürzungen:

Kirchner, Hildebert (Begr.), Abkürzungsverzeichnis der Rechtssprache, 10. Auflage, Berlin 2021.

Inhalt

A. Einleitung

I. Problemdarstellung

Umfassende Nutzungsrechteeinräumungen von Software werden im deutschen Steuerrecht bisher durch das Bundesfinanzministerium (BMF) als beschränkte Rechteüberlassung eingeordnet. Diese Bewertung führt insbesondere in Sachverhalten mit internationalem Bezug zu diversen Schwierigkeiten. Den Einstieg in die zu bearbeitende Problematik bildet die einkommenssteuerrechtliche Betrachtung von grenzüberschreitenden urheberrechtlichen Nutzungsrechteeinräumungen.

Räumt ein ausländischer Software-Urheber einem inländischen Unternehmen bzw. Nutzer umfassende Nutzungsrechte an seinem Werk ein (auch: Inbound-Überlassung)[1], ist der ausländische Urheber, sofern er nicht bereits aufgrund einer inländischen Betriebsstätte oder ständigen Vertretung im Inland nach § 49 Abs. 1 Nr. 2 Buchst. a EStG beschränkt steuerpflichtig ist, nach § 49 Abs. 1 Nr. 2 Buchst. f Doppelbuchst. aa EStG beschränkt steuerpflichtig.[2] Die Einkommenssteuer wird in diesem Zusammenhang als Abzugsteuer nach § 50a Abs. 1 Nr. 3 EStG fällig. Einzubehalten und abzuführen ist der entsprechende Betrag (15% der Vergütung) gem. § 50a Abs. 5 S. 2 EStG vom Erwerber der Nutzungsrechte. Die Unterwerfung der Nutzungsrechteeinräumung unter die beschriebene Abzugsteuerpflicht (auch: Quellenabzugsteuerpflicht oder Quellensteuerabzugsverpflichtung) ergibt sich aus der Interpretation der Einräumung als zeitlich begrenzte Überlassung der Nutzungsrechte. Durch den Quellensteuerabzug wird dem deutschen Fiskus das Steuersubstrat für Einkommen, welches im Inland generiert wird, gesichert. Auf den Vergütungsschuldner ist als Inländer wesentlich leichter zuzugreifen als auf den ausländischen Vergütungsgläubiger als eigentlich Steuerpflichtigen.[3] So besteht auf staatlicher Seite ein Interesse, die Abzugsteuerpflicht zu erhalten. Ursprünglich sollten durch den Steuerabzug außerdem aufwendige Veranlagungen von ausländischen Künstlern und Sportlern vermieden werden.[4]

---

1 *Hecht/Lampert* in FR 2009, 1127, 1129.

2 BMF vom 27.10.2017, IV C 5 – S 2300/12/10003: 004, BStBl. I 2017, 1448, Rn. 1; *Ackermann* in ISR 2016, 258, 258.

3 S. dazu auch: *Roder-Hießrich* in CR 2021, 374, 375.

4 S. bspw. *Thiele* in DStR 2018, 274, 274.

Die Einbehaltung der Abzugsteuer führt für den Vergütungsschuldner allerdings zu unerwünschtem Mehraufwand.[5] Die verpflichtende Einbehaltung als solche bedeutet einen großen Verwaltungsaufwand für Medienkonzerne.[6] Ferner liegen zumeist Doppelbesteuerungsabkommen mit den Staaten der Vergütungsgläubiger vor, die das Besteuerungsrecht (zumindest in Teilen) eben diesen Staaten zusprechen.[7] Um nicht an beide Staaten leisten zu müssen, ist auf Seiten des Vergütungsgläubigers dann ein Antrag auf Steuerentlastung nach § 50d EStG zu stellen.[8] Hierbei wird regelmäßig die Unterstützung des in Deutschland sitzenden Vergütungsschuldners notwendig.[9] Währenddessen wird der Vergütungsschuldner und damit auch Abzugsverpflichteter den entsprechenden Betrag für die Abzugsteuer dennoch regelmäßig sicherheitshalber zurückhalten.[10] Im Ergebnis entsteht damit ein der Modalität der Abzugsteuer geschuldeter Mehraufwand ohne tatsächliche Steuereinnahmen.[11]

Teilweise führt die stärkere Verhandlungsposition des Lizenzgebers bei der Überlassung von Standardsoftware[12] ferner zu einer vertraglich vereinbarten Übernahmeverpflichtung des Quellensteuerabzugs auf Lizenznehmerseite und somit zu einer entsprechenden Mehrbelastung auf Erwerberseite.[13] Dabei ist nicht außer Acht zu lassen, dass der Vergütungsschuldner, also der Lizenznehmer, nach § 50a Abs. 5 S. 5, 7 EStG für die Einbehaltung und Abführung der Steuer haftet und verpflichtet ist, dem Gläubiger auf Verlangen die Zahlung der Steuer nach amtlich vorgeschriebenem Muster zu bescheinigen.[14] Damit ist dem beschriebenen Vorgehen schon durch Gesetz Tür und Tor geöffnet.

Die Steuerabzugsverpflichtung bringt somit unerwünschte Nebeneffekte mit sich. Zusätzlich besteht aufgrund dieser undurchsichtigen Verhältnisse generelle Unklarheit über die tatsächliche steuerliche Behandlung.

---

5 *Klomp* in EFG 2017, 303, 304; *Schlotter/Hruschka* in StbJb 2017/2018, 667, 669 f.

6 *Klomp* in EFG 2017, 303, 304.

7 Anm. *Pohl* zu BFH vom 24.10.2018, I R 69/16, IStR 2019, 425, 428 f.; *Backu* in ITRB 2012, 188, 190; *Hecht/Lampert* in FR 2010, 68, 68 f.; *Reiter* in IStR 2017, 572, 573.

8 Anm. *Pohl* zu BFH vom 24.10.2018, I R 69/16, IStR 2019, 425, 428 f.; *Reiter* in IStR 2017, 572, 573; *Salomon/Riegler* in IStR 2009, 785, 787 f.

9 Anm. *Pohl* zu BFH vom 24.10.2018, I R 69/16, IStR 2019, 425, 428 f.

10 S. dazu *Backu* in ITRB 2012, 188, 189.

11 Anm. *Pohl* zu BFH vom 24.10.2018, I R 69/16, IStR 2019, 425, 428 f.

12 S. dazu: BT-Drs. 18/8625, 27; ebenso: BT-Drs. 19/27426, 67 f.

13 *Petersen* in IStR 2013, 896, 896; *Roder-Hießrich* in CR 2021, 374, 375; *Schlotter/Hruschka* in StbJb 2017/2018, 667, 669.

14 *Backu* in ITRB 2012, 188, 189; *Hecht/Lampert* in FR 2010, 68, 70.

Übertragungen im Sinne von Rechtekäufen wurden vom Gesetzgeber vom Steuerabzug befreit, da diese unter anderem regelmäßig durch Doppelbesteuerungsabkommen nicht im Inland besteuert werden.[15] Sieht man urheberrechtliche Nutzungsrechteeinräumung also als dauerhafte *Übertragung* der Rechte und den gesamten Vorgang als Rechtekauf, entfällt die beschriebene Pflicht zur Einbehaltung und Abführung der Abzugsteuer.[16] Die beschriebenen Probleme bei der Behandlung des Steuerabzugs würden entfallen.

Das wirft die Frage auf, ob ein sog. total-buy-out tatsächlich möglich ist. Dies ist vor allem unter Berücksichtigung der urheberrechtlichen Grundlagen zu Nutzungsrechteeinräumungen und dem Schutz des Urhebers zu beurteilen. In dieser Arbeit soll insbesondere die Thematik des „total-buy-out" im Softwarebereich beleuchtet werden. Relevant ist hierbei auch die Stellung des Arbeitnehmer-Urhebers.

Der Rückgriff auf die urheberrechtlichen Regeln im Zusammenhang mit der Steuerabzugsverpflichtung aus § 50a Abs. 1 Nr. 3 EStG ergibt sich schon aus der Konkretisierung der steuerrechtlichen Einordnung von Urheberrechten in § 73a Abs. 2 Einkommensteuer-Durchführungsverordnung (EStDV). Darin wird festgelegt, dass sich der Begriff der Urheberrechte in § 50a Abs. 1 Nr. 3 EStG nach den Maßgaben des Urheberrechtsgesetzes richtet.

In zwei jüngeren Urteilen stützt der Bundesfinanzhof (BFH) die Zwangsläufigkeit einer nur begrenzten Überlassung des umfassenden Nutzungsrechts im Sinne des § 50a Abs. 1 Nr. 3 EStG maßgeblich auf den fortdauernden Beteiligungsanspruch des Urhebers aus § 32a UrhG.[17] Da die beiden Entscheidungen im Wesentlichen inhaltsgleich sind, beziehen sich die folgenden Ausführungen exemplarisch auf eines der Urteile.[18]

In älteren Entscheidungen hält der BFH eine vollständige *Rechteübertragung* schon wegen des Rückrufrechtes aus § 41 Abs. 1 UrhG für ausgeschlossen.[19] Diese Argumentation, die an späterer Stelle beleuchtet wird, verdeutlicht die Notwendigkeit des in dieser Arbeit zu leistenden Rückgriffs auf die urheberrechtlichen Schutzvorschriften zur steuerrechtlichen Bewertung eines Sachverhaltes.

---

15 BT-Drs. 16/10189, 62; *Schaal/Gebhardt* in IStR 2021, 887, 887.

16 *Hecht/Lampert* in FR 2010, 68, 70; *Petersen* in IStR 2013, 896, 896 f.

17 *BFH* vom 24.10.2018, I R 69/16, DStR 2019, 916, 918 f.; *BFH* vom 24.10. 2018, I R 83/16, BeckRS 2018, 41721.

18 S. hierzu: *BFH* vom 24.10.2018, I R 69/16, DStR 2019, 916, 918 f.; *BFH* vom 24.10.2018, I R 83/16, BeckRS 2018, 41721.

19 *BFH* vom 01.12.1982, I B 11/82, BSTBl. II 1983, 367; *Ackermann* in ISR 2016, 258, 262.

II. Lösungsansatz und Methode

Der tragende Gedanke hinter der folgenden Bearbeitung ist die Darlegung der Möglichkeit einer vollständigen, dauerhaften *Übertragung* umfassender Nutzungsrechte von Software im Sinne eines „total-buy-out". Entsprechenden Argumentationsstoff hierzu soll zum einen die Eigenart von Software als solche – besonders in wirtschaftlicher Hinsicht – bilden und zum anderen die konkrete urheberrechtliche Einordnung des Programmschutzes. Ferner soll auch die Betrachtung des angestellten Programmierers weitere Argumentationsstützen für die Möglichkeit eines „total-buy-out" liefern.

Um eine umfassende Bewertung der steuerrechtlichen Einordnung von Nutzungsrechteeinräumungen treffen zu können, sind im Folgenden alle in Frage kommenden urheberrechtlichen Schutzvorschriften, die zum Vorteil des Schöpfers eines Werkes gereichen und auch nach Einräumung von Nutzungsrechten wirken, einer dogmatischen Analyse zu unterziehen. Bei dieser Beleuchtung werden klassische urheberrechtliche Werke wie Musikstücke, Literaturwerke und Filme der Software als zwar auch urheberrechtlich geschütztes, aber einigen Besonderheiten unterliegendes Werk gegenübergestellt. Im Vorlauf zu diesem Vergleich wird Software in ihrer Eigenart und als urheberrechtliches Werk näher betrachtet. Dies dient sowohl dem besseren Verständnis als auch der Einordnung in den Schutzbereich des Urheberrechts.

Im Rahmen der dogmatischen Analyse der einschlägigen Normen ist darzulegen, dass der Schutz von Software, im Gegensatz zu anderen Werken eines Urhebers, einer anderen Bewertung unterliegt, die eine entsprechende Loslösung der Zugriffsrechte vom Urheber zulässt. Entscheidend für diese Loslösung ist die Ermittlung des „Rechteverbleibs". Es ist durch Analyse und Auslegung der relevanten Normen festzustellen, welche Rechte dem Urheber auch nach Einräumung umfassender Nutzungsrechte zustehen und wie sich dies auf die Argumentation einer *Übertragung* von Nutzungsrechten auswirkt.

Da im Ergebnis auch eine einkommenssteuerrechtliche Bewertung vorgenommen werden soll, sind die steuerrechtlichen Auslegungsvorschriften nicht außer Acht zu lassen. Besonders relevant wird unter anderem die Betrachtung im Lichte des § 39 Abs. 2 Nr. 1 AO sein, welcher eine rein wirtschaftliche Bewertung als relevanten Maßstab für die Zuordnung von Wirtschaftsgütern abseits des Eigentümers im zivilrechtlichen Sinne heranzieht. Im Zuge dessen ist auch auf das Verhältnis von Urheberrecht und Steuerrecht einzugehen und auf die Frage, inwiefern der Grundsatz der Einheit der Rechtsordnung eine einheitliche Bewertung von urheberrechtlichen, also zivilrechtlichen, und steuerrechtlichen, also öffentlich-rechtlichen, Sachverhalten verlangt.

B. Bisherige einkommenssteuerrechtliche Einordnung von Nutzungsrechteeinräumungen

Die Analyse der dem Softwareurheber verbleibenden Rechte soll in der vorliegenden Arbeit maßgeblich durch den Vergleich mit dem Urheber „klassischer Werke" durchgeführt werden. Die steuerrechtliche Behandlung von Urhebern dient als Anknüpfungspunkt für die Einordnung der Nutzungsrechteeinräumungen unter Anwendung der urheberrechtlichen Regeln.

Als Einstieg in den Vergleich ist die steuerrechtliche Einordnung von Nutzungsrechteinräumungen im Bereich der „klassischen" urheberrechtlichen Werke und die steuerrechtliche Einordnung von Nutzungsrechteinräumungen im Bereich der Softwareentwicklung zu betrachten. Als klassische Werke werden in diesem Zusammenhang Werke bezeichnet, deren Schutz ursprünglich durch das Urheberrechtsgesetz vorgesehen war, beispielsweise Literatur- oder Musikwerke.[20] Computerprogramme sind demgegenüber erst seit Umsetzung europäischer Vorgaben in Deutschland im Jahr 1993 offiziell urheberrechtlich geschützt.[21]

I. Klassische Werke

1. Überlassung vs. Rechtekauf

Das BMF unterscheidet für den Steuerabzug nach § 50a Abs. 1 Nr. 3 EStG bei klassischen urheberrechtlichen Werken zwischen einer (zeitlich) begrenzten Überlassung zur Nutzung und einem endgültigen Rechtekauf.[22] Eine begrenzte Überlassung soll demnach dann vorliegen, wenn das Nutzungsrecht aufgrund von vertraglichen Abreden nicht endgültig bei dem Vergütungsschuldner verbleibt, ein Rückfall durch Abrede oder gesetzliche Regelung nicht auszuschließen ist oder, wie im deutschen Urheberrecht nach § 29 Abs. 1 UrhG, ein vollständiger Rechtekauf nicht möglich ist.[23]

---

20 BT-Drs. 12/4022, 8.

21 RL 91/250/EWG; BT-Drs. 12/4022; Näheres in: C.I.1.

22 *BMF* vom 25.11.2010, IV C 3 – S 2303/09/10002, BStBl. I 2010, 1350, Rn. 23.

23 *BMF* vom 25.11.2010, IV C 3 – S 2303/09/10002, BStBl. I 2010, 1350, Rn. 23.

Von einem Rechtekauf spricht das BMF bei einer endgültigen *Rechteübertragung*.[24] Für einen solchen Rechtekauf ausreichend soll eine Nutzungsüberlassung aber auch dann sein, wenn sich, wie beispielsweise bei der Überlassung von Werbemöglichkeiten,[25] das Recht praktisch verbraucht und damit das wirtschaftliche Eigentum an dem Recht endgültig übergeht.[26] Diese Einordnung wird auch durch den BFH so vertreten.[27] Da sich diese Überlegungen allerdings auf die *Übertragung* des Rechtes zur Werbung bei bestimmten Veranstaltungen und nicht auf einen urheberrechtsrelevanten Sachverhalt beziehen, sind die aufgestellten Regeln nicht unmittelbar auf das Urheberrecht übertragbar.

Im Bereich des Urheberrechts soll eine endgültige *Übertragung* von umfassenden Nutzungsrechten auch bei einer steuerrechtlichen Betrachtung nicht möglich sein, da sie zu einem Bruch mit der im deutschen Urheberrecht vertretenen, sogleich näher zu beschreibenden monistischen Theorie führen.[28] Ein Rechtekauf von umfassenden urheberrechtlichen Nutzungsrechten eines Werkes ist nach dieser Einstufung somit grundsätzlich auch steuerrechtlich nicht möglich.

2. Die Unübertragbarkeit des Urheberrechts

Um die aufgebrachte Problematik verdeutlichen zu können, ist die dem deutschen Urheberrecht zugrundeliegende monistische Theorie zu erläutern und in Vergleich mit der alternativ vertretenen dualistischen Theorie zu bringen.

Beiden Theorien liegt das Verständnis zugrunde, dass das Urheberrecht aus zwei Kernkomponenten besteht,[29] einem materiellen, vermögensrechtlichen Teil und einem zweiten ideellen, persönlichkeitsrechtlichen Teil. Unterschiedlich beurteilt wird allerdings die Verknüpfung dieser beiden Aspekte.

a) Die monistische Theorie

Vom Urheberrecht umfasst sind gemäß § 11 S. 1 UrhG nicht nur persönlichkeitsrechtliche, sondern auch vermögensrechtliche Aspekte. Auch die monistische

---

24 *BMF* vom 25.11.2010, IV C 3 – S 2303/09/10002, BStBl. I 2010, 1350, Rn. 24.

25 *BFH* vom 16.05.2001, I R 64/99, DStR 2001, 2065, 2066 f.

26 *BMF* vom 25.11.2010, IV C 3 – S 2303/09/10002, BStBl. I 2010, 1350, Rn. 24.

27 *BFH* vom 24. 10. 2018, I R 69/16, DStR 2019, 916, 918; *BFH* vom 28.01.2004, I R 73/02, DStR 2004, 809, 812; *BFH* vom 16.05.2001, I R 64/99, DStR 2001, 2065, 2066 f.

28 *BFH* vom 24.10.2018, I R 69/16, DStR 2019, 916, 918; *Schulze* in Dreier/Schulze 7. Aufl., § 29 Rn. 3; *Pahlow* in ZUM 2005, 865, 866.

29 *Schulze* in Dreier/Schulze 7. Aufl., § 11 Rn. 1 f.; Ann in GRUR Int. 2004, 597, 599.

Theorie erkennt diese beiden Komponenten an, versteht sie aber als untrennbar.[30] Es gilt ein einheitlicher Urheberrechtsbegriff.[31] Bildhaft beschrieben wird die Verknüpfung der beiden Teile von *Ulmer* als Wurzeln, welche ineinander wachsen und den Stamm des Urheberrechts bilden.[32] Nach einhelliger Meinung ist die monistische Theorie in § 11 S. 1 UrhG und damit gesetzlich im deutschen Urheberrecht verankert.[33]

Nach § 29 Abs. 1 UrhG ist das gesamte Urheberrecht an einem Werk nur in Erfüllung einer Verfügung von Todes wegen oder im Wege der Erbauseinandersetzung an Miterben übertragbar. Eine vollständige *Übertragung* des Urheberrechts mitsamt seinen umfassenden persönlichkeitsrechtlichen und vermögensrechtlichen Teilen mittels Rechtsgeschäfts scheidet somit aus. In Kombination mit der monistischen Theorie führt das im Ergebnis dazu, dass auch eine vollständige *Übertragung* beispielsweise nur der Vermögensrechte, auch Verwertungsrechte (§ 15 UrhG) genannt, nicht möglich ist.[34] Dies würde nämlich bedeuten, dass die dem Urheber zustehenden Vermögens- und Persönlichkeitsrechte trennbar wären.[35] Im Urheber vereinen sich nach der monistischen Lehre aber die untrennbaren Persönlichkeits- und Vermögensrechte des Urheberrechts. Die umfassende *Übertragung* nur eines dieser Teile ist unmöglich.

Eine *Übertragung* von einzelnen oder ausschließlichen Nutzungsrechten ist hingegen, wie § 31 UrhG auch beschreibt, ohne Weiteres möglich, da sie einem Verbleib der restlichen, mit den Persönlichkeitsrechten verflochtenen Vermögensrechte beim Urheber nicht im Weg steht,[36] Wie sich der Verbleib von Rechten beim Urheber normativ anknüpfen lässt, ist später zu klären.[37]

---

30 *Schulze* in Dreier/Schulze 7. Aufl., § 11 Rn. 2; *Ulmer*, Urheber- und Verlagsrecht 3. Aufl., S. 113.

31 *Wiebe* in Spindler/Schuster, Elektron. Medien 4. Aufl., UrhG § 29 Rn. 1; *Ulmer*, Urheber- und Verlagsrecht 3. Aufl., S. 113.

32 *Ulmer*, Urheber- und Verlagsrecht 3. Aufl., S. 116.

33 *Bullinger* in Wandtke/Bullinger 6. Aufl., § 11 Rn. 1; *Czychowski* in Fromm/Nordemann 12. Aufl., § 11 Rn. 2; *Schulze* in Dreier/Schulze 7. Aufl., § 11 Rn. 2; *Wiebe* in Spindler/Schuster, Elektron. Medien 4. Aufl., UrhG § 11 Rn. 1.

34 *Schulze* in Dreier/Schulze 7. Aufl., § 29 Rn. 3; *Wandtke* in Wandtke/Bullinger 6. Aufl., § 31 Rn. 1.

35 *Wiebe* in Spindler/Schuster, Elektron. Medien 4. Aufl., UrhG § 29 Rn. 1.

36 *Schulze* in Dreier/Schulze 7. Aufl., § 11 Rn. 2; *Wandtke* in Wandtke/Bullinger 6. Aufl., § 31 Rn. 1; *Ulmer*, Urheber- und Verlagsrecht 3. Aufl., S. 113.

37 S. hierzu im Ergebnis C.V.

Die Anwendung der monistischen Theorie führt in Deutschland, wie einleitend dargelegt, dazu, dass selbst eine umfassende Rechteeinräumung nicht als vollständige *Übertragung* und damit als Rechtekauf des Urheberrechts interpretiert wird.[38] Diese urheberrechtliche Bewertung setzt sich auch im Steuerrecht fort.[39]

b) *Die dualistische Theorie*

Im Gegensatz zur monistischen Theorie sieht die dualistische Theorie die Wurzeln des Urheberrechts, in Form der vermögensrechtlichen und persönlichkeitsrechtlichen Aspekte, nicht als miteinander verwoben, sondern getrennt und damit auch aufteilbar.[40] Demnach stehen die Verwertungsrechte umfassend zur freien Verfügung und sind vollständig übertragbar.[41]

In weiten Teilen des Auslands wird der dualistischen Theorie gefolgt.[42] Diese unterschiedliche Bewertung bringt bei grenzüberschreitenden, urheberrechtsrelevanten Transaktionen ein gewisses Konfliktpotenzial mit sich. Mit dem Verständnis eines aufteilbaren Urheberrechts und damit auch eines vollständig übertragbaren vermögensrechtlichen Teils ist die untrennbare Verknüpfung von Vermögensrechten und Persönlichkeitsrechten schwer nachvollziehbar.

Entsprechend problematisch wird eine nur temporäre Rechteüberlassung und die so von der Finanzverwaltung vertretene Unmöglichkeit eines „total-buy-out" bei grenzübergreifenden Sachverhalten im Ausland bewertet.[43]

Die Interpretation einer umfassenden *Rechteübertragung* (zumindest der Vermögensrechte) als nur beschränkte Rechteüberlassung würde durch Anwendung der dualistischen Theorie entfallen. Eine steuerrechtliche Einstufung solcher Sachverhalte als abzugsteuerrelevant würde sich ebenfalls erübrigen, da nunmehr nicht bloß eine Überlassung von Rechten (§ 50a Abs. 1 Nr. 3 EStG), sondern eben eine *Übertragung* vorliegt.

---

38 *BFH* vom 24.10.2018, I R 69/16, DStR 2019, 916, 918; *Schulze* in Dreier/Schulze 7. Aufl., § 29 Rn. 3; *Pahlow* in ZUM 2005, 865, 866.

39 *BFH* vom 24.10. 2018, I R 69/16, DStR 2019, 916, 918.

40 *Loewenheim/Pfeifer* in Schricker/Loewenheim 6. Aufl., § 11 Rn. 3; *Schulze* in Dreier/Schulze 7. Aufl., § 11 Rn. 2.

41 *Nordemann/Nordemann-Schiffel* in Loewenheim, Hdb. UrhR 3. Aufl, § 4 Rn. 13.

42 *Nordemann/Nordemann-Schiffel* in Loewenheim, Hdb. UrhR 3. Aufl, § 4 Rn. 13; *Metzger* in Basedow, Hdb. EuP 2009, UrhR Abs. 2; *Ann* in GRUR Int. 2004, 597, 599.

43 Anm. *Pohl* zu BFH vom 24.10.2018, I R 69/16, IStR 2019, 425, 429.

3. Sonderkonstellationen

Abseits der pauschalen Ablehnung von tatsächlichen *Nutzungsrechteübertragungen* aufgrund eines Bruches mit der monistischen Theorie ergeben sich allerdings vereinzelte Sonderkonstellationen, die zu beachten sind.

a) Miturheberschaft

Eine von der Einordnung als temporäre Überlassung abweichende Bewertung ist beispielsweise bei der Rechteerlangung von Miturhebern gemeinschaftlich entwickelter Produkte möglich.[44] Wenn die gemeinschaftliche Entwicklung den Voraussetzungen einer Miturheberschaft gemäß § 8 Abs. 1 UrhG entspricht,[45] wird eine Vergütung unter den Werkschaffenden eher als Gewinnaufteilung geleistet und nicht als Gegenleistung für die Überlassung von Rechten i.S.d. § 50a Abs. 1 Nr. 3 EStG.[46] Die Rechteerlangung erfolgt hier bereits kraft Gesetz nach § 8 UrhG. Das Urheberrecht ist auf die gemeinsamen Urheber aufgeteilt, die im Innenverhältnis eine Verwertungsgesellschaft bilden.[47] Es liegt daher jedenfalls keine zeitlich oder anderweitig beschränkte Rechteeinräumung vor.

b) Auftragsentwicklung und § 39 AO

Die statische Einordnung von Nutzungsrechteeinräumungen als temporäre Überlassung von Rechten wird teilweise auch in der Auftragsentwicklung als nicht zwingend gesehen.[48] Ein Rechtekauf statt einer begrenzten Rechteüberlassung kann sich demnach aus der Betrachtung des wirtschaftlichen Eigentums an einem Recht im Lichte des § 39 Abs. 2 Nr. 1 AO ergeben.[49]

§ 39 Abs. 2 Nr. 1 AO macht die Zurechnung von Wirtschaftsgütern von der Möglichkeit des wirtschaftlichen Ausschlusses der Einwirkung auf das Wirtschaftsgut für die gewöhnliche Nutzungsdauer abhängig. Wirtschaftlicher Eigentümer ist danach auch derjenige, der den Eigentümer im zivilrechtlichen Sinne in der beschriebenen Art und Weise von der Nutzung eines Wirtschaftsgutes

---

44 *Reiter* in IStR 2017, 572, 573 f.

45 *Schulze* in Dreier/Schulze 7. Aufl., § 8 Rn. 2 ff.; *Reiter* in IStR 2017, 572, 573 f.

46 *Reiter* in IStR 2017, 572, 574.

47 *OLG Frankfurt* vom 14.02.2006, X ZR 93/04, GRUR 2006, 578, 578; *Thum* in Wandtke/Bullinger 6. Aufl., § 8 Rn. 52.

48 *Reiter* in IStR 2017, 572, 575.

49 Anm. *Pohl* zu BFH vom 24.10.2018, I R 69/16, IStR 2019, 425, 428; *Reiter* in IStR 2017, 572, 575.

regelmäßig ausschließen kann.[50] Auch urheberrechtliche Nutzungsrechte können als Wirtschaftsgüter im Sinne des § 39 Abs. 2 Nr. 1 AO gelten.[51]

Eine Einwirkungsmöglichkeit des Urhebers könnte jedoch in Form von Ansprüchen, die nach *Übertragung* umfassender Nutzungsrechte noch bestehen, vorliegen. §§ 32a, 41 f. UrhG seien hier als Beispiele genannt. Diese Ansprüche können allerdings nicht ohne Weiteres geltend gemacht werden. So setzt § 41 Abs. 1 UrhG beispielsweise ein Fehlverhalten des Inhabers eines Nutzungsrechtes voraus. Der Inhaber eines ausschließlichen Nutzungsrechtes müsste dieses also zunächst nicht oder nur unzureichend ausüben.[52] Auf ein solches Verhalten hat der Urheber selbst keinerlei Einflussmöglichkeit. Eine nähere Betrachtung dieser und auch aller anderen in Frage kommenden Rechte, die für einen Rechteverbleib beim Urheber sprechen könnten, finden sich in Abschnitt C.

Im Einzelfall kann sich somit beim Erwerb umfassender Nutzungsrechte ein Ausschluss der regelmäßigen Einwirkung des Urhebers auf sein Werk ergeben. Ist eine Einwirkung des Urhebers auf sein Werk in der Regel ausgeschlossen, kann dem Inhaber der umfassenden Nutzungsrechte das wirtschaftliche Eigentum im Sinne des § 39 Abs. 2 Nr. 1 AO an diesen zugesprochen werden.[53]

Das wirtschaftliche Eigentum an einem Nutzungsrecht zu erlangen, spricht im Ergebnis eher für eine tatsächlich unbeschränkte *Übertragung* der Nutzungsrechte und somit eher für einen Rechtekauf bei umfassenden Rechteeinräumungen als für eine beschränkte Überlassung.[54] Beim Erwerb umfassender Nutzungsrechte kann die Einordnung als wirtschaftlicher Eigentümer auf Erwerberseite also einen Rechtekauf bedeuten.

Besonders in der Auftragsentwicklung besteht in der Regel die Absicht, übertragene Nutzungsrechte endgültig bei dem Beauftragenden zu belassen. Der Urheber, als Auftragnehmer, erstellt das Werk gerade für den Auftraggeber und hat in der Regel kein gesteigertes Interesse, daran sein Werk selbst zu verwerten. Auch mögliche Rückforderungsansprüche wie § 41 Abs. 1 UrhG sind regelmäßig durch die tatsächliche Nutzung des Werkes durch den Auftraggeber als

---

50 Anm. *Pohl* zu BFH vom 24.10.2018, I R 69/16, IStR 2019, 425, 428 f.; *BFH* vom 01.10.1997, X R 91/94, DStRE 1998, 231, 231; *FG Köln* vom 25.08.2016, 13 K 2205/13, DStRE 2018, 350, 355.

51 *FG Köln* vom 25.08.2016, 13 K 2205/13, DStRE 2018, 350, 355 f.; *Ratschow* in Klein AO 15. Aufl., § 39 Rn. 8.

52 *Schulze* in Dreier/Schulze 6. Aufl., § 41 Rn. 14 ff.; *Wandtke* in Wandtke/Bullinger 6. Aufl., § 41 Rn. 11 ff.

53 *Reiter* in IStR 2017, 572, 575.

54 *Reiter* in IStR 2017, 572, 575.

Rechteinhaber ausgeschlossen. Im Ergebnis führt die Auftragsentwicklung also regelmäßig zu der *Übertragung* des wirtschaftlichen Eigentums an den umfassenden Nutzungsrechten im Sinne des § 39 Abs. 2 Nr. 1 AO.[55] Der BFH lehnt das Durchschlagen eines „wirtschaftlichen Rechtekaufs" nach den Maßstäben des § 39 Abs. 2 Nr. 1 AO allerdings ab.[56]

c) *Erschöpfungsgrundsatz*

Für den Endverbraucher kann sich eine endgültige *Übertragung* teilweiser Nutzungsrechte zumindest bezüglich eines einzelnen Werkes ergeben. Erlangt ein Erwerber ein Werkstück als Original oder Vervielfältigung im Wege der Veräußerung, so steht ihm hinsichtlich klassischer Werke nach § 17 Abs. 2 UrhG die Weiterverbreitung zu (sog. Erschöpfungsgrundsatz).[57] Bezüglich des Rechts der Weiterverbreitung für dieses einzelne Werkstück liegt also ein Rechtekauf vor. Dieser Kauf bezieht sich allerdings auch nur auf das Recht der Weiterverbreitung für dieses Einzelstück. Außerdem bezieht sich die Erschöpfung nur auf das Verbreitungsrecht und nicht das Recht der Vervielfältigung.[58] Der Erschöpfungsgrundsatz ist also werkstückbezogen und auf die Verbreitung beschränkt.

Eine Abzugsteuerpflicht entfällt trotzdem dadurch, dass es sich nicht um eine nur temporäre Überlassung im Sinne des § 50a Abs. 1 Nr. 3 EstG handelt.[59]

4. Stellung des BFH

Der BFH schließt sich dem BMF in der Ablehnung der Möglichkeit eines Rechtekaufs in einer jüngeren Entscheidung an.[60] Es wird sowohl die Übertragbarkeit des Urheberrechts als Ganzes wegen § 29 Abs. 1 UrhG als auch die Aufspaltung des Urheberrechts im Sinne der dualistischen Theorie abgelehnt.[61]

Ein wirtschaftlicher Rechtekauf scheitert an der fortwährenden Beteiligung des Urhebers. Bergründet wird diese fortwährende Beteiligung des Urhebers an

---

55 *Reiter* in IStR 2017, 572, 575.

56 *BFH* vom 24.10.2018, I R 69/16, DStR 2019, 916, 918.

57 *Heerma* in Wandtke/Bullinger 6. Aufl., § 17 Rn. 28; *Schulze* in Dreier/Schulze 7. Aufl., § 17 Rn. 24.

58 *BGH* vom 04.05.2000, I ZR 256/97, ZUM 2000, 1082, 1084; *Schulze* in Dreier/Schulze 7. Aufl., § 17 Rn. 24.

59 Vgl. *Thiele* in DStR, 2018, 274, 280 f.; § 69c Nr. 3 UrhG entspricht § 17 Abs. 2 UrhG: BT-Drs. 12/4022, 11; *Dreier* in Dreier/Schulze 7. Aufl., § 69c Rn. 22.

60 *BFH* vom 24.10.2018, I R 69/16, DStR 2019, 916, 916 ff.

61 *BFH* vom 24.10.2018, I R 69/16, DStR 2019, 916, 919.

seinem Werk nicht primär durch ein bestehendes Rückrufsrecht aus § 41 UrhG, sondern durch eine andauernde Erfolgsbeteiligung aus § 32a UrhG.[62] Diese Bewertung wurde wohl auch getroffen, weil auf Rückfallrechte für fünf Jahre verzichtet wurde.[63] Wegen der zwingenden Anwendung des § 32a UrhG nach § 32b UrhG soll selbst eine nur wirtschaftliche Loslösung des Urhebers von dem vermögensrechtlichen Nutzungsrecht auch bei einer umfassenden Nutzungsrechteeinräumung unmöglich sein.[64]

Auch eine „verbrauchende Rechteüberlassung" im Sinne einer Erschöpfung schließt der BFH aus.[65]

5. Literatur

In der Literatur wird ein wirtschaftlicher Rechtekauf im Urheberrecht teilweise als möglich angesehen.[66]

Ist diese Ansicht so ins Einkommenssteuerrecht zu übertragen, würde die Quellenabzugsteuerpflicht entfallen.

Es wird außerdem vertreten, dass eine *Rechteübertragung* im Urheberrechtsverkehr zumindest „auf zweiter Stufe" möglich ist.[67] Diese zweite Stufe soll zum Beispiel dann erreicht sein, wenn einem Arbeitgeber umfassende Nutzungsrechte an einem Werk eingeräumt wurden und er diese an einen Dritten vollständig veräußert.[68] Diese Ansicht ist nicht nachzuvollziehen. Zwar verliert ein mittelbarer Rechteinhaber bei umfassender Einräumung jegliche Position, die den finalen Rechteinhaber beeinträchtigen könnte. Dem Urheber selbst stehen aber weiterhin diverse Rechte zu. Diese verbleibenden Rechte beeinträchtigen den Erwerb auch „auf zweiter Stufe". Der finale Rechteinhaber erlangt nach wie vor ein Recht, welches zukünftigen Ansprüchen des Urhebers ausgeliefert ist. Es ist mit diesen Ansprüchen „befleckt". Nach der Logik von BFH und BMF ist damit ein wirtschaftlicher Rechtekauf ausgeschlossen.[69]

---

62 *BFH* vom 24.10.2018, I R 69/16, DStR 2019, 916, 919.

63 *BFH* vom 24.10.2018, I R 69/16, DStR 2019, 916, 917.

64 *BFH* vom 24.10.2018, I R 69/16, DStR 2019, 916, 919.

65 *BFH* vom 24.10.2018, I R 69/16, DStR 2019, 916, 919.

66 *Gosch* in Kirchhof/Seer, EStG 21. Aufl., § 50a EStG Rn. 15; *Roder-Hießerich* in frauen@fgs – Vielfalt in der steuerzentrierten Rechtsberatung, 403, 420; *Frase* in KöSdi 2017, 20341, 20342 ff.; *Roder-Hießrich* in CR 2021, 374, 376; *Schlotter/Hruschka* in StbJb 2017/2018, 667, 684 ff.

67 S. hierzu: *Schaal/Gebhardt* in IStR 2021, 887.

68 *Schaal/Gebhardt* in IStR 2021, 887, 890 f.

69 *BFH* vom 24. 10. 2018, I R 69/16, DStR 2019, 916, 918 f.

II. Software

1. Grundsätzliche Einstufung durch das BMF

Auch im Bereich von Software als urheberrechtliches Werk hat sich das BMF explizit zur Unterscheidung von Rechteüberlassung und *Rechteübertragung* geäußert. So schließt es eine vollständige *Übertragung* von urheberrechtlich geschützten Rechten an Software schlichtweg aus.[70] Eine nähere Begründung wird leider nicht geliefert.

Entsprechend können zur Untersuchung der Einstufung des BMF nur die näheren Voraussetzungen für eine Rechteüberlassung betrachtet werden. Aufgrund der kategorischen Ablehnung einer vollständigen *Übertragung* von Nutzungsrechten[71] ist eine Unterscheidung von *Übertragung* und Überlassung bei Betrachtung der Einschätzung des BMF nur im Umkehrschluss möglich.

Für eine nach § 49 Abs. 1 Nr. 2 Buchst. f Doppelbuchst. aa EStG relevante Überlassung von Rechten müssen laut BMF grenzüberschreitend umfassende Nutzungsrechte zur wirtschaftlichen Weiterverwertung eingeräumt werden.[72]

Die Einstufung der Einkünfte aus der Rechteüberlassung als inländische Einkünfte im Sinne des § 49 Abs. 1 Nr. 2 Buchst. f und Nr. 6 EStG setzt die tatsächliche Verwertung der Rechte in einer inländischen Betriebsstätte oder anderen Einrichtung voraus.[73] Die erforderliche Verwertung soll erst dann vorliegen, wenn der Erwerber der Nutzungsrechte aus dem überlassenen Recht zum eigenen wirtschaftlichen Vorteil zielgerichtet tätig wird.[74] Die Verwertung wird in den meisten Fällen einer finanziellen Nutzbarmachung entsprechen.[75] Der bestimmungsgemäße Gebrauch der Software allein reicht nicht aus für eine wirtschaftliche Verwertung.[76]

Weiteres zentrales Element der Rechteüberlassung im Sinne des § 49 Abs. 1 N r. 2 Buchst. f und Nr. 6 EStG ist, so das BMF, die Einräumung von umfassenden Nutzungsrechten. Die bloße Befugnis zur Verbreitung bestimmter Softwarekopien ohne die Überlassung weiterer Rechte ist nicht als umfassende Einräumung

---

70 *BMF* vom 27.10.2017, IV C 5 – S 2300/12/10003: 004, BStBl. I 2017, 1448, Rn. 11.

71 *BMF* vom 27.10.2017, IV C 5 – S 2300/12/10003: 004, BStBl. I 2017, 1448, Rn. 11.

72 *BMF* vom 27.10.2017, IV C 5 – S 2300/12/10003: 004, BStBl. I 2017, 1448, Rn. 3, 18.

73 *BMF* vom 27.10.2017, IV C 5 – S 2300/12/10003: 004, BStBl. I 2017, 1448, Rn. 6.

74 *BMF* vom 27.10.2017, IV C 5 – S 2300/12/10003: 004, BStBl. I 2017, 1448, Rn. 6; *Ackermann* in ISR 2016, 258, 263.

75 Vgl. *Ackermann* in ISR 2016, 258, 263.

76 *BMF* vom 27.10.2017, IV C 5 – S 2300/12/10003: 004, BStBl. I 2017, 1448, Rn. 12; Ackermann in ISR 2016, 258, 263.

von Nutzungsrechten zu qualifizieren.[77] Vielmehr müssten noch weitergehende Vervielfältigungs- und Bearbeitungsrechte überlassen werden.[78] Umfassend ist die Überlassung somit dann, wenn Befugnisse eingeräumt werden die normalerweise der Einwilligung des Urhebers bedürfen. Das sind alle in § 69c UrhG beschriebenen Handlungen.

Für eine Einstufung als abzugsteuerrelevante vorübergehende Überlassung von Rechten muss nach Ansicht des BMF also sowohl eine wirtschaftliche Weiterverwertung als auch eine umfassende Rechteeinräumung vorliegen. Eine vollständige *Übertragung*, welche keinen Abzugsteuertatbestand erfüllen würde, schließt das BMF, wie erwähnt, von vornherein aus.[79]

Eine Umgehung der Steuerabzugpflicht ist im Einklang mit dem Schreiben des BMF somit schon dann denkbar, wenn die aufgeführten Kriterien nicht erfüllt sind. Es kann sich also in bestimmten Konstellationen anbieten, vertraglich nur solche Rechteeinräumungen zu vereinbaren, die unbedingt notwendig sind. Gegebenenfalls lösen diese Einräumungen dann keine Abzugsteuer aus.[80]

Beabsichtigt man allerdings tatsächlich alle erdenklichen Nutzungsarten abzudecken und will sich nicht den Folgen des Zweckübertragungsgrundsatzes[81] aussetzen, ist nach bisheriger Einschätzung der Verwaltung die Abzugsteuer nicht zu umgehen.

2. Sonderkonstellationen

Allerdings ergeben sich noch einzelne Sonderkonstellationen der Überlassung.

a) Gemischte Verträge

Die Überlassung von umfassenden Nutzungsrechten kann Teil eines Gesamtvertrages sein, welcher noch weitere Elemente, wie zum Beispiel weitergehende Dienstleistungen, enthält.[82] Bei solchen gemischten Verträgen ist für die Einstufung der Einkünfte auf den Schwerpunkt der Leistung zu achten. Liegt dieser in der wirtschaftlichen Weiterverwertung im oben genannten Sinne, so sind die Einkünfte einheitlich als für eine Rechteüberlassung geleistet und mithin der

---

77 *BMF* vom 27.10.2017, IV C 5 – S 2300/12/10003: 004, BStBl. I 2017, 1448, Rn. 20.

78 *BMF* vom 27.10.2017, IV C 5 – S 2300/12/10003: 004, BStBl. I 2017, 1448, Rn. 3, 18, 20.

79 *BMF* vom 27.10.2017, IV C 5 – S 2300/12/10003: 004, BStBl. I 2017, 1448, Rn. 11.

80 Zu diesem Vorgehen: *Roder-Hießrich* in frauen@fgs – Vielfalt in der steuerzentrierten Rechtsberatung, 403, 406 ff.

81 S. hierzu die Ausführungen zu § 31 UrhG: C.III.1.b)cc).

82 *BMF* vom 27.10.2017, IV C 5 – S 2300/12/10003: 004, BStBl. I 2017, 1448, Rn. 25.

beschränkten Steuerpflicht unterliegend einzuordnen.[83] Gegensätzliches gilt, wenn gerade der andere Leistungsteil überwiegt und die Rechteüberlassung nicht mehr als 10 % der Gesamtleistung ausmacht.[84] Gegebenenfalls ist das Entgelt auf die Leistungsbereiche aufzuteilen und entsprechend der jeweiligen Steuerpflicht zuzuordnen.[85]

b) Das Erschöpfungsprinzip in der Softwareentwicklung

aa) Grundsatz

Genau wie bei klassischen Werken gilt auch im Bereich der Software das urheberrechtliche Erschöpfungsprinzip.[86] Für Software ergibt sich die Erschöpfung nicht aus § 17 Abs. 2 UrhG, sondern aus der Sonderregel des § 69c Nr. 3 UrhG. Werden einzelne Softwarekopien in den Verkehr gebracht, so erschöpft sich das Recht des Urhebers an der Verbreitung für das jeweilige Exemplar.[87] Ob die Software auf einem Datenträger oder als Download bereitgestellt wird, ist mittlerweile unerheblich.[88] Auch die Unterscheidung zwischen Individual- und Standardsoftware ist für die steuerrechtliche Behandlung unerheblich.[89] Die Übertragung von einzelnen Softwarekopien führt also nicht zu einer temporär beschränkten Überlassung der Nutzungsrechte in Bezug auf das einzelne Werkstück, sondern zu einer unbeschränkten *Übertragung* der Nutzungs- und Verbreitungsrechte hieran im Rahmen der gesetzlichen Vorschriften.[90]

---

83 *BMF* vom 27.10.2017, IV C 5 – S 2300/12/10003: 004, BStBl. I 2017, 1448, Rn. 23 ff.; *Ackermann* in ISR 2016, 258, 263.

84 *BFH* vom 28.01.2004, I R 73/02, DStR 2004, 809, 811 f.; *BMF* vom 27.10.2017, IV C 5 – S 2300/12/10003: 004, BStBl. I 2017, 1448, Rn. 23 ff.; *Ackermann* in ISR 2016, 258, 263.

85 *BMF* vom 27.10.2017, IV C 5 – S 2300/12/10003: 004, BStBl. I 2017, 1448, Rn. 23 ff.; *Ackermann* in ISR 2016, 258, 263.

86 BT-Drs. 12/4022, 11; *Dreier* in Dreier/Schulze 7. Aufl., § 69c Rn. 22.

87 *Dreier* in Dreier/Schulze 7. Aufl., § 69c Rn. 22.

88 *EuGH* vom 03.07.2017, C-128/11, GRUR 2012, 904, 904 ff.; *BGH* vom 17.07.2013, I ZR 129/08, GRUR 2014, 264, 264 ff.; *BMF* vom 27.10.2017, IV C 5 – S 2300/12/10003: 004, BStBl. I 2017, 1448, Rn. 20, 26; *Hoeren* in MMR 2010, 447, 447; *Thiele* in DStR 2018, 274, 275.

89 *BMF* vom 27.10.2017, IV C 5 – S 2300/12/10003: 004, BStBl. I 2017, 1448, Rn. 12; *Thiele* in DStR 2018, 274, 275.

90 S. hierzu auch: *Petersen* in ISTR 2013, 896, 904.

bb) Andere digitale Werke

Am Beispiel von E-Books hat der EuGH entschieden, dass die Geltung des Erschöpfungsgrundsatzes für digitale Werkkopien, wie er bei Computerprogrammen auch gilt,[91] nicht ohne Weiteres auf andere digitale Werke anzuwenden ist.[92] Die Überlassung von E-Books zur dauerhaften Nutzung durch Download wurde durch den EuGH im Ergebnis als öffentliche Wiedergabe und nicht als Verbreitung eingeordnet.[93] Unter anderem wurde auch schon vom Generalanwalt argumentiert, dass mangels Verschlechterung der digitalen Kopie eines Buches keine Vergleichbarkeit zu einem analogen Werk besteht und die entsprechende Anwendung des Erschöpfungsgrundsatzes ungerechtfertigt wäre.[94] Bei Software hingegen sei eine Vergleichbarkeit zu einem analogen Werk aufgrund der schnellen technischen Fortentwicklung und der daraus resultierenden, ebenso schnellen Alterung der Programme gegeben.[95] Ferner findet für Computerprogramme bereits die speziellere Computerprogramm-Richtlinie[96] Anwendung, welche körperliche und unkörperliche Programmkopien gleichsetzt.[97]

Das Urteil des EuGHs hat nicht nur Auswirkungen auf den Vertrieb von E-Books. Auch sonstige klassische Werke, welche in digitaler Form zum Download angeboten werden, unterliegen nach dieser Einschätzung nicht dem Erschöpfungsgrundsatz.[98] So zeigt sich anhand einer aktuellen Entscheidung zum Erschöpfungsgrundsatz, dass eine Gleichbehandlung von Computerprogrammen und klassischen urheberrechtlichen Werken den Strukturelementen dieser beiden Kategorien nicht gerecht wird. Anhand der Rechtsprechung des EuGH wird daher deutlich, dass eine unterschiedliche Behandlung von Software und klassischen Werken im Rahmen des Urheberrechts erforderlich ist, um den Eigenarten von Software gerecht zu werden.

---

91 *EuGH* vom 03.07.2017, C-128/11, GRUR 2012, 904, 904 ff.

92 *EuGH* vom 19.12.2019, C-263/18, GRUR 2020, 179, 179 ff.

93 *EuGH* vom 19.12.2019, C-263/18, GRUR 2020, 179, 184.

94 *EuGH* vom 19.12.2019, C-263/18, GRUR 2020, 179, 182; *Generalanwalt Szpunar,* Schlussantrag vom 10.09.2019, C-263/18, BeckRS 2019, 20448, Rn. 62.

95 S. dazu auch C.I.5.d); *Generalanwalt Szpunar,* Schlussantrag vom 10.09.2019, C-263/18, BeckRS 2019, 20448, Rn. 62.

96 RL 2009/24.

97 *EuGH* vom 19.12.2019, C-263/18, GRUR 2020, 179, 182.

98 S. schon Anm. *Ohly* zu EuGH vom 19.12.2019, C-263/18, GRUR 2020, 179, 184.

cc) Zwischenergebnis

Ein Steuerabzug nach § 50a Abs. 1 Nr. 3 EstG entfällt bei einzelnen Werkexemplaren, auf welche der Erschöpfungsgrundsatz anzuwenden ist, im Ergebnis, da es sich nicht um eine nur beschränkte Rechteüberlassung handelt.[99] Das Recht des Urhebers hat sich nach deutschem Recht für das jeweilige Exemplar erschöpft. Dem BMF würde es bei solchen Sachverhalten zudem an einer wirtschaftlichen Verwertung fehlen.[100]

3. Stellung des BFH

Die oben angeführte Beurteilung von umfassenden Rechteeinräumungen bei klassischen Werken durch den BFH bezieht sich zwar nicht explizit auf Computerprogramme.[101] Eine Übertragung der Gedanken ist jedoch aufgrund der Anwendung des Urheberrechts und der dargestellten Einschätzung des BMF vorstellbar und in zukünftiger Rechtsprechung auch zu erwarten.[102] Damit würde die Meinung des BFH mit großer Wahrscheinlichkeit der des BMF entsprechen. Die Möglichkeit einer abschließenden umfassenden *Rechteübertragung* wäre damit ausgeschlossen.[103]

Von *Petersen* wird vorgeschlagen, die Vorschriften des Einkommenssteuerrechts, welche zu einer Abzugsverpflichtung führen, teleologisch zu reduzieren, wie der BFH es im Bereich des Umsatzsteuerrechts tut.[104] Schon 2013 war die Umsetzung dieser Forderung durch die höchstrichterliche Rechtsprechung unsicher.[105] Auch die neuere Rechtsprechung und die Maßgaben des BMF lassen nicht auf eine solche Einschätzung hoffen.[106]

---

99 *BMF* vom 27.10.2017, IV C 5 – S 2300/12/10003: 004, BStBl. I 2017, 1448, Rn. 20 f.; *Thiele* in DStR, 2018, 274, 280 f.

100 *BMF* vom 27.10.2017, IV C 5 – S 2300/12/10003: 004, BStBl. I 2017, 1448, Rn. 12; *Ackermann* in ISR 2016, 258, 263.

101 S.o. B.I.4.; *BFH* vom 24. 10. 2018, I R 69/16, DStR 2019, 916, 916 ff.

102 Mit Umsetzung der DSM-Richtlinie durchaus angezweifelt: *Petersen/Herbst* in IStR 2021, 745, 752; Roder-Hießrich in CR 2021, 374, 377; *Schaal/Gebhardt* in IStR 2021, 887, 892 f.

103 So auch *Holthaus* in IStR 2017, 729, 732.

104 *BFH* vom 18.05.2011, X R 26/09, DStR 2011, 1651, 1651 ff.; *BFH* vom 13.03.1997, V R 13/96, DStR 1997, 866, 867; *Petersen* in IStR 2013, 896, 903.

105 *Petersen* in IStR 2013, 896, 901, 903.

106 *BFH* vom 24.10.2018, I R 69/16, DStR 2019, 916; *BMF* vom 27.10.2017, IV C 5 – S 2300/12/10003: 004, BStBl. I 2017, 1448.

4. Der Konflikt für die Vermarktung

Wie in der Einleitung und unter A.I. bereits erwähnt, stößt die urheberrechtliche Einordnung von umfassenden Rechteeinräumungen als nur beschränkte Überlassung und die daraus resultierende Abzugsteuerpflicht auf Unverständnis.[107] Ausschlaggebend für diese Einordnung kann das Durchgreifen der im deutschen Urheberrecht geltenden monistischen Theorie ins deutsche Steuerrecht gesehen werden.

Auf internationaler Ebene ergibt sich eine grundlegend andere Bewertung. Nr. 15 OECD-Musterkommentar zu Art. 12 OECD-Musterabkommen sieht das Urheberrecht als vollständig übertragbar an und schließt damit die Vergütung in Form von Lizenzgebühren bei einer *Übertragung* umfassender Nutzungsrechte aus. Vielmehr soll hier ein Veräußerungsvorgang in Form eines Rechtekaufs vorliegen, wodurch Gewinne aus der Veräußerung von Vermögen im Sinne des Art. 13 OECD-Musterabkommen erzielt werden.[108]

Es ergibt sich also folgendes Bild: Im Konflikt mit der internationalen Einschätzung verneint das deutsche Steuerrecht, scheinbar den Vorgaben des heimischen Urheberrechts folgend, die Möglichkeit einer vollständigen *Übertragung* umfassender Nutzungsrechte an Software. Möglicherweise ist diese Einschätzung aber durch nähere Betrachtung der Eigenarten von Software im Vergleich zu klassischen Werken und der urheberrechtlichen Umstände zu korrigieren.

5. Literatur

In der Literatur wird seit kurzer Zeit teilweise vertreten, dass die Rechtsprechung des BFH nicht auf Computerprogramme zu übertragen sei. Grund hierfür sei die Einführung der Richtlinie (EU) 2019/790 über das Urheberrecht und die verwandten Schutzrechte im digitalen Binnenmarkt (DSM-Richtlinie) und die damit einhergehende Nichtanwendbarkeit des § 32a UrhG, der die weitere Beteiligung des Urhebers infolge der Einräumung eines Nutzungsrechtes regelt, auf Computerprogramme.[109] Auf diese Vorschrift, auf die im Folgenden detailliert eingegangen wird,[110] hat der BFH, wie einleitend bereits erwähnt, maßgeblich seine Entscheidung für die Zwangsläufigkeit einer nur begrenzten Überlassung

107 Anm. *Pohl* zu BFH vom 24.10.2018, I R 69/16, IStR 2019, 425, 429.

108 *Hecht/Lampert* in FR 2010, 68, 69; *Pinkernell* in ISR 2012, 82, 85.

109 *Petersen/Herbst* in IStR 2021, 745, 752; *Roder-Hießrich* in CR 2021, 374, 377; *Schaal/Gebhardt* in IStR 2021, 887, 892 f.

110 S. Teil C.II.1.a)bb), C.III.1.a)bb), C.IV.1.b).

des umfassenden Nutzungsrechts im Sinne des § 50a Abs. 1 Nr. 3 EStG gestützt. Aufgrund der Nichtanwendbarkeit des § 32a UrhG entfalle den Literaturstimmen zufolge in diesem Rahmen der Quellensteuerabzug. Ob die Änderungen, die mit der DSM-Richtlinie kamen, tatsächlich die fehlende Übertragbarkeit der Rechtsprechung des BFH zur Folge haben, ist im Laufe der Arbeit zu ermitteln.

III. Zwischenergebnis

Sowohl bei klassischen Werken als auch im Rahmen von Software werden umfassende Rechteeinräumung zurzeit von Verwaltung und Rechtsprechung als abzugsteuerrelevanter Tatbestand eingestuft. Die Möglichkeit einer vollständigen umfassenden *Rechteübertragung* wird von Exekutive und Judikative abgelehnt. Grund dafür scheint die Orientierung am deutschen Urheberrecht und damit die Anwendung der monistischen Theorie zu sein. Einzelne Sonderkonstellationen, wie gemischte Verträge oder die gemeinsame Entwicklung eines Werkes, können zu Ausnahmen führen. Diese Ausnahmen sind allerdings oft schon durch eine urheberrechtliche Andersbewertung diktiert (so führt beispielsweise die gemeinsame Entwicklung eines Werkes zur gemeinschaftlichen Urheberschaft). Große Unterschiede in der steuerrechtlichen Bewertung von klassischen Werken und Software sind abseits der Literatur nicht ersichtlich. Trotzdem scheint es gesonderten Klärungsbedarf bezüglich der einschlägigen Problematik im Softwarebereich zu geben.[111] Um Aufschluss hierüber zu erhalten, ist ein Blick auf die urheberrechtlichen Grundlagen zu werfen.

111 Das Schreiben des *BMF* vom 27.10.2017, IV C 5 – S 2300/12/10003: 004, BStBl. I 2017, 1448 bezieht sich ausschließlich auf Software und Datenbanken.

C. Vergleich zwischen „klassischem" Urheber und Softwareentwickler

Software fand unter der Bezeichnung „Computerprogramme" erst 1993 Einzug in das Urheberrechtsgesetz. Zuvor erfolgte die Anerkennung als urheberrechtlich geschütztes Werk erstmals durch die Subsumtion des BGH.[112] Ab Juli 1985 wurde Software zumindest mit der Bezeichnung „Programme für die Datenverarbeitung" in den Katalog der geschützten Werke des Urheberrechtsgesetzes mit „nur klarstellende[r] Bedeutung" aufgenommen.[113] Nähere Regelungen oder Konkretisierungen der Anforderungen an die Schöpfungshöhe blieben jedoch auf gesetzlicher Seite vorerst aus. Speziell für die Anwendung der urheberrechtlichen Regeln auf Computerprogramme wurde schließlich der achte Abschnitt (§§ 69a-69g UrhG) in das Urheberrechtsgesetz eingefügt.[114]

Allein diese Entwicklungen führen vor Augen, dass Software einen gewissen Fremdkörper im deutschen Urheberrecht darstellt. Diese Rolle wird noch klarer, wenn die Eigenarten von Software und die speziellen urheberrechtlichen Schutzvorschriften im Vergleich mit klassischen Werken betrachtet werden.

I. Software als urheberrechtliches Werk

Zur vollständigen Einordnung von Software in die Regularien des Urheberrechts sind vorerst grundlegende Aspekte von Software und die Verknüpfung mit dem Urheberrecht zu klären. Dass die Sonderrolle von Software im Urheberrecht sich nicht bloß in der Anpassung der Normen äußert, sondern sich bereits durch „Schaffung, Nutzung und Funktion" erkennen lässt, war schon dem nationalen Gesetzgeber bewusst.[115] Dementsprechend ist für die anstehende Untersuchung nicht bloß ein Blick auf die bloße Dogmatik zu werfen. Auch die Strukturelemente und sonstigen Umstände von Software können Aufschluss über die Bewertung von umfassenden Rechteeinräumung geben und so mittelbar Einfluss auf die dogmatische Bewertung haben.

---

112 *BGH* vom 09.05.1985, I ZR 52/83, GRUR 1985, 1041.

113 Gesetz zur Änderung von Vorschriften auf dem Gebiet des Urheberrechts vom 24.06.1985, BGBl. I 1985, 1137; BT-Drs. 10/3360, 18.

114 BT-Drs. 12/4022.

115 BT-Drs. 18/8625, 27.

1. Historie der Software im Urheberrecht

Im achten Abschnitt des Urheberrechtsgesetzes befinden sich mittlerweile „Besondere Bestimmungen für Computerprogramme". Dieser Abschnitt konkretisiert und modifiziert das klassische Urheberrecht für die Anwendung auf Computerprogramme.

Software war allerdings nicht immer schon Schutzgegenstand des deutschen Urheberrechts und vor allem auch nicht immer schon normierter Schutzgegenstand des Urheberrechtsgesetzes.

Vor der Aufnahme von Software in das Urheberrechtsgesetz wurden Computerprogramme erstmals durch die Subsumtion des BGH in der Inkasso-Programm-Entscheidung als urheberrechtlich geschütztes Schriftwerk eingestuft.[116] In dem Urteil wurden erhöhte Anforderungen an das Merkmal der persönlichen geistigen Schöpfung im Sinne des § 2 Abs. 2 UrhG für schützenswerte Computerprogramme gestellt.[117] So wurde es als unzureichend und damit als nicht schutzfähig angesehen, wenn das Programm der Gestaltungsfähigkeit eines Durchschnittprogrammierers entsprach.[118] Auch in weiteren Urteilen bestätigte der BGH seine Auffassung und festigte damit die verhältnismäßig hohe Hürde für den Eintritt von Computerprogrammen in den Schutzbereich des Urheberrechts.[119] Infolge dieser Entscheidungen wurden auch in der folgenden Zeit hohe Anforderungen an die Schöpfungshöhe von Software gestellt.[120] Entsprachen Programme in ihrer Schöpfungshöhe nicht diesem Standard, war der Schutz durch das deutsche Urheberrecht ausgeschlossen.[121]

Nach der Subsumption des BGH zog auch der Gesetzgeber nach und fügte im Juni 1985 § 2 Abs. 1 Nr. 1 UrhG a.F. den Zusatz „sowie Programme für die Datenverarbeitung" bei.[122] Die Beschlussempfehlung des Rechtsausschusses ordnete diese Ergänzung als bloße Klarstellung infolge der gefestigten Rechtsprechung

---

116 *BGH* vom 09.05.1985, I ZR 52/83, GRUR 1985, 1041.

117 *BGH* vom 09.05.1985, I ZR 52/83, GRUR 1985, 1041.

118 *BGH* vom 09.05.1985, I ZR 52/83, GRUR 1985, 1041, 1047 f.

119 *BGH* vom 04.10.1990, I ZR 139/89, GRUR 1991, 449; *Schulze* in Dreier/Schulze 7. Aufl., § 2 Rn. 126.

120 *BGH* vom 09.05.1985, I ZR 52/83, GRUR 1985, 1041; BGH vom 04.10.1990, I ZR 139/89, GRUR 1991, 449; *Schulze* in Dreier/Schulze 7. Aufl., § 2 Rn. 126; Dreier/Vogel, Software und Computerrecht, S. 39.

121 *Schulze* in Dreier/Schulze 7. Aufl., § 2 Rn. 126.

122 Gesetz zur Änderung von Vorschriften auf dem Gebiet des Urheberrechts vom 24.06.1985, BGBl. I 1985, 1137.

des BGH ein.[123] Abgesehen von der Ablehnung des Schutzes der „mathematische[n] oder technische[n] Idee“ wurde nicht näher dargelegt, wie Programme im Urheberrecht einzuordnen sind.[124]

Ab dem Jahr 1985 fielen Computerprogramme dementsprechend recht eindeutig in den Schutzbereich des Urheberrechts. Vorerst blieb mangels konkreterer gesetzlicher Ausgestaltung aber unklar, welche Programme genau erfasst waren und wie die urheberrechtlichen Regelungen auf diese anzuwenden waren. Für die konkretere Einordnung wurde auf die Rechtsprechung des BGH zurückgegriffen. Folge war ein entsprechend enger Anwendungsbereich des Urheberrechts für Software.[125]

Durch die mangelnden Regelungen in anderen europäischen Staaten und die vergleichsweise strenge Rechtsprechung in Deutschland kam es zu einer uneinheitlichen urheberrechtlichen Schutzsituation von Softwareprogrammierern in der EU.[126] Um diesem Zustand entgegenzuwirken, wurde im Jahr 1991 die erste EU-Software-Richtlinie erlassen.[127] Diese vereinheitlichte die schöpferischen Anforderungen an Software. Computerprogramme galten demnach als geschützt, „wenn sie individuelle Werke in dem Sinne darstellen, daß sie das Ergebnis der eigenen geistigen Schöpfung des Urhebers sind“[128]. Umgesetzt wurde diese Richtlinie 1993 in den §§ 69a-69g UrhG.[129] Ebenfalls 1993 geändert wurde die Werkbezeichnung von Software. Zwar galten Programme weiterhin als Sprachwerk, sie werden seither aber in § 2 Abs. 1 Nr. 1 UrhG als „Computerprogramme“ bezeichnet.[130] Nach § 69a Abs. 1 UrhG werden Computerprogramme im Sinne des Urheberrechtsgesetzes nunmehr als „Programme in jeder Gestalt, einschließlich des Entwurfsmaterials“ verstanden.

---

123 BT-Drs. 10/3360, 18.

124 BT-Drs. 10/3360, 18.

125 *BGH* vom 09.05.1985, I ZR 52/83, GRUR 1985, 1041; *BGH* vom 04.10.1990, I ZR 139/89, GRUR 1991, 449; *Schulze* in Dreier/Schulze 7. Aufl., § 2 Rn. 126; *Dreier/Vogel*, Software und Computerrecht, S. 39.

126 *Schulze* in Dreier/Schulze 7. Aufl., § 2 Rn. 127; *Dreier/Vogel*, Software und Computerrecht, S. 39.

127 RL 91/250/EWG.

128 RL 91/250/EWG, Art. 1 Abs. 3.

129 Zweites Gesetz zur Änderung des Urheberrechtsgesetzes vom 09.06.1993, BGBl. I 1993, 910; BT-Drs. 12/4022, 6 ff.

130 Zweites Gesetz zur Änderung des Urheberrechtsgesetzes vom 09.06.1993, BGBl. I 1993, 910.

Die Unterbringung von Computerprogrammen in das Urheberrechtsgesetz und die Festlegung eines einheitlichen Schutzstandards führte zur erheblichen Absenkung der Anforderungen an die Schöpfungshöhe.

2. Definition von Software

Das Urheberechtsgesetz verwendet den Begriff „Computerprogramme" für Software. Diese zählen nach § 2 Abs. 1 Nr. 1 UrhG zu den geschützten Werken und stellen einen Unterfall der Sprachwerke dar. Strenggenommen sind Software und Computerprogramme nicht gleichzusetzen.[131] Software umfasst neben Computerprogrammen auch schlichte Daten.[132] Für die Zwecke dieser Arbeit sind die Begriffe allerdings synonym zu verwenden.

Computerprogramme werden im urheberrechtlichen Zusammenhang zum Teil definiert „als Folge von Befehlen, die nach Aufnahme in einen maschinenlesbaren Träger fähig sind zu bewirken, dass eine Maschine mit informationsverarbeitenden Fähigkeiten eine bestimmte Funktion oder Aufgabe oder ein bestimmtes Ergebnis anzeigt, ausführt oder erzielt".[133] Dieser Definition ist zentral die Rolle von Software als beherrschendes Etwas über Hardware zu entnehmen.

Die Gesetzesbegründung zum § 69a UrhG weist darauf hin, dass die EU-Software-Richtlinie den Begriff Computerprogramm nicht weiter definiert.[134] Nach § 69a Abs. 1 UrhG sind Computerprogramme schlicht „Programme in jeder Gestalt, einschließlich der Entwurfsmaterialien". Eine nähere Definition wurde wegen der schnellen Entwicklung von Software als allzu schnell überholt und damit überflüssig angesehen.[135] Im Rahmen der Richtlinie wird der Begriff Computerprogramm für alle Programme verwendet, auch wenn diese in Hardware integriert sind und auch für Entwurfsmaterialien, insofern diese

---

131 *Grützmacher* in Wandtke/Bullinger 6. Aufl, § 69a Rn. 2 f.

132 *Grützmacher* in Wandtke/Bullinger 6. Aufl, § 69a Rn. 2.

133 *BGH* vom 09.05.1985, I ZR 52/83, GRUR 1985, 1041, 1047; *OLG Frankfurt* a.M. vom 22.03.2005, 11 U 64/04, GRUR-RR 2005, 299, 300; *Ackermann* in ISR 2016, 258, 258; *Deutsche Vereinigung für gewerblichen Rechtsschutz und Urheberrecht* in GRUR 1979, 300, 307; *Internationales Büro der Weltorganisation für geistiges Eigentum* in GRUR Int. 1978, 286, 290; *Thiele* in DStR 2018, 274, 279; DIN 44.300; kritisch: Marly in GRUR 2012, 773, 775.

134 BT-Drs. 12/4022, 9; Richtlinie über den Rechtsschutz von Computerprogrammen: RL 91/250/EWG.

135 RL 91/250/EWG; BT-Drs. 12/4022, 9; ABl. EG Nr. C 91/9 vom 12.04.1989; *Generalanwalt Bot*, Schlussantrag vom 29.11.2011, C-406/10, BeckRS 2011, 81702, Rn. 46.

vorbereitend für die Entwicklung eines tatsächlichen Computerprogrammes sind.[136] Die Kurzbeschreibung des § 69a Abs. 1 UrhG entspricht damit der Richtlinie.

Um als urheberrechtlich geschütztes Computerprogramm eingeordnet zu werden, reicht die Subsumtion unter die genannte Definition von Software allein nicht aus. Der Schutzgegenstand muss ein Mindestmaß an Schöpfungshöhe aufweisen. Dieses Mindestmaß wird im Urheberrecht auch als kleine Münze bezeichnet.[137] Im Programmbereich soll mittlerweile teilweise sogar das Schöpfungsniveau unter der kleinen Münze geschützt sein.[138] Diese niedrige Schwelle war aber, wie bereits erläutert, nicht immer Maßstab des urheberrechtlichen Schutzes von Software.[139]

Trotz des niedrigen Mindestmaßes an Schöpfungshöhe stellt sich bei Software die Frage, worin überhaupt die für die Einstufung als urheberrechtliches Werk erforderliche[140] persönliche, geistig-schöpferische Leistung liegt.[141] Wie auch im Rahmen der Entwicklung anderer Werke ist die reine Idee einer Software nicht durch das Urheberrecht geschützt.[142] Wohl aber geschützt sind die einzelnen Entwicklungsstufen einer Software und nicht nur das vollständige und funktionsfähige Programm.[143] Dieser breite Schutzbereich ist schon im Wortlaut des § 69a Abs. 1 UrhG angelegt.[144] Bereits in den frühen Entwicklungsphasen eines Computerprogramms erbringt der Entwickler geistige Leistungen, die sich in der Gesamtschöpfung niederschlagen.[145] Diese Verknüpfungen und Sortierungen der Gedanken zur Schaffung eines Gesamtprogrammes entsprechen einer

---

136 RL 91/250/EWG, ErwGr. 7.

137 BT-Drs. 12/4022, 9; *Elster*, Gewerblicher Rechtsschutz, S. 40; *Redeker*, IT-Recht, 7. Aufl., Rn. 222.

138 *OLG Düsseldorf* vom 25.11.2008, I-20 U 72/06, ZUM-RD 2009, 182, 186; *Schulze* in Dreier/Schulze 7. Aufl., § 2 Rn. 127.

139 *BGH* vom 09.05.1985, I ZR 52/83, GRUR 1985, 1041; Näheres dazu: s.o. C.I.1.

140 So verlangt von § 2 Abs. 2 UrhG.

141 *Marly*, Urheberrechtsschutz für Computersoftware in der Europäischen Union, S. 105.

142 Vgl. *BGH* vom 09.05.1985, I ZR 52/83, GRUR 1985, 1041, 1047; *LG Düsseldorf* vom 12.01.2007, 12 O 345/02, ZUM 2007, 559, 562; *Schulze* in Dreier/Schulze 7. Aufl., § 2 Rn. 37.

143 *BGH* vom 09.05.1985, I ZR 52/83, GRUR 1985, 1041, 1047; *Grützmacher* in Wandtke/Bullinger 6. Aufl, § 69a Rn. 7 ff.

144 „einschließlich des Entwurfsmaterials".

145 Vgl. *BGH* vom 09.05.1985, I ZR 52/83, GRUR 1985, 1041, 1047; *Grützmacher* in Wandtke/Bullinger 6. Aufl, § 69a Rn. 7 ff.

urheberrechtlich geschützten geistig-schöpferischen Leistung, welche auch dem Anspruch einer persönlichen Verbindung mit dem Urheber genügen.[146] Unter Einsatz der eigenen kreativen Energie machen Programmierer Computerhardware mittels Software kontrollier- und nutzbar.[147]

Entgegen der älteren BGH-Rechtsprechung[148] bedarf es zur Einordnung von Computerprogrammen als urheberrechtlich geschütztes Werk mittlerweile auch keines erhöhten schöpferischen Standards mehr und sogar Kleinstsoftware ist bereits geschützt.[149]

Der im deutschen Urheberrecht verwendete Begriff „Computerprogramme" lässt sich im Ergebnis schwerlich definieren. Die Werkbezeichnung hat allerdings auch keineswegs den Anspruch einer trennscharfen Definition. Vielmehr soll recht weitreichend die persönliche Schöpfungsleistung von Programmieren angemessen geschützt werden.

3. Software als Sprachwerk

Für Verwunderung sorgt auf den ersten Blick die Klassifizierung von Computerprogrammen als Sprachwerke im urheberrechtlichen Sinne. Wie bereits erwähnt, erfolgte die gesetzliche Einordnung von Software in das Urheberrechtsgesetz erstmals im Juli 1985 unter der Bezeichnung „Programme zur Datenverarbeitung".[150] Schon zu diesem Zeitpunkt galten die geschützten Programme als Sprachwerke.[151] Verfolgter Zweck war die Klarstellung und Normierung der bestehenden Rechtsprechung zu Computerprogrammen.[152] Mit Gesetz vom 23. Juni 1993 wurde Software weiterhin den Sprachwerken zugeordnet,

---

146 *BGH* vom 09.05.1985, I ZR 52/83, GRUR 1985, 1041, 1047; BT-Drs. 12/4022, 6; vgl. *Marly*, Urheberrechtsschutz für Computersoftware in der Europäischen Union, S. 105 f.

147 *Clapes/Lynch/Steinberg* in JurPC 1989, 230, 233.

148 *BGH* vom 04.10.1990, I ZR 139/89, GRUR 1991, 449; *BGH* vom 09.05.1985, I ZR 52/83, GRUR 1985, 1041.

149 *OLG Düsseldorf* vom 25.11.2008, I-20 U 72/06, ZUM-RD 2009, 182, 186; *Schulze* in Dreier/Schulze 7. Aufl., § 2 Rn. 127.

150 Gesetz zur Änderung von Vorschriften auf dem Gebiet des Urheberrechts vom 24.06.1985, BGBl. I 1985, 1137.

151 „sowie": Gesetz zur Änderung von Vorschriften auf dem Gebiet des Urheberrechts vom 24.06.1985, BGBl. I 1985, 1137.

152 Gesetz zur Änderung von Vorschriften auf dem Gebiet des Urheberrechts vom 24.06.1985, BGBl. I 1985, 1137; BT-Drs. 10/3360, 18.

nunmehr aber unter der Bezeichnung „Computerprogramme".[153] Dass die Wahl des Gesetzgebers beide Male auf die Kategorie der Sprachwerke fiel, scheint vielmehr zufällig als tatsächlich begründet zu sein. Verdeutlicht wird diese Zufälligkeit durch die anfängliche Uneinigkeit, welcher Werkekategorie Software denn tatsächlich zuzuordnen wäre.[154] Neben der Zuordnung von Software zu der Werkkategorie der Sprachwerke wurde insbesondere auch die Zuordnung zu den Darstellungen technischer und wissenschaftlicher Art im Sinne des § 2 Abs. 1 Nr. 7 UrhG diskutiert.[155]

Die Vergleichbarkeit von Computerprogrammen und sonstigen Sprachwerken soll sich aus der in einer Programmiersprache verfassten Urform eines Programmes ergeben.[156] Als Darstellung wissenschaftlicher oder technischer Art lässt sich das Maschinenprogramm in der Form eines technischen Steuermittels sehen.[157] Eine gespaltene Zuordnung von Programmen, je nach Stand

---

153 Zweites Gesetz zur Änderung des Urheberrechtsgesetzes vom 09.06.1993, BGBl. I 1993, 910.

154 *BGH* noch unentschlossen, ob Schriftwerk oder Darstellung wissenschaftlicher oder technischer Art in Entscheidung vom 09.05.1985, I ZR 52/83, GRUR 1985, 1041; *Preuss* sieht Datenverarbeitungsprogramme als neue Werkkategorie im Urheberrecht, unterstützt aber die Einordnung als Sprachwerk: *Preuss*, Der Rechtsschutz von Computerprogrammen, S. 150; deutliche Einordnung als Schriftwerk unter bildlicher Beschreibung und Metapher zu einem Symphoniekonzert: *Clapes/Lynch/Steinberg* in JurPC 1989, 230, 230 ff.; klare Einordnung von Programmen als Darstellung technischer Art i.S.d. § 2 Abs. 1 Nr. 7 UrhG durch *König* in JurPC 1991, 1122, 1122; ferner spricht sich *König* für den Schutz von Quellcodes durch die Einordnung des Gesetzgebers unter Sprachwerke aus: JurPC 1991, 1122, 1126; auch als Werk mit Doppelnatur: *Haberstumpf* in Lehmann, Rechtsschutz und Verwertung von Computerprogrammen, S. 86 f.; *Marly*, Urheberrechtsschutz für Computersoftware in der Europäischen Union, S. 111.

155 *BGH* vom 09.05.1985, I ZR 52/83, GRUR 1985, 1041, 1041; *König* in JurPC 1991, 1122, 1122; vgl. *Haberstumpf* in Lehmann, Rechtsschutz und Verwertung von Computerprogrammen, S. 86 f.

156 *BGH* vom 09.05.1985, I ZR 52/83, GRUR 1985, 1041, 1047; *Haberstumpf* in Lehmann, Rechtsschutz und Verwertung von Computerprogrammen, S. 86; *Marly*, Urheberrechtsschutz für Computersoftware in der Europäischen Union, S. 111; *Haberstumpf* in GRUR 1982, 142, 144.

157 Vgl. *Marly*, Urheberrechtsschutz für Computersoftware in der Europäischen Union, S. 111; *König* in JurPC 1991, 1122, 1122.

der Entwicklung (noch bloßer Programmcode oder reine Darstellungsform) ist nach dem Vorstehenden wohl auch nicht ganz abwegig.[158]

Ob Software den Sprachwerken, wissenschaftlichen oder technischen Darstellungen oder einer vollständig neuen Werkekategorie zugeordnet wird, ist für die Auswirkungen auf den urheberrechtlichen Schutz letztlich unerheblich.[159] Bereits aufgrund der Tatsache, dass der Gesetzgeber schon 1985 eine klare Entscheidung in Bezug auf die Zuordnung getroffen hat, kann diese Diskussion dahinstehen. Jedenfalls wird deutlich, dass die Einordnung von Computerprogrammen in das deutsche Urheberrecht nicht ohne weitere Diskussion stattgefunden hat und die Zuteilung zu den Sprachwerken nicht ohne Gegenstimmen blieb.

Die umständliche und nicht einstimmig unterstützte Verortung von Computerprogrammen unter die Sprachwerke unterstreicht die fremde Rolle, welche Software im Urheberrecht einnimmt. Die deutschen Regeln des Urheberrechts waren schon ursprünglich nicht für Programme geschaffen und auch die nachträgliche Einordnung ist offensichtlich weder unproblematisch noch wirklich für Software in allen Formen und Darstellungsweisen passend.

4. Strukturelemente

a) Technische Aspekte

Computerprogramme zeichnen sich durchschnittlich nicht durch einen hohen Grad an künstlerischem Mehrwert oder Kreativität aus.[160] In der Regel ist Software ein Produkt vieler Urheber[161] und besticht eher durch ihre technologische Innovation und ihren Wert als „Werkzeug“[162]. Im Gegensatz zu Software sind Werkzeuge und technische Hilfsmittel allerdings nicht urheberrechtlich geschützt.[163]

---

158 Vgl. *Haberstumpf* in Lehmann, Rechtsschutz und Verwertung von Computerprogrammen, S. 86 f.; *Marly*, Urheberrechtsschutz für Computersoftware in der Europäischen Union, S. 111; *Clapes/Lynch/Steinberg* in JurPC 1989, 230, 230.

159 *Marly*, Urheberrechtsschutz für Computersoftware in der Europäischen Union, S. 112; vgl. dazu schon *Kolle* in GRUR 1974, 7, 8.

160 BT-Drs. 12/4022, 7; *Karl*, Der urheberrechtliche Schutzbereich von Computerprogrammen, S. 114 f.; *Redeker*, IT-Recht, 7. Aufl., Rn. 2 ff.

161 *Karl*, Der urheberrechtliche Schutzbereich von Computerprogrammen, S. 115.

162 *Generalanwalt Szpunar*, Schlussantrag vom 10.09.2019, C-263/18, BeckRS 2019, 20448, Rn. 62; *Becker* in ZGE 2016, 239, 277; *Hilty* in GRUR 2018, 865, 869; *ders.* in MMR 2003, 3, 10.

163 S. hierzu auch: *Schaal/Gebhardt* in IStR 2021, 887, 889.

aa) Schlichter Werkgenuss vs. interaktive Nutzung

Gewöhnliche urheberrechtliche Werke werden konsumiert[164], regen Denkprozesse an oder - sei es unmittelbar oder in inspirierender Funktion - werden in andere Schöpfungen verflochten. Eine tatsächliche Interaktion ist eher der Ausnahmefall. Beispiele für eine solche Ausnahme wären Gesellschaftsspiele oder Bücher mit interaktiver Komponente[165]. Hier steht allerdings regelmäßig der unterhaltende Zweck im Vordergrund.

Software hingegen dient nicht ausschließlich dem bloß unterhaltenden Konsum, der schlichten Planung oder Inspiration.[166] Sie löst konkrete Probleme. Computerprogramme sind Werkzeuge, [167] allerdings nicht in der Form, dass ihr Inhalt ein Problem nur erläutert oder gar die Lösung unmittelbar enthält, wie es eine Planskizze, Gebrauchsanweisung oder wissenschaftliche Abhandlung tut, sondern, dass sie nach Eingabe der notwendigen Daten aktiv und selbstständig ein Problem löst. Auch Baupläne, wissenschaftliche Aufsätze und viele weitere durch das Urheberrecht geschützte Werke lösen Probleme oder geben Hilfestellungen hierbei. Keine dieser Schöpfungen tut dies allerdings aktiv, vielmehr stehen sie passiv zum Konsum und der schlichten Verwendung des Menschen bereit.

Die beschriebene Differenzierung macht sich auch auf rechtlicher Ebene bemerkbar und unterstützt dementsprechend diese Unterscheidung. Konsum bzw. „Werkgenuss" ist keine in die Rechte des Urhebers eingreifende Nutzung, die einer schutzrechtlichen Erlaubnis des Urhebers bedürfte.[168] Das ergibt sich schon aus dem Umkehrschluss der Ausschließlichkeitsrechte des Urhebers aus § 15 UrhG. Hier wird die Benutzung eines Werkes in Form des Werkgenusses erst gar nicht aufgeführt. Die Möglichkeit zum Konsum setzt jedoch den

---

164 Am Beispiel Buch, DVD und CD: *Hilty* in GRUR 2018, 865, 869: auch schon *ders.* in MMR 2003, 3, 10.

165 In der Regel wird es sich hierbei um Kinderbücher handeln, bspw.: https://lingufino.de/shop/?gclid=Cj0KCQiApY6BBhCsARIsAOI_Gjaqb7j5CeJeEp6_HsUmU0ePsrw0zynxDXwfPrboJscCKOE-OGPMliEaAib6EALw_wcB; zuletzt abgerufen am 08.08.2022, 15:00.

166 Zur Sonderrolle von Computerspielen s.: C.I.4.a)bb) & C.I.4.b)aa).

167 *Generalanwalt Szpunar,* Schlussantrag vom 10.09.2019, C-263/18, BeckRS 2019, 20448, Rn. 62; so auch *Becker* in ZGE 2016, 239, 277.

168 So der *BGH* vom 04.10.1990, I ZR 129/89, GRUR 1991, 449, 453; Richtigerweise stellt der Werkgenuss zwar eine urheberrechtliche Nutzung dar, welche aber schon vom Gesetzgeber freigestellt wurde: *Schulze* in Dreier/Schulze 7. Aufl., § 15 Rn. 20; *Schulze* in NJW 2014, 721, 723.

Zugang zu einem Werkexemplar voraus, welcher entweder mit der vorherigen Vervielfältigung des Werkes, der öffentlichen Zugänglichmachung desselbigen oder anderen Verwertungsarten, die regelmäßig dem Urheber vorbehalten sind, verbunden ist. Als Beispiel könnte der Druck eines Buches dienen, welches als Kopie des Originals im Prozess der Vervielfältigung hergestellt wurde und dann durch einen Händler an den Endverbraucher gelangt. Dem Werkgenuss steht also im Regelfall eine urheberrechtlich relevante Nutzungshandlung voraus.

Auch die Zugänglichmachung von Software erfolgt in der Regel durch Vervielfältigung, entweder durch Herstellung einer Kopie auf einem körperlichen Datenträger und dessen Verkauf oder durch den Download auf einen Datenträger, welcher sich bereits im Besitz des Endnutzers befindet. Unterschiede ergeben sich aber bei der Nutzung von Software im Lichte des Urheberrechts.

Der „Konsum" eines Computerprogrammes, also der bloße Rechenlauf soll zwar auch keine urheberrechtlich relevante Handlung darstellen.[169] Allerdings führt die Installation eines Programmes auf einem nutzbaren Datenträger, wie der Festplatte, zu einer urheberrechtlich relevanten Vervielfältigung des Werkes.[170] Ebenso ist nach herrschender Auffassung die Zwischenspeicherung im RAM als eine Vervielfältigung im Sinne des § 15 Abs. 1 UrhG zu sehen.[171] Der Rechenlauf, welcher im Grunde „kein urheberrechtlich relevanter Vorgang"[172] sein soll, setzt damit bei der Installation bzw. spätestens beim Laden in den Arbeitsspeicher entgegen dieser pauschalen Behauptung eine Vervielfältigung des Programmes voraus. So führt der Werkgenuss von Software im Ergebnis eben doch zu einer urheberrechtlich relevanten Nutzungshandlung.[173] Unerheblich ist dabei, dass diese Nutzungshandlung, sofern sie für eine bestimmungsgemäße Benutzung des Programmes notwendig ist, von der Schranke des § 69d Abs. 1 UrhG gedeckt ist. Die Zwangsläufigkeit der Vervielfältigungshandlung verdeutlicht jedenfalls die aktivere Beziehung zwischen Nutzer und Computerprogramm.

---

169 *BGH* vom 04.10.1990, I ZR 129/89, GRUR 1991, 449, 453; *Lehmann/Spindler* in Loewenheim, Hdb. UrhR 3. Aufl, § 9 Rn. 61.

170 *Lehmann/Spindler* in Loewenheim, Hdb. UrhR 3. Aufl, § 9 Rn. 61.

171 *BGH* vom 03.02.2011, I ZR 129/08, GRUR 2011, 418, 419; *Dreier* in Dreier/Schulze 7. Aufl., § 69c Rn. 8; *Grützmacher* in Wandtke/Bullinger 6. Aufl., § 69c Rn. 5; *Lehmann/Spindler* in Loewenheim, Hdb. UrhR 3. Aufl, § 9 Rn. 62.

172 *BGH* vom 04.10.1990, I ZR 129/89, GRUR 1991, 449, 453.

173 Im Ergebnis auch: *BGH* vom 03.02. 2011, I ZR 129/08, GRUR 2011, 418, 419; *Dreier* in Dreier/Schulze 7. Aufl., § 69c Rn. 8; *Grützmacher* in Wandtke/Bullinger 6. Aufl., § 69c Rn. 5; *Hilty* in CR 2012, 625, 630.

So zeigt sich hinreichend plastisch anhand der rechtlichen Einordnung, wie Software im Gegensatz zu klassischen Werken nicht schlichtweg konsumiert bzw. „genossen“ wird, sondern schon weitergehend „genutzt“[174] wird.

Man könnte einwenden, dass auch klassische Werke mittlerweile verstärkt in digitaler Form genossen werden. Auch hier kommt es durch das Laden in den RAM nach einem weiten Vervielfältigungsbegriff zu einer urheberrechtlich relevanten Nutzungshandlung.[175] Zum einen ist dies aber im Gegensatz zu Software keine notwendige Vervielfältigung. Klassische Werke könnten auch in analoger Form konsumiert werden. Zum anderen beschränkt sich beim digitalen Werkgenuss herkömmlicher Schöpfungen die Rolle des Konsumenten gerade auf die passive Aufnahme bzw. ein Minimum an Interaktion, während Software sich gerade nicht auf diese Ebene beschränkt.[176]

Computerprogramme werden nicht bloß betrachtet oder gelesen. Sie erfüllen einen bestimmten – meist technischen - Zweck. Der Werkzeugcharakter scheint die Rolle als urheberrechtlich geschütztes Werk zu überragen.[177]

bb) Sonderfall Computerspiele

Eine nicht vorwiegend technische Natur lässt sich im Softwarebereich Computerspielen zusprechen. Diese dienen in erster Linie nicht der Lösung eines realen Problems oder der Vereinfachung einer Aufgabe. Im Vordergrund steht vielmehr ein zeitvertreibender und künstlerischer Aspekt, wie er auch bei Filmwerken besteht. Dieser „Bruch“ mit der Werkzeugeigenschaft[178] von Computerprogrammen lässt sich allerdings schnell durch eine Betrachtung der Werknatur von Computerspielen aufklären:

Die Einordnung von Computerspielen in eine urheberrechtliche Werkart fällt verhältnismäßig schwer. Daher wird teilweise sogar die Einführung einer eigenständigen Werkart gefordert.[179] In weiten Teilen wird eine

---

174 *Becker* in ZGE 2016, 239, 277; *Hilty* in GRUR 2018, 865, 869; *ders.* in MMR 2003, 3, 10.

175 *OLG Hamburg* vom 22.02.2001, 3 U 247/00, GRUR 2001, 831, 831; *Wiebe* in Spindler/Schuster, Elektron. Medien 4. Aufl., UrhG § 16 Rn. 5.

176 *Becker* in ZGE 2016, 239, 277; *Hilty* in GRUR 2018, 865, 869; *ders.* in MMR 2003, 3, 10.

177 Vgl. *Bullinger/Czychowski* in GRUR 2011, 19, 21 f.; *Hilty* in GRUR 2018, 865, 869; *ders.* in MMR 2003, 3, 10.

178 S. dazu die obigen Ausführungen und *Becker* in ZGE 2016, 239, 277; *Hilty* in GRUR 2018, 865, 869; *ders.* in MMR 2003, 3, 10.

179 *Brüggemann* in CR 2015, 697, 703; *Bullinger/Czychowski* in GRUR 2011, 19, 21; *Katko/Maier* in MMR 2009, 306, 310 f.; *Poll/Brauneck* in GRUR 2001, 389, 392.

„technisch-künstlerische Doppelnatur“[180] von Computerspielen vertreten.[181] Der künstlerisch geprägte Ausgabeteil des Spiels wird in diesem Zusammenhang oft als Filmwerk gesehen, während die im Hintergrund ablaufende und steuernde Mechanik als Computerprogramm im Sinne des Urheberrechts eingeordnet wird.[182] Der originär künstlerische Teil des Computerspiels wird also nicht dem „Programmteil“ sondern dem „Filmteil“ zugesprochen. Damit fällt dem urheberrechtlichen Programmschutz gerade nicht die Aufgabe des Schutzes von künstlerischen Aspekten eines Spiels zu. Es verbleibt vielmehr nur der Schutz der steuernden mechanischen Natur von Computerspielen, also dem Programm als Werkzeug[183]. Gerade der Teil eines Computerspiels, der nicht durch künstlerischen Mehrwert oder Kreativität geprägt ist, wird im urheberrechtlichen Sinne als Computerprogramm eingeordnet. Damit wird selbst in diesem Bereich Software eine artistische Natur weitestgehend abgesprochen.

Im Ergebnis unterstreicht die Anerkennung einer technisch-künstlerische Doppelnatur von Computerspielen also die Ablehnung einer künstlerischen Prägung und eben die vorwiegend technische Natur von Software.

cc) Überschneidung Urheber- und Patentrecht

Insbesondere abseits von einfacheren, individuellen Computerprogrammen, also im Bereich von industrieller Software, ähneln Programme vielmehr einer technischen Errungenschaft als einem künstlerischen Werk.[184] Ironischerweise ist für den Kleinstprogrammierer, dessen Software nach dieser Einschätzung wesentlich eher das Prädikat „urheberrechtliches Werk“ verdient hätte, das Erreichen der erforderlichen Schöpfungshöhe zur Erlangung urheberrechtlichen Schutzes eine größere Problematik als für den Softwaregiganten. Wenngleich die Anforderungen an die Schöpfungshöhe eines urheberrechtlich geschützten

---

180 *Ulbricht* in CR 2002, 371, 321.

181 *BGH* vom 06.02.2013, I ZR 124/11, GRUR 2013, 1035, 1036 f.; *Czychowski* in Fromm/Nordemann 12. Aufl., § 69a Rn. 10; *Brüggemann* in CR 2015, 697, 697 f.; *Bullinger/Czychowski* in GRUR 2011, 19, 21; *Katko/Maier* in MMR 2009, 306, 306; *Poll/Brauneck in* GRUR 2001, 389, 390; *Ulbricht* in CR 2002, 371, 321.

182 *Brüggemann* in CR 2015, 697, 697 f.; *Bullinger/Czychowski* in GRUR 2011, 19, 21 f.; *Katko/Maier* in MMR 2009, 306, 306 ff.; *Poll/Brauneck* in GRUR 2001, 389, 389, *Ulbricht* in CR 2002, 371, 321.

183 *Becker* in ZGE 2016, 239, 277; *Bullinger/Czychowski* in GRUR 2011, 19, 21 f.; *Hilty* in GRUR 2018, 865, 869; *ders.* in MMR 2003, 3, 10.

184 BT-Drs. 12/4022, S.7; *Redeker*, IT-Recht, 7. Aufl., Rn. 137 f; *Horns* in GRUR 2001, 1, 7 f.; *Melullis* in GRUR 1998, 843, 843 f.

Computerprogrammes recht niedrig sind,[185] so sind doch vor allem auch industrielle Softwareprodukte aufgrund ihrer Komplexität als urheberrechtliche Werke geschützt.

Eine Einstufung von Software als industrielle Ware in Form einer technischen Errungenschaft verdeutlicht auch die Überschneidung von Urheber- und Patentrecht. Im Gegensatz zum Urheberrecht ist das Patentrecht vollständig übertragbar.[186] Software ist grundsätzlich nicht patentrechtlich geschützt (§ 1 Abs. 3 Nr. 3 PatG). Wenn ein Programm jedoch Teil einer zu schützenden Erfindung ist und nicht die Patentierbarkeit der Software im Vordergrund steht (§ 1 Abs. 4 PatG), ist dieses Programm als Teil der Gesamterfindung patentrechtlich geschützt.[187] Software als Teil einer Erfindung kann also patentrechtlichen Schutz erhalten. Auch eigenständige Software unabhängig von einer Gesamterfindung patentrechtlich und nicht urheberrechtlich zu schützen, liegt demnach nicht fern. In der Folge wäre denkbar, den immaterialgüterrechtlichen Schutz von Software ausschließlich über das Patentrecht und nicht (auch) über das Urheberrecht zu regeln. Dann wäre auch ein vollständiger Rechtekauf möglich.

Neben der normativen Unterscheidung von patentrechtlich schutzwürdiger und ungeschützter Software werden auch andere Abgrenzungsmethoden verwendet.[188] Im Kern verlangen ein Großteil dieser Ansätze einen technischen Beitrag von patentrechtlich schutzwürdiger Software.[189] Durch die Forderung eines vorherrschend technischen Teils der Software zur Einstufung als Patentwerk wird, unabhängig von der Definition des technischen Teils, der existente technische Charakter von Software erkennbar.[190] Dieser Erkenntnis folgend ergibt sich im Einklang mit den historischen Erwägungen[191] eine

185 *OLG Düsseldorf* vom 25.11.2008, I-20 U 72/06, ZUM-RD 2009, 182, 186; *Schulze* in Dreier/Schulze 7. Aufl., § 2 Rn. 127.

186 *Smielick* in MAH GewRS 5. Aufl., § 39 Rn. 82 ff.; *Ullmann/Deichfuß* in Benkard PatG 11. Aufl., § 15 Rn. 5.

187 *Redeker*, IT-Recht, 7. Aufl., Rn. 137 ff.; *Melullis* in GRUR 1998, 843, 843 f.

188 *Redeker*, IT-Recht 7. Aufl., Rn. 138 ff.

189 *EPA* vom 15.07.1986, 208/84, GRUR Int. 1987, 173, 175; *BGH* vom 19.05.2005, X ZR 188/01, GRUR 2005, 749, 749 ff.; *Engel* in GRUR 1993, 194, 195 ff.; *Tauchert* in GRUR 1997, 149, 152 ff.

190 Zum technischen Charakter der Software: *Redeker*, IT-Recht, 7. Aufl., Rn. 137 ff.; *Horns* in GRUR 2001, 1, 7 f.; *Melullis* in GRUR 1998, 843, 843 f.

191 S.o. C.I.1.

recht schwierige Einordnung von technisch geprägter Software im künstlerisch geprägten Urheberrecht.

Nahe liegt demzufolge auch eine Einordnung von umfassenden Softwarenutzungsrechteeinräumungen als vollständiger Rechtekauf einer technischen Errungenschaft im Sinne des Patentrechts und nicht als zeitweise Überlassung dieser Rechte nach dem Urheberrecht.

dd) Bestimmende Rolle für den technischen Fortschritt

Weiteres Zeugnis für die starke technische Natur von Software ist auch die entscheidende Wirkung von Softwareentwicklung für den gesamten technischen Fortschritt der letzten Jahre. Bereits vor einiger Zeit herrschte ein Bewusstsein für die bestimmende Position von Software in der technischen Entwicklung.[192] Nicht nur der Arbeitsalltag, sondern eben auch der private Alltag ist in weiten Teilen der Welt stark beeinflusst durch die Anwendung von Software.[193] Von der Nutzung des Smartphones über Smart-Home-Anwendungen bis hin zur Steuerung von komplexen Fabrikationsprozessen ist der Einsatz von Computerprogrammen zur Beherrschung von Hardware unabdinglich. So ergibt es sich auch, dass ein weiter Teil des technischen Fortschritts nunmehr maßgeblich durch die Weiter- und Neuentwicklung von Software bestimmt ist.[194]

Mit dieser Erkenntnis lässt sich festhalten, dass eine effiziente Softwareentwicklung und schließlich auch treffende wie unkomplizierte Vertriebsmöglichkeiten des fertigen Produktes zentrales Element des gesamten technischen Fortschritts sind.[195] Lahmt die Entwicklung von Computerprogrammen, welche Hardware beherrschen, sei es durch beeinträchtigte und damit beschränkte Verbreitungsmöglichkeiten, sind die Auswirkungen auch in weiten Teilen der generellen technischen Evolution zu verspüren.

---

192 *Hoeren* in Copyright Software Protection in the EC, S. 96; *Marly*, Urheberrechtsschutz für Computersoftware in der Europäischen Union, S. 5.

193 So schon *Marly*, Urheberrechtsschutz für Computersoftware in der Europäischen Union, S. 5.

194 Vgl. *Marly*, Urheberrechtsschutz für Computersoftware in der Europäischen Union, S. 8.

195 *Hoeren* in Copyright Software Protection in the EC, S. 96; vgl. *Marly*, Urheberrechtsschutz für Computersoftware in der Europäischen Union, S. 5, 8.

ee) *Zwischenergebnis*

Software besticht im Gegensatz zu anderen urheberrechtlich geschützten Werken durch seine Natur als Werkzeug. Programme dienen der Lösung von Problemen und nur im verminderten Maße dem Zeitvertreib oder der Inspiration. Dieser Umstand wird durch die Überschneidung von Urheber- und Patentrecht unterstrichen.

Die Möglichkeit, im Softwarebereich umfassend Nutzungsrechte einräumen zu können, würde zu klarer und einfacher strukturierten und gerade nicht durch das Steuerrecht gehemmten Vertriebsmöglichkeiten führen.[196] Eben diesen passenderen Vertriebsmöglichkeiten stehen derzeit scheinbar die Anwendung der herkömmlichen urheberrechtlichen Regelungen entgegen und sind nach Interpretation des BMF nicht möglich.[197] Nach der oben ermittelten technischen Prägung von Software und der Bedeutung für den technischen Fortschritt führen diese verminderten Vertriebsmöglichkeiten im Ergebnis zu einer erschwerten gesamten technischen Fortentwicklung.

Freilich kann es nicht Ziel der Einschätzung des BMF sein, sowohl einer wirtschaftlich sinnvollen und notwendigen Nutzung von Softwarerechten als auch dem allgemeinen technischen Fortschritt entgegenzustehen.

b) *Wirtschaftliche Aspekte*

Wie bereits im Rahmen der technischen Aspekte angesprochen, ist ein primärer Sinn von Software, insbesondere im industriellen Bereich, auch die wirtschaftliche Verwertung.[198] Vergleichbar ist Software in dieser Eigenschaft mit vielen Musik- und Filmwerken.[199] Der vorherrschende

---

196 Vgl. *BMF* vom 27.10.2017, IV C 5 – S 2300/12/10003: 004, BStBl. I 2017, 1448.

197 *BMF* vom 27.10.2017, IV C 5 – S 2300/12/10003: 004, BStBl. I 2017, 1448.

198 *Grützmacher* in Wandtke/Bullinger 6. Aufl., Vor §§ 69a ff. Rn. 6.; *Dreier* in Dreier/Schulze 7. Aufl., § 69a Rn. 1 ff.; *Marly*, Urheberrechtsschutz für Computersoftware in der Europäischen Union, S. 5; Karl, Der urheberrechtliche Schutzbereich von Computerprogrammen, S. 114 f.; *Lehmann* in NJW 1988, 2419, 2421; *Marly* in GRUR 2012, 773, 773; vgl. auch: https://de.statista.com/statistik/daten/studie/28269/umfrage/softwareerloese-des-unternehmens-sap-seit-dem-jahr-2001/; zuletzt abgerufen am 08.08.2022, 15:30; https://de.statista.com/statistik/daten/studie/1074054/umfrage/umsatz-von-microsoft-mit-business-intelligence-software/, zuletzt abgerufen am 08.08.2022, 15:30.

199 Vgl. *Grützmacher* in Wandtke/Bullinger 6. Aufl., Vor §§ 69a ff. Rn. 6.; vgl. *Dreier* in Dreier/Schulze 7. Aufl., § 69a Rn. 1 ff.

wirtschaftliche Teil macht die eher geringe persönlichkeitsrechtlichen Aspekte bewusst.[200]

aa) Sonderfall Computerspiele

Trotz seiner geringeren Relevanz ist der persönlichkeitsrechtliche Bereich von Softwarewerken allerdings nicht vollständig außer Acht zu lassen und insbesondere bei vorwiegend kreativ geprägter Individualsoftware zu respektieren.[201] Zentral ist die künstlerische Prägung und damit einhergehend auch die persönlichkeitsrechtliche Verhaftung, wie schon erörtert, bei einigen Computerspielen und Programmen, die gerade nicht die Beseitigung eines realen Problems oder die Steuerung eines Gerätes beabsichtigen.[202] Viele Unternehmen der Computerspielindustrie stehen in ihren Kapazitäten inzwischen allerdings großen Filmstudios in nichts nach.[203] Entsprechend ist die Vermarktung ihrer Produkte ein zentraler, treibender Faktor und der schrumpfende persönlichkeitsrechtliche Anteil des Spielwerkes nur logische Folge.

Daneben ist außerdem die Sonderrolle, welche Computerspiele in der Softwarewelt spielen, zu beachten.[204] So wie schon in der Erarbeitung der technischen Aspekte von Computerprogrammen dargelegt, prägt der künstlerische Aspekt von Computerspielen aufgrund der genannten Doppelnatur nicht den Softwareteil.[205] Der künstlerische Ausgabeteil ist vielmehr gerade nicht dem Programmwerkteil, sondern dem Teil des Spieles, der in der Regel als Filmwerk geschützt wird, zuzuordnen.[206] Auch wenn Computerspiele einen starken

---

200 *Drexl*, What is protected in a Computer Program?, S. 9 ff.; *Hoeren*, IT- Vertragsrecht, S. 3 Rn. 8; *Karl*, Der urheberrechtliche Schutzbereich von Computerprogrammen, S. 114 f.; *Lehmann* in NJW 1988, 2419, 2421.

201 *Redeker*, IT-Recht 7. Aufl., Rn. 37 ff.

202 Zum hier üblichen Namensnennungsrecht: *Rauda*, Recht der Computerspiele, S. 54 Rn. 138 ff.; *Redeker*, IT-Recht, 7. Aufl., Rn. 40; vgl. auch schon: *Lehmann* in NJW 1988, 2419, 2421.

203 *Manegold/Czernik* in Wandtke/Bullinger 6. Aufl., § 94 Rn. 47; *Bullinger/Czychowski* in GRUR 2011, 19, 20.

204 *Bullinger/Czychowski* in GRUR 2011, 19, 21.

205 S.o. C.I.4.a)bb); *BGH* vom 06.02.2013, I ZR 124/11, GRUR 2013, 1035, 1036 f.; *Brüggemann* in CR 2015, 697, 697 f.; *Bullinger/Czychowski* in GRUR 2011, 19, 21; *Katko/Maier* in MMR 2009, 306, 306 ff.; *Poll/Brauneck* in GRUR 2001, 389, 389, *Ulbricht* in CR 2002, 371, 321.

206 *Bullinger/Czychowski* in GRUR 2011, 19, 21; *Katko/Maier* in MMR 2009, 306, 306 ff.; *Poll/Brauneck* in GRUR 2001, 389, 389, *Ulbricht* in CR 2002, 371, 321.

künstlerischen Einschlag aufweisen, so ist dieser doch gerade nicht dem im Hintergrund agierenden Programm zuzuweisen. Die Software hat weiterhin nur eine steuernde Funktion.[207] Computerprogrammen als urheberrechtlichen Werken verbleibt selbst in dem Sonderfall von Computerspielen nach dieser Interpretation kaum künstlerischer Mehrwert. Erst recht fehlt dieser Mehrwert bei „reiner" Software, die – anders als dies bei einem Computerspiel der Fall ist – nicht um einen künstlerisch geprägten Teil erweitert wird.

bb) Vergleich mit der vorherrschenden Prägung anderer Werke

Trotz der Ähnlichkeit zu Musik- und Filmwerken in Bezug auf ihre wirtschaftliche Relevanz ist die persönliche Verbindung des Urhebers mit seiner Software wesentlich schwächer. Eine Bezeichnung als Kunstwerk, die für Filme oder Musikstücke zweifelsohne zu verwenden ist, wirkt im Softwarebereich in weiten Teilen verfehlt. Ins Auge fällt dieser Umstand gerade bei industriell hergestellter und genutzter Software, der Ausgabeteil von Computerspielen mit weitestgehend unterhaltend-ästhetischen Zwecken der erörterten Ansicht folgend[208] einmal ausgenommen.

Verbleibende persönlichkeitsrechtliche Aspekte von Software entsprechen zumeist gerade nicht denen eines Gemäldes oder eines Gedichtes.[209] Diese „Kunst"-Werke werden urheberrechtlich oft nicht mit der primären Absicht geschützt, den Urheber angemessen zu vergüten und so den wirtschaftlichen Aspekten seines Werkes Rechnung zu tragen, sondern vielmehr, um die kreative Leistung zu würdigen, als seine anzuerkennen und das Werk angemessen mit dem Urheber in Verbindung zu setzen.[210] Freilich ist der wirtschaftliche Aspekt des urheberrechtlichen Schutzes auch bei diesen klassischen Werken nicht außer Acht zu lassen.[211] Die Werknutzung durch den Urheber in Form einer Vermarktung ist als solche schon im Urheberrecht durch das Urhebervertragsrecht angelegt.[212]

Stände es nicht in der Absicht eines Großteils der Urheber, ihr Werk wirtschaftlich zu nutzen, wäre eine Regelung der vertraglichen Rahmenbedingungen

207 *Bullinger/Czychowski* in GRUR 2011, 19, 21; *Katko/Maier* in MMR 2009, 306, 306 ff.; *Poll/Brauneck* in GRUR 2001, 389, 389, *Ulbricht* in CR 2002, 371, 321.

208 S. sowohl C.I.4.a)bb) als auch C.I.4.b)aa).

209 *Hoeren*, IT- Vertragsrecht, S. 3 Rn. 8.

210 Sog. ideelles Interesse: BT-Drs. IV/270, 43.

211 Sog. materielles Interesse: BT-Drs. IV/270, 43.

212 Vgl. schon: *Loewenheim/Nordemann/Ohly* in Loewenheim Hdb. 3. Aufl., § 24 Rn. 1 f.

zur Einräumung von Nutzungsrechten hinfällig. Während das Interesse einer wirtschaftlichen Verwertung bei Softwarewerken jedoch regelmäßig die entscheidende Rolle spielt, ist er bei den klassischen Werken meist nicht von vergleichbarere Relevanz.

cc) Updates und Add-ons

Weiterhin schafft die Zwangsläufigkeit der Aktualisierung und Erweiterung von Computerprogramm den Nährboden für eine noch intensivere wirtschaftliche Nutzung. Anwender von Software sind regelmäßig dazu gezwungen, ihre Programme zu aktualisieren, zu erweitern oder vollständig durch eine neue Version zu ersetzen.[213] Tun sie dies nicht, werden Programme inkompatibel mit neuerer Hard- und Software und weisen Sicherheits- sowie Funktionslücken auf.

Die Entwicklung von Updates, Behebung von Problemen bei der Benutzung von Computerprogrammen sowie die Ergänzung des Urprogrammes um weitere Teile lässt sich als schöpferische Tätigkeit einordnen, wenn die schöpferische Mindesthöhe erreicht wird und damit ein neues Werk vorliegt.[214] Sollte das der Fall sein, sind diese neuen Werke jedoch noch weniger von persönlichkeitsrechtlichem Einschlag als das ursprüngliche Programm. Die Verbesserungen und Ergänzungen dienen vielmehr der Aufrechterhaltung eines funktionsfähigen Programmes und damit der besseren Nutzbarkeit und Vermarktung, um zum einen Kunden halten und zum anderen auf einem stark umkämpften Markt ein konkurrenzfähiges Produkt anbieten zu können. Die wirtschaftlichen Aspekte von Software als urheberrechtliches Werk werden bei Ergänzungen eines Urprogrammes, welche selbst Werkqualität aufweisen, daher noch verdeutlicht.

Ferner verdeutlicht die Notwendigkeit von Updates und Erweiterungen die Kurzlebigkeit von Computerprogrammen. Während klassische Werke wie Gedichte, Gemälde oder sogar Musikwerke sich durch eine gewisse Unvergänglichkeit auszeichnen und in aller Regel nicht oder nicht ansatzweise in vergleichbarem Maße nachträglich ergänzt oder verbessert werden, ist dies bei Software für einen reibungslosen Fortbetrieb schlicht notwendig. Wieder fällt die Nähe zu einem Werkzeug auf,[215] welches zur weiteren Nutzung gewartet werden muss. Auch wenn klassische Werke mitunter restauriert werden müssen, so ist dies

---

213 Zur geringen Nutzungsdauer s. auch: C.I.4.d).

214 BT-Drs. 12/4022, 9; *Ernst* in Hoeren/Sieber/Holznagel, Hdb. MMR 58. EL, 7.1 Rn. 17.

215 S. C.I.4.a); *Generalanwalt Szpunar,* Schlussantrag vom 10.09.2019, C-263/18, BeckRS 2019, 20448, Rn. 62; *Becker* in ZGE 2016, 239, 277; *Hilty* in GRUR 2018, 865, 869; *ders.* in MMR 2003, 3, 10.

wohl weniger dem eigentlichen, immateriellen Werk geschuldet, sondern vielmehr der Vergänglichkeit der verwendeten Materialien. Schon gar nicht werden neue Elemente hinzugefügt, um das Werk konkurrenzfähig zu halten.

dd) Zwischenergebnis

Die Betrachtung der im Gegensatz zu den persönlichkeitsrechtlichen bei Software vorherrschenden wirtschaftlichen Aspekte erschwert den Vergleich zu klassischen urheberrechtlichen Werken. Insbesondere bei klassischerweise urheberrechtlich geschützten Werken der Kunst überwiegt der immaterielle den wirtschaftlichen Wert. Ein hinkender Vergleich von Software und klassischen „Kunst"-Werken unterstreicht erneut die Fremdheit von Computerprogrammen im Urheberrecht bzw. die eigentlich bestehende Widersprüchlichkeit der Anwendung gleicher Regeln auf derart unterschiedliche Erzeugnisse.

c) Künstlerische Aspekte

Spiegelbildlich zu den starken wirtschaftlichen und technischen Aspekten ist Computerprogrammen als urheberrechtlichen Werken ein geringer künstlerischer Teil zuzuschreiben.[216] Im Bereich der Computerspiele mag diese Aussage nicht vollständig zutreffen. Allerdings ist diesbezüglich auf die bisherigen Ausführungen zur Doppelnatur von Computerspielen zu verweisen.[217] Der künstlerisch geprägte Ausgabeteil des Spieles wird in weiten Teilen nicht als Softwarewerk, sondern in der Regel als Filmwerk gesehen.[218] Entsprechend ist der künstlerische Charakter nicht dem Computerprogramm als Werk, sondern dem Filmwerk zuzuordnen. So entfällt selbst in diesem Zusammenhang eine starke künstlerische Prägung von Programmen.

Freilich wird auch Software, zumindest der für den Benutzer sichtbare Ausgabeteil, ansprechend und in diesem Zuge eben ästhetisch bzw. künstlerisch gestaltet. Diese Gestaltung dient aber vordringlich einer guten Nutz- und einfachen Bedienbarkeit. Eine ansprechende Gestaltung der Bedienoberfläche eines Programmes vereinfacht nicht nur ihre Benutzung, sondern bindet auch Kunden

---

216 S. insofern schon eingehend: C.I.4.a), b).

217 S. C.I.4.a)bb); C.I.4.b)aa).

218 *Brüggemann* in CR 2015, 697, 697 f.; *Bullinger/Czychowski* in GRUR 2011, 19, 21 f.; *Katko/Maier* in MMR 2009, 306, 306 ff.; *Poll/Brauneck* in GRUR 2001, 389, 389, *Ulbricht* in CR 2002, 371, 321.

an das Programm.[219] Ein als „schön" wahrgenommenes Programm führt zu einem positiveren Benutzungserlebnis, ganz unabhängig von der tatsächlichen Nutzbarkeit.[220]

Ferner werden subjektiv als ästhetisch wahrgenommene Programme durch die Nutzer auch eher als tatsächlich benutzerfreundlich eingestuft.[221] Damit ist es abseits von ideellen Interessen nur logisch, eine Software dergestalt zu präsentieren, dass sie als „schön" bewertet wird.[222] Weniger wird hier auf Entwicklerseite ein künstlerisch-ideeller als vielmehr ein technisch-optimierender und im Ergebnis wirtschaftlich geprägter Ansporn herrschen. Die Schöpfung eines Computerprogrammes geschieht mithin zwar auch unter Berücksichtigung ästhetischer Erwägungen. Geprägt sind diese Erwägungen allerdings regelmäßig von dem Streben nach einem besseren Nutzungserlebnis und final eben besseren Vertriebschancen. Es wird nicht geschaffen, um, wenn auch subjektiv, „Schönes" herzustellen, welches der bloßen Beschau im Sinne eines Werkgenusses dient.[223] Insoweit unterscheidet sich Software erneut von klassischen urheberrechtlich geschützten „Kunstwerken". Bei diesen überwiegt regelmäßig das ideelle Interesse das materielle.[224] Dem kann entgegengehalten werden, dass § 69a Abs. 3 S. 2 UrhG gerade explizit keine ästhetische Qualität von Software als urheberrechtliches Werk verlangt.[225] Die zweitrangige Ästhetik unterscheidet Computerprogramme dennoch von vielen anderen, wenn auch nicht allen, urheberrechtlichen Werken, obwohl der Schutz beider Werkformen im deutschen Urheberrecht angelegt ist.[226] So bedeutet die unterschiedliche Gewichtung der Interessen doch eine nicht vollständig vergleichbare Schutzsituation.

Weiterhin kann angeführt werden, dass die Entwicklung von Computerprogrammen im Kern einer deterministischen Natur folgt und die Werke im Ergebnis damit nicht den Ansprüchen an die Individualität aus § 69a Abs. 3 S. 1 UrhG

---

219 *Moshagen/Thielsch* in International Journal of Human-Computer Studies, 68 (2010), 689, 1.2.

220 *Kurosu/Kashimura* in CHI `95, 292; *Moshagen/Thielsch* in International Journal of Human-Computer Studies, 68 (2010), 689, 1.2; *Tractinsky* in CHI `97, 115.

221 *Kurosu/Kashimura* in CHI `95, 292; *Moshagen/Thielsch* in International Journal of Human-Computer Studies, 68 (2010), 689, 1.2; *Tractinsky* in CHI `97, 115.

222 *Kurosu/Kashimura* in CHI `95, 292.

223 S. hierzu C.I.4.a)aa).

224 Zum beidseitigen Schutz im Urheberrecht: BT-Drs. IV/270, 43.

225 So auch: *Hoeren/Wehkamp* in CR 2018, 1, 6.

226 BT-Drs. IV/270, 43.

genügen.[227] Richtig ist, dass das Erreichen eines bestimmten Zieles bis zu einem gewissen Grad den Pfad vorschriebt, auf welchem dieses Ziel erreichbar bleibt.[228] Die Individualität des Weges, also des Codes, der einen bestimmten Output des Programmes generiert, wird durch die Verfolgung eines definitiven Zieles aber nicht zwangsläufig in einem solchen Maße eingeschränkt, dass die Voraussetzungen des § 69a Abs. 3 S. 1 UrhG nicht erfüllt sind.[229]

Software aus Gründen mangelnder Individualität den Status eines urheberrechtlichen Werkes abzuerkennen, scheint somit nicht sachgerecht. Es wird dennoch ein Umstand bewusst: Computerprogramme werden mit dem Ziel geschrieben, ein konkretes Problem zu lösen. Die bisweilen eingeschränkte Individualität und die bedingt deterministische Natur machen nur weiter klar, dass Software ein Werkzeug[230] ist.

d) Geringe Nutzungsdauer

Ein weiteres besonderes Merkmal ist die in jüngerer Vergangenheit immer augenfälligere geringe Nutzungsdauer von Software.[231] Während klassische Werke des Urheberrechts sich zumeist durch eine gewisse Zeitlosigkeit auszeichnen, wird neu entworfene Software schon wenige Zeit nach ihrer Entwicklung obsolet oder durch eine vollständig andere oder aktualisierte Version ersetzt.[232]

Schon in der Gesetzesbegründung zu § 69a UrhG und den Erwägungsgründen zur EU-Software-Richtlinie wurde von einer näheren Definition des Begriffes Software abgesehen, da eine Begriffsbestimmung „alsbald durch die Entwicklung überholt würde".[233] Die vergleichsweise kurzen Entwicklungs- und Nutzungszeiten waren also schon bei der Aufnahme von Software in das Urheberrechtsgesetz bekannt. Die kurze Halbwertszeit neu entwickelter Software hat

---

227 Vgl. *Hoeren/Wehkamp* in CR 2018, 1, 1.

228 Beachte vor allem die Einschränkungen in der Programmierpraxis durch „Best Practices": *Hoeren/Wehkamp* in CR 2018, 1, 5 f.; *Wilson/Aruliah/Brown/Chue Hong/Davis/Guy et al.* in PLoS Biol 2014, 12(1).

229 *Hoeren/Wehkamp* in CR 2018, 1, 4 ff.

230 *Becker* in ZGE 2016, 239, 277; *Hilty* in GRUR 2018, 865, 869; *ders.* in MMR 2003, 3, 10.

231 *Marly*, Urheberrechtsschutz für Computersoftware in der Europäischen Union, S. 6.

232 *Generalanwalt Szpunar*, Schlussantrag vom 10.09.2019, C-263/18, BeckRS 2019, 20448, Rn. 62; *Hoeren* in Copyright Software Protection in the EC, S. 96; *Marly*, Urheberrechtsschutz für Computersoftware in der Europäischen Union, S. 6 f.; *Redeker*, IT-Recht 6. Aufl., S.10 Rn. 33.

233 RL 91/250/EWG; BT-Drs. 12/4022, 9.

seitdem nur weiter zugenommen.[234] Dennoch ist das deutsche Urheberrecht auch in absehbarer Zukunft weitestgehend unverändert auf Computerprogramme anwendbar.

Die durchaus sperrige Einordnung von Software im Urheberrecht wird bei Betrachtung der enormen Entwicklungsgeschwindigkeit und entsprechend geringen Nutzungsdauer schnell bewusst. Durch § 64 UrhG wird festgelegt, dass das Urheberrecht an einem Werk erst siebzig Jahre nach dem Tod des Urhebers erlöscht. Ein tatsächlicher Nutzungszeitraum von Software über mehrere Jahrzehnte ist nahezu undenkbar, erst recht über einen Zeitraum von 70 Jahren. Zu diesem Zeitpunkt wird das ehemals neue Programm schon nicht mehr ohne Weiteres mit der aktuellen, natürlich stark weiter entwickelten Hardware kompatibel sein.[235] Die Anwendung von Regelungen wie § 64 UrhG ist im Rahmen von Software dementsprechend unpassend.

Eine fortwährend unveränderte Anwendung urheberrechtlicher Regelungen im Softwarebereich könnte letztendlich sogar die Blockade technischer Entwicklung zur Folge haben.[236] Wenn Altsoftware für einen unverhältnismäßig langen Zeitraum geschützt ist, ist eine Verwertung dieser oder Teile dieser zur weiteren technischen Entwicklung, beispielsweise in der Verwendung anderer Programme, nur unter Zustimmung des Urhebers möglich. Eine solche Formalität wäre durch Anpassung der Schutzdauer in Bezug auf Computerprogramme zu umgehen. Derzeit allerdings ist die unangemessen lange Dauer des urheberrechtlichen Schutzes für Programme beispielhaft für die Schwierigkeit der Einordnung von Software in das deutsche Urheberrecht.[237]

So lässt sich auch die Ablehnung von vollständigen *Rechteübertragungen* als eine für Software unpassende Bewertung des urheberrechtlichen Schutzes einordnen. Durch die blinde Befolgung der für klassische Werke des Urheberrechts geltenden Vorschriften wird die für Software an sich adäquate vollständige Übertragbarkeit von Nutzungsrechten verhindert.

---

234 Vgl. etwa: *Generalanwalt Szpunar*, Schlussantrag vom 10.09.2019, C-263/18, BeckRS 2019, 20448, Rn. 62.

235 So schon bei geringerem Alter bei Microsoft-Produkten: https://support.microsoft.com/de-de/help/15078/windows-10-make-older-apps-or-programs-compatible; zuletzt abgerufen am 08.08.2022, 15:30.

236 S. bereits C.I.4.a)dd); *Hoeren* in Copyright Software Protection in the EC, S. 96; *Hoeren*, IT-Vertragsrecht, S. 3 Rn. 8.

237 *Hoeren*, IT-Vertragsrecht, S. 3 Rn. 8.

e) *Enorme Vervielfältigung*

Ein weiteres, bestimmendes Merkmal der meisten Computerprogramme ist ihre Natur als Massenware.[238] Wie im Rahmen der wirtschaftlichen Aspekte bereits verdeutlicht,[239] ist Software regelmäßig ein industrieähnliches Produkt, welches mit dem Ziel der Gewinnmehrung vertrieben wird. Um diesem Ziel gerecht zu werden, gilt es, eine hohe Stückzahl zu vertreiben bzw. möglichst viele Kunden anzulocken. Folge dessen ist eine enorme Vervielfältigung einzelner Softwarewerke. Betriebsprogramme beispielsweise bringen in Deutschland allein jährlich Milliarden ein.[240]

Auch viele Werke der Literatur sowie Musik- und Filmwerke werden in ähnlichem Maße vertrieben.[241] Zwar spricht der Umstand einer massenhaften Vervielfältigung und eines geschäftlichen Vertriebes die urheberrechtliche Werkeigenschaft als solche keinesfalls ab. Er führt allerdings vor Augen, dass diese Werke nicht zwangsläufig als einzigartige Kunstwerke zu sehen sind, welche die schöpferische Kraft des Urhebers und die artistische Leistung in den Vordergrund stellen.

In Kombination mit dem im Wesentlichen technisch geprägten Charakter sind Computerprogramme auch klar von klassischen Massenwerken wie Filmen und Musik abzugrenzen. Während die Auflagezahlen bei beiden Werkarten häufig in die Hundertausende reicht, so wird durch diese Zahlen doch gerade im Softwarebereich die geringere persönliche Prägung und der überwiegende Werkzeugcharakter des Werkes bewusst.

---

238 Vgl.hierzu: https://de.statista.com/statistik/daten/studie/28269/umfrage/softwareerloese-des-unternehmens-sap-seit-dem-jahr-2001/; zuletzt abgerufen am 14.08.2020, 11:49; https://de.statista.com/statistik/daten/studie/1074054/umfrage/umsatz-von-microsoft-mit-business-intelligence-software/, zuletzt abgerufen am 08.08.2022, 15:30.

239 S. C.I.4.b).

240 https://de.statista.com/prognosen/970173/prognose-zum-umsatz-mit-betriebssystem-software-in-deutschland, zuletzt abgerufen am 08.08.2022, 15:30.

241 Vgl.hierzu: https://de.statista.com/statistik/daten/studie/408806/umfrage/prognose-zum-umsatz-in-der-musikindustrie-in-deutschland/, zuletzt abgerufen am 08.08.2022, 15:30; https://de.statista.com/statistik/daten/studie/248611/umfrage/prognose-zum-umsatz-in-der-film-und-musikindustrie-in-deutschland/, zuletzt abgerufen am 08.08.2022, 15:30; https://de.statista.com/statistik/daten/studie/194338/umfrage/umsaetze-im-deutschen-buchhandel/, zuletzt abgerufen am 08.08.2022, 15:30.

f) Internationale Relevanz[242]

Die eingangs geführte Erörterung zur Unübertragbarkeit des Urheberrechts[243] verdeutlicht die Unvereinbarkeit der monistischen Theorie mit der Möglichkeit einer vollständigen *Übertragung* von den Vermögensrechten des Urhebers im Bereich von Software.

Die monistische Theorie wird den Eigenarten von Software allerdings auch nicht vollständig gerecht. Während bei herkömmlichen Werken eine Einheit von persönlichkeitsrechtlichem Urheberrechtsteil und wirtschaftlichem Teil angebracht ist, ist die Aufteilung der beiden Teile im Rahmen der Einräumung von ausschließlichen Nutzungsrechten an Software nicht verfehlt, sondern gerade sinnvoll.[244] Grund dafür ist vor allem auch die internationale Relevanz der Übertragung von Softwarenutzungsrechten. Ein rein nationaler Vertrieb von Software findet nur in Ausnahmefällen statt. Oft wird Software, wenn sie nicht schon in englischer Ausgabesprache programmiert wurde, für den internationalen Markt übersetzt und weit über die eigentlichen Landesgrenzen hinaus vertrieben. Die Anwendung der monistischen Theorie ist hier in aller Regel fremd. Durch Anerkennung der Möglichkeit einer *Übertragung* von Nutzungsrechten wäre eine Annäherung der im Ausland üblichen dualistischen Theorie möglich und der Weg zu einem unkomplizierteren Vertrieb geebnet.[245]

Weiterhin findet eine Programmierung von Individualsoftware schon regelmäßig im Ausland statt, welches eine kostengünstigere Erstellung ermöglicht. Dieser internationalen Relevanz mit nationalen Regelungen im Wege zu stehen, kann weder Absicht des Gesetzgebers noch der Finanzverwaltung sein. Eine Anpassung des nationalen Rechts, durch die dem internationalen Standard der dualistischen Theorie im Bereich der Softwarerechteüberlassung Rechnung getragen wird, ist notwendige, vor allem aber auch wünschenswerte Konsequenz und im Kern wirtschaftlich sinnvoll.[246]

---

242 S. zum IPR Teil E.

243 B.I.2.

244 S. dazu schon die technischen und wirtschaftlichen Aspekte, C.I.4.a) & C.I.4.b); vgl. Anm. *Pohl* zu BFH vom 24. 10. 2018, I R 69/16, IStR 2019, 425, 428 f.

245 S. hierzu B.I.2.

246 Ansonsten droht in der Praxis ein massenhaftes Ausweichen auf ausländisches Recht: Anm. *Pohl* zu BFH vom 24.10.2018, I R 69/16, IStR 2019, 425, 428 f.

g) *Open Source Software*

Die weit verbreitete Programmieroption der Open Source Software rückt einen weiteren Problembereich von Software als urheberrechtliches Werk ins Licht.

Open Source Programme stehen den Verwendern regelmäßig nicht nur kostenfrei zur Verfügung,[247] sondern können auch von jedermann unter Einhaltung der Lizenzbedingungen[248] weiterentwickelt und verändert werden.[249] Der Quellcode wird, wie die Software als solche, veröffentlicht und eine Bearbeitung des Programmes so unproblematisch ermöglicht.[250] Die Verbreitung des Quellcodes soll gerade für Programmierer die Option schaffen, das Programm zu bearbeiten, um damit eine kostengünstige Fortentwicklung des Produktes zu gewähren.[251]

Open Source Software gewinnt zunehmend an Bedeutung in der Welt der Computerprogramme.[252] Für immer mehr Unternehmen wird die Verwendung kostengünstiger und eigenhändig zu bearbeitender Software relevanter.[253] Dieser Umstand wird insbesondere bei der Betrachtung der aufwendigen

---

247 *Dreier* in Dreier/Schulze 7. Aufl., § 69c Rn. 38; zur Abgrenzung s.: *Gielen* in DFN-Infobrief Recht 09/2020, 5, 6.

248 Üblich ist hier die GNU General Public License; *Daneshzadeh Tabrizi* in Hoeren/Sieber/Holznagel Hdb. MMR, 58. EL, 26.1 Rn. 47.

249 S. zur genauen Definition von Open Source: https://opensource.org/osd, zuletzt abgerufen am 08.08.2022, 15:30; *Daneshzadeh Tabrizi* in Hoeren/Sieber/Holznagel Hdb. MMR, 58. EL, 26.1 Rn. 47 f.; *Redeker*, IT-Recht 7. Aufl., Rn. 97.

250 S. zur genauen Definition von Open Source: https://opensource.org/osd, zuletzt abgerufen am 08.08.2022, 15:30; *Daneshzadeh Tabrizi* in Hoeren/Sieber/Holznagel Hdb. MMR, 58. EL, 26.1 Rn. 47 f.; *Redeker*, IT-Recht 7. Aufl., Rn. 97.

251 *Jaeger/Metzger*, Open Source Software 5. Aufl., Rn. 2, 20 ff..; *Redeker*, IT-Recht 7. Aufl., Rn. 97.

252 *Jaeger/Metzger*, Open Source Software 5. Aufl., Rn. 1, 20 ff.; *Redeker*, IT-Recht 7. Aufl., Rn. 97 ff..; *Grzeszick* in MMR 2000, 412, 417; *Metzger/Jaeger* in GRUR Int. 1999, 839, 848; https://de.statista.com/statistik/daten/studie/169266/umfrage/prognostizierter-umsatz-mit-open-source-software-weltweit-seit-2008/, zuletzt abgerufen am 08.08.2022, 15:30; https://de.statista.com/statistik/daten/studie/433562/umfrage/anwendungsgebiete-von-open-source-in-organisationen-in-der-schweiz/, zuletzt abgerufen am 08.08.2022, 15:30.

253 https://de.statista.com/statistik/daten/studie/433562/umfrage/anwendungsgebiete-von-open-source-in-organisationen-in-der-schweiz/, zuletzt abgerufen am 08.08.2022,15:30; https://de.statista.com/statistik/daten/studie/303630/umfrage/vorteile-von-open-source-software-fuer-unternehmen-und-behoerden-in-der-schweiz/, zuletzt abgerufen am 08.08.2022, 15:30.

Softwaregeflechte in heutigen Unternehmen deutlich. Neben Abrechnungs-, Buchführungsprogrammen und herkömmlichen Betriebsprogrammen ist regelmäßig eine Vielzahl weiterer Software wie beispielsweise Cloudanwendungen in Benutzung.[254]

Bei der Einordnung von Open Source Software als urheberrechtliches Werk ergeben sich allerdings einige Hürden. Während eine gemeinsame Erarbeitung eines Werkes durch mehrere Entwickler nicht nur in der Softwareentwicklung gewöhnlich ist,[255] ist die Vorgehensweise der Entwicklung von Open Source Software zumindest in der vorhandenen Popularität doch eher ungewöhnlich. Durch Veröffentlichung des Quellcodes steht es einer unbestimmten Gruppe an Programmierern zumindest aus technischer Warte frei, das Produkt weiterzuentwickeln und – unter Einhaltung der Lizenzbedingungen - auf gleichem Wege öffentlich zugänglich zu machen. Die Entwickler wissen nicht voneinander oder von der spezifischen geplanten Bearbeitung.

aa) Zustimmungsbedürftige Handlungen und die GPL

Hier zeigt sich das zentrale Problem der Vereinbarkeit von Urheberrecht und Open Source. Im Softwarebereich geht das deutsche Recht nach § 69c UrhG davon aus, dass der Urheber zu einer Reihe von Handlungen das Werk betreffend seine Zustimmung erteilen muss, u.a. auch zur Bearbeitung. Durch die Lizenzbedingungen der Open Source Software wird jedermann das Bearbeitungsrecht unter der Bedingung eingeräumt, dass sich bei Bearbeitung und Weiterverbreitung an die Lizenzbedingungen gehalten wird und beispielsweise wiederum der Quellcode mitveröffentlicht wird.[256] Hält sich der nachträgliche Bearbeiter nicht an diese Bedingungen, ist ihm das Nutzungsrecht automatisch qua auflösender Bedingung wieder entzogen (§ 158 Abs. 2 BGB).[257] Durch diese Regelungen in den Lizenzbedingungen findet das geltende Urheberrecht zwar auch in die Open

---

254 https://de.statista.com/statistik/daten/studie/433562/umfrage/anwendungsgebiete-von-open-source-in-organisationen-in-der-schweiz/, zuletzt abgerufen am 08.08.2022, 15:30.

255 Schon durch die Existenz der Miturheberschaft in § 8 UrhG angelegt; vor allem bei Filmwerken üblich: *BGH* vom 28.10.2010, I ZR 18/09, GRUR 2011, 714, 719; *Thum* in Wandtke/Bullinger 6. Aufl., § 8 Rn. 170.

256 *Dreier* in Dreier/Schulze 7. Aufl., § 69c Rn. 38; https://opensource.org/osd, zuletzt abgerufen am 08.08.2022, 15:30.

257 *Dreier* in Dreier/Schulze 7. Aufl., § 69c Rn. 38; *Grzeszick* in MMR 2000, 412, 415.

Source Konstruktion Einzug.[258] In weiten Teilen ist die Bearbeitung und Verbreitung freier Inhalte allerdings nicht auf eine gesetzliche Regelung oder zwangsläufige Lizensierung angewiesen und auch nicht ausgelegt.[259] Dementsprechend wird auch deutlich, dass die urheberrechtlichen Normen die Möglichkeit „freier Inhalte" nicht berücksichtigen, sondern von einem restriktiven Urheber, welcher nur vereinzelte Nutzungsrechte einräumt, ausgehen.[260]

Die mögliche, aber eben nicht notwendige oder passende Anwendung der Regelungen des Urheberrechts auf den Programmtypus Open Source Software spricht zwar nicht für eine vollständige Vernachlässigung des Urheberrechts im Softwarebereich, aber doch für eine Anpassung der gesetzlichen Rahmenbedingungen an aktuelle Entwicklungen und weitverbreitete Arbeitsweisen.

bb) Miturheberschaft oder einzelne Urheber

Auch das urheberrechtliche Verhältnis der verschiedenen Bearbeiter eines Programmes untereinander ist im Rahmen „freier Software" zu diskutieren. Die Einordnung der verschiedenen Bearbeiter als Miturheber gemäß § 8 UrhG wird in aller Regel an der unabhängigen Entwicklung von Open Source Software scheitern.[261] Es mangelt an einer für die Miturheberschaft erforderlichen Absprache und Vereinbarung zur gemeinsamen Schaffung eines Werkes unter den Urhebern.[262] Vielmehr gilt jeder einzelne Programmierer in diesem Zusammenhang als separater Urheber und die Tätigkeit an dem Programm als Bearbeitung des Werkes.[263]

Eine solche Entwicklung ist bei anderen Werken im Rahmen von sogenannten freien Inhalten nicht vollständig untypisch,[264] aber zumindest nicht vergleichbar

---

258 *Dreier* in Dreier/Schulze 7. Aufl., § 69c Rn. 38; *Metzger/Jaeger* in GRUR Int. 1999, 839, 848.

259 *Grzeszick* in MMR 2000, 412, 417.

260 *Gielen* in DFN-Infobrief Recht 09/2020, 5, 6; durch den Begriff Exklusivrechte verdeutlicht: *Grzeszick* in MMR 2000, 412, 417; *Metzger/Jaeger* in GRUR Int. 1999, 839, 848.

261 *BGH* vom 03.03.2005, I ZR 111/02, GRUR 2005, 860, 862 f.; *Meyer* in CR 2011, 560, 562.

262 *BGH* vom 03.03.2005, I ZR 111/02, GRUR 2005, 860, 862 f.; vgl. *Schulze* in Dreier/Schulze 7. Aufl., § 8 Rn. 2; *Meyer* in CR 2011, 560, 562.

263 *BGH* vom 03.03.2005, I ZR 111/02, GRUR 2005, 860, 863; *Thum* in Wandtke/Bullinger 6. Aufl., § 8 Rn. 182.

264 Unter der Creative Commons-Lizensierung: *Loewenheim/Pfeifer* in Schricker/Loewenheim 6. Aufl., § 7 Rn. 4; *Wiebe* in Spindler/Schuster, Elektron. Medien 4. Aufl., UrhG § 31 Rn. 21.

populär wie bei Open Source Software. Zudem werden „herkömmliche" freie Werke in der Regel nicht weiterentwickelt, sondern entweder schlicht konsumiert, wiedergegeben[265] oder in andere Werke eingeflochten[266]. Eine unabhängige Weiterentwicklung findet hier in aller Regel nicht statt.

cc) Die regelmäßig fehlende Vergütung

Das Urheberrecht soll den Werkschaffenden die wirtschaftliche und ideelle Verwertung ihrer Schöpfungen sichern.[267] Werke, die einer unbestimmten Gruppe zur mehr oder weniger freien Verfügung stehen,[268] entsprechen dieser Zielsetzung kaum. Das Urheberrecht schafft die Grundlage dafür, dass Open Source Software nur rechtmäßig weiterentwickelt und verbreitet werden kann, wenn die Lizenzbedingungen eingehalten werden.[269] Insofern werden zumindest ideelle Interessen des Urhebers gesichert. Eine Vergütung soll jedoch in der Regel nicht erfolgen.[270] Vergütungsregeln, wie sie die §§ 32 ff. UrhG darstellen, sind in Bezug auf diese freien Werke demnach häufig verfehlt. Das Urheberrecht in seiner jetzigen Form ist, wie auch schon in C.I.4.g) dargelegt, nicht in Gänze für freie Inhalte und eben auch nicht für Open Source Software geschaffen.

dd) Zwischenergebnis

Zwar beziehen sich diese Argumente nicht unmittelbar auf die Behinderung der wirtschaftlichen Nutzbarmachung von Werken und insbesondere Software durch eine zu strenge Anwendung der urheberrechtlichen Regeln. Sie verdeutlichen allerdings den Umweg, welcher teilweise aufgrund der urheberrechtlichen Vorgaben genommen werden muss.

265 Unter CC-Lizenz stellen Künstler beispielweise Musikstücke zum kostenfreien Konsum in Portalen wie dem Free Music Archive ein: https://freemusicarchive.org, zuletzt abgerufen am 08.08.2022, 15:30.

266 Von Datenbanken wie Wikimedia werden unter CC-Lizenz „frei" nutzbare Medien zur Verfügung gestellt, die dann in Präsentation oder eigenen Projekten eingearbeitet werden können: https://www.wikimedia.de/projects/wikimedia-commons/, zuletzt abgerufen am 08.08.2022, 15:30.

267 BT-Drs. IV/270, 43.

268 *Dreier* in Dreier/Schulze 7. Aufl., § 69c Rn. 38; *Grzeszick* in MMR 2000, 412, 415.

269 *Dreier* in Dreier/Schulze 7. Aufl., § 69c Rn. 38; *Metzger/Jaeger* in GRUR Int. 1999, 839, 848.

270 *Grzeszick* in MMR 2000, 412, 415; https://opensource.org/osd, zuletzt abgerufen am 08.08.2022, 15:30.

Im Ergebnis erweist sich das Urheberrecht, exemplarisch anhand von Open Source Software beleuchtet, als ungeeignet, die Entwicklungen in der Softwarewelt und letztlich auch den Werktyp des Computerprogramm selbst angemessen widerzuspiegeln und zu schützen.

II. Schutz des klassischen Urhebers

Zum deutlichen Vergleich des urheberrechtlichen Schutzes von klassischen Urhebern und Softwareurhebern sind vor allem auch die Anwendung der urheberrechtlichen Regelungen rund um die Nutzungsrechteeinräumung entscheidend. Neben der einheitlichen Anwendung einiger Vorschriften sind aber insbesondere auch die Unterschiede zu beachten.

Alle Normen, die im Folgenden analysiert werden, können theoretisch als Argument für einen Rechteverbleib und so gegen eine *Übertragung* von Nutzungsrechten angebracht werden. Es hat sich zu zeigen, ob sich diese Vermutung bestätigt.

1. Urheberrechtliche Schutzvorschriften

Die Schutzvorschriften des Urhebervertragsrecht lassen sich für die Zwecke dieser Arbeit am besten in Vergütungsansprüche und sonstige Ansprüche aufteilen.

a) Vergütungsregelungen

Die §§ 32 ff. UrhG sollen Urhebern eine angemessene Vergütung für ihr Schaffen zuführen sowie für die Zukunft sichern. Im Ergebnis sollen Kreative vor ungleichen Verhandlungssituationen und einer möglichen Ausbeutung geschützt werden.[271] Der Schutz einzelner Kreativer entspricht dem Grundgedanken des Urheberrechts.[272] Eine gesicherte Vergütung und damit einhergehende Ansprüche sind zentraler Teil des aktiven Schutzes des Urhebers und finden schon verfassungsrechtlich ihre Anknüpfung in Art. 14 GG.[273] Die Eigentumsgarantie, welche nicht ausschließlich dingliche Rechtspositionen, sondern auch

271 *BVerfG* vom 23.10.2013, 1 BvR 1842/11, 1 BvR 1843/11, NJW 2014, 46, 47; BT-Drs. 14/8058, 1; schon im Namen des Gesetzes angelegt: BGBl. I 2002, 1155; *Schulze* in Dreier/Schulze 7. Aufl., § 32a Rn. 2; *Wandtke* in Wandtke/Bullinger 6. Aufl., § 32 Rn. 1.

272 *Schulze* in Dreier/Schulze 7. Aufl., § 1 Rn. 2.

273 *Wandtke* in Wandtke/Bullinger 6. Aufl., § 32 Rn. 1.

vertragliche Ansprüche sichert, soll auch eine angemessene vermögensrechtliche Verwertung von Werken wahren.[274]

aa) § 32 UrhG

(1) Grundlagen

Durch § 32 UrhG wird dem Urheber „für die Einräumung von Nutzungsrechten und die Erlaubnis zur Werknutzung" (§ 32 Abs. 1 S. 1 UrhG) eine angemessene Vergütung zugeordnet.[275] Bei einer Abweichung der vereinbarten zur angemessenen Vergütung hat der Urheber gem. § 32 Abs. 1 S. 3 UrhG einen Anspruch auf Vertragsänderung. Ist schon keine Vergütung vereinbart, gilt nach § 32 Abs. 1 S. 2 UrhG eine angemessene Vergütung als vereinbart. Die Bewertungskriterien für die Angemessenheit der Vergütung sind in § 32 Abs. 2 S. 2, 3 UrhG festgelegt.[276] In Satz 1 wird auch festgestellt, dass eine Vergütung, die einer gemeinsamen Vergütungsregel i.S.d. § 36 UrhG entspricht, angemessen ist.

Der Anspruch auf eine angemessene Vergütung kann nach § 32 Abs. 3 S. 1 UrhG nicht abbedungen werden. Ausnahmen gelten bei tarifvertraglich geregelten Vergütungen. Das Recht auf Vertragsänderung besteht hier nach § 32 Abs. 4 UrhG nicht. Im Gegensatz zu § 32a UrhG, der Vorgaben zur weiteren Beteiligung des Urhebers macht,[277] regelt § 32 UrhG die Angemessenheit der Vergütung im Zeitpunkt des Vertragsschlusses. Damit wird dem Urheber von Beginn seiner Vertriebsbemühungen an eine dem Wert des Werkes angemessene Vergütung gesichert. Dies gilt selbst für den Fall, dass, sei es aus einer schlechten Verhandlungsposition heraus oder aus sonstigen Gründen, vertraglich eine abweichende oder sogar gar keine Vergütung vereinbart wurde. Auch nachdem umfassende Nutzungsrechte dem Vergütungsschuldner eingeräumt wurden, bleibt der Urheber in seiner wirtschaftlichen Position vor Ausbeutung geschützt. In gewisser Weise bleibt der Schöpfer so auch nachträglich mit seinem Werk und den Rechten hieran vermögensrechtlich verbunden. Es erfolgt keine Aufspaltung der Inhaberschaft von vermögensrechtlichen und

---

274 *BVerfG* vom 18.04.2018, 1 BvR 1213/16, GRUR 2018, 829, 830 Rn. 24; *BVerfG* vom 31.05.2016, 1 BvR 1585/13, GRUR 2016, 690, 691 Rn. 65 ff.; *Wandtke* in Wandtke/Bullinger 6. Aufl., § 32 Rn. 1.

275 BT-Drs. 14/6433, 14; *Wandtke* in Wandtke/Bullinger 6. Aufl., § 32 Rn. 8 ff.

276 Entprechend der Vorgaben der RL 2019/790, ErwGr. 73.

277 S. hierzu C.II.1.a)bb).

persönlichkeitsrechtlichen Teilen des Werkes. Der § 32 UrhG entspricht in Anwendung auf klassische Werke damit der monistischen Theorie.

(2) Der brotlose Künstler

Die Möglichkeit einer Anpassung der ursprünglich vereinbarten Vergütung fußt auf dem Grundgedanken des in der Verhandlungssituation unterlegenen Kreativen, welcher von dem verhandlungsgeschickten Erwerber der Nutzungsrechte übervorteilt wird.[278] Zumeist wird dieser Verwerter von Nutzungsrechten zum einen routinierter in Verhandlungssituationen sein und zum anderen letztlich nicht auf den Erwerb der Nutzungsrechte angewiesen sein.[279] Unternehmen, welche Nutzungsrechte erwerben und beispielsweise Werke stark vervielfältigen sowie vertreiben, verfügen über spezialisiertes Personal, welches die Verhandlungen führt.[280] Ferner ist ein Unternehmen, das vertragliche Vereinbarungen mit diversen Urhebern trifft, nicht auf den Abschluss eines jeden einzelnen Vertrages angewiesen. Verluste aus einzelnen Geschäften können durch Gewinne an anderer Stelle ausgeglichen werden. Der freischaffende Urheber hingegen beschäftigt sich hauptberuflich nicht mit dem Verhandeln, sondern mit dem Schaffen seiner Werke und ist darüber hinaus in der Regel auf die Vergütung aus der Verwertung seines Werkes angewiesen.[281] Diese Vergütung stellt schließlich häufig seinen Lebensunterhalt bzw. seine einzige Einkommensquelle dar. Er kann, zumindest bei einer weniger geschäftsmäßigen Organisation seines Schaffens und seines Vertriebes, schlechter Verluste ausgleichen. Es ergibt sich ein teilweises strukturelles Ungleichgewicht zwischen Urheber und dem Erwerber der Nutzungsrechte.[282]

---

278 *BVerfG* vom 23.10.2013, 1 BvR 1842/11, GRUR 2014, 169, 171; *BVerfG* vom 23.10.2013, 1 BvR 1842/11, 1 BvR 1843/11, NJW 2014, 46, 47; BT-Drs. 14/8058, 1; Amtl. Begr. zu § 36 a.F. in UFITA 45/1965, 240, 273; *Katzenberger* in GRUR Int. 1983, 410, 412.

279 Vgl. *BVerfG* vom 23.10.2013, 1 BvR 1842/11, GRUR 2014, 169, 171; *BVerfG* vom 23.10.2013, 1 BvR 1842/11, 1 BvR 1843/11, NJW 2014, 46, 47; *Schulze* in Dreier/Schulze 7. Aufl., § 32 Rn. 1; Amtl. Begr. zu § 36 a.F. in UFITA 45/1965, 240, 273.

280 Vgl. *BVerfG* vom 23.10.2013, 1 BvR 1842/11, GRUR 2014, 169, 171; schon angedeutet durch die strukturelle Überlegenheit: BT-Drs. 14/8058, 1; vgl. *Ory* in NJW 2017, 753, 754.

281 *BVerfG* vom 23.10.2013, 1 BvR 1842/11, GRUR 2014, 169, 171; *Schulze* in Dreier/Schulze 7. Aufl., § 32 Rn. 1; *Bisges* in ZUM 2014, 930, 930 f.

282 BT-Drs. 14/8058, 1; *Schulze* in Dreier/Schulze 7. Aufl., § 32 Rn. 1; Amtl. Begr. zu § 36 a.F. in UFITA 45/1965, 240, 273.

Freilich ist das Bild des in Verhandlung ungeschickten, hungernden, „brotlosen“ Künstlers[283] nicht universell zutreffend.[284] So sah der Gesetzgeber aber dennoch die Notwendigkeit, diesen Stereotypen zu schützen. Der Gesetzgeber geht in seiner Vorstellung eines Urhebers folglich von einem freischaffenden Künstler ohne eigene professionelle Vertriebswege aus, welcher auf die Früchte seiner Arbeit als Lebensgrundlage angewiesen ist.[285] Im Softwareurheberrecht ist der Gesetzgeber aufgrund der starken Nachfrage nach Computerprogrammen in Teilen bereits von dieser Vorstellung abgewichen.[286] Produkt dessen ist die an späterer Stelle zu erörternde Einschränkung der Anwendbarkeit bestimmter urheberrechtlicher Regelungen durch den § 69a Abs. 5 UrhG.[287]

(3) Bruch mit der Vertragsfreiheit

Dem Gesetz kann vorgeworfen werden, einen Bruch mit der grundgesetzlich verankerten Privatautonomie in Form der Vertragsfreiheit zu provozieren.[288] Der einseitige Anspruch des Urhebers auf Anpassung der Vergütung durchbricht die vorherige Vereinbarung der Vertragsparteien und damit auch deren bewusste Entscheidung, einen bestimmten Gegenwert für die Einräumung von Nutzungsrechten oder die Werknutzung zu verlangen.

Verfassungsrechtlich wäre bei einer Beeinträchtigung der Vertragsfreiheit im Grunde ein Eingriff in die allgemeine Handlungsfreiheit nach Art. 2 Abs. 1 GG zu rügen. Das Bundesverfassungsgericht (BVerfG) stellt im konkreten Fall allerdings fest, dass im Rahmen des § 32 UrhG vorwiegend Verhandlungen im beruflichen Bereich betroffen sind und die berufliche Betätigung durch den spezielleren Schutz des Art. 12 Abs. 1 GG geregelt ist.[289] So ergibt sich zwar ein möglicher Bruch mit der Vertragsfreiheit, allerdings der beruflichen und damit ein Eingriff in Art. 12 Abs. 1 GG. Dieser Eingriff erfolgt zu Ungunsten des Verwerters der Nutzungsrechte, da dieser entgegen der vereinbarten Vergütung

---

283 Zur Redewendung der brotlosen Kunst s. Bezüge in: *Lessing*, Emilia Galotti, erster Aufzug, zweite Szene; *Luther* zitiert aus Büchmann, Geflügelte Worte 1876, S. 43.

284 BT-Drs. 19/27426, 67 f.; vgl. *Bisges* in ZUM 2014, 930, 930 f.; BT-Drs. 18/8625, 27.

285 BT-Drs. 14/8058, 1.

286 BT-Drs. 18/8625, 27; BT-Drs. 19/27426, 106.

287 C.III.1.b)hh).

288 *BVerfG* vom 23.10.2013, 1 BvR 1842/11, GRUR 2014, 169, 170; *Lowenheim/J.B. Nordemann/Ohly* in Loewenheim, Hdb. UrhR 3. Aufl, § 67 Rn. 3; schon *Houareau* in ZUM 2015, 469, 474.

289 *BVerfG* vom 23.10.2013, 1 BvR 1842/11, GRUR 2014, 169, 170; *BVerfG* vom 11.07.2006, 1 BvL 4/00, NJW 2007, 51, 54.

nachträglich einem höheren Anspruch ausgesetzt ist. Auf Seiten der Urheber allerdings stehen dem BVerfG zufolge diesem Bruch mit der Vertragsfreiheit gleich zwei durch den § 32 UrhG geschützte Grundrechte gegenüber.[290] Zum einen soll die Vertragsfreiheit des Urhebers aus Art. 12 Abs. 1 GG geschützt werden – sollte nicht die berufliche Vertragsfreiheit des Urhebers betroffen sein, da dieser beispielsweise der Schaffung seiner Werke in der Freizeit nachgeht, so ist freilich die Vertragsfreiheit als Ausprägung der allgemeinen Handlungsfreiheit aus Art. 2 Abs. 1 GG betroffen - und zum anderen das durch Art. 14 Abs. 1 GG geschützte Recht auf Verwertung des geistigen Eigentums.[291] In beide Grundrechte wird, so das BVerfG, durch eine unangemessene Vergütung und schon vorgeschaltet durch das strukturelle Ungleichgewicht zwischen Urheber und Verwerter eingegriffen.[292] Es stehen sich demnach das verletzte Grundrecht der beruflichen Vertragsfreiheit des Verwerters und die Eigentumsgarantie sowie die Vertragsfreiheit des Urhebers gegenüber. Nach *Grosche* wird schon die Vertragsfreiheit der Urheber und die Gewichtung im Ausgleich der Grundrechtspositionen durch das BVerfG nur unzureichend behandelt.[293]

Der § 32 UrhG bringt, nach Meinung des BVerfG, die widerstreitenden Interessen und damit die auf beiden Seiten bedrohten Grundrechte im Wege der praktischen Konkordanz zu einem angemessenen Ausgleich.[294] Es darf allerdings nicht außer Acht gelassen werden, dass, wie eingangs beschrieben,[295] nicht jeder Urheber in struktureller Unterlegenheit zum Verwerter steht.[296]

(a) Die ausgeglichene Verhandlungssituation

Zum Schutz des strukturell und insbesondere in Verhandlungssituationen unterlegenen Urhebertypus[297] hat der § 32 UrhG sicherlich seine Berechtigung.[298] Für Urheber sowohl von klassischen als auch von Software-Werken, welche über

290 *BVerfG* vom 23.10.2013, 1 BvR 1842/11, GRUR 2014, 169, 170 f.
291 *BVerfG* vom 23.10.2013, 1 BvR 1842/11, GRUR 2014, 169, 170 f.
292 *BVerfG* vom 23.10.2013, 1 BvR 1842/11, GRUR 2014, 169, 170.
293 *Grosche* in DÖV 2014, 382, 385 f.
294 *BVerfG* vom 23.10.2013, 1 BvR 1842/11, GRUR 2014, 169, 170.
295 S. C.II.1.a)aa).(2).
296 Vgl. *Bisges* in ZUM 2014, 930, 930 f.
297 *BVerfG* vom 23.10.2013, 1 BvR 1842/11, GRUR 2014, 169, 171; *BVerfG* vom 23.10.2013, 1 BvR 1842/11, 1 BvR 1843/11, NJW 2014, 46, 47; BT-Drs. 14/8058, 1; Amtl. Begr. zu § 36 a.F. in UFITA 45/1965, 240, 273; *Katzenberger* in GRUR Int. 1983, 410, 412.
298 *BVerfG* vom 23.10.2013, 1 BvR 1842/11, GRUR 2014, 169, 171; *BVerfG* vom 23.10.2013, 1 BvR 1842/11, 1 BvR 1843/11, NJW 2014, 46, 47.

eigenes Verhandlungsgeschick oder sonstige professionelle Vertriebswege verfügen, verbleibt für diese Regelung jedoch kein mit den betroffenen Grundrechten vereinbarer Anwendungsbereich.[299] Ein solcher Urheber sieht sich durch das Festhalten an der vertraglich vereinbarten Vergütung gerade keiner Verletzung der eigenen Grundrechte ausgesetzt. Der Beschränkung der Vertragsfreiheit durch nachträgliche Änderungsansprüche des Urhebers fehlt es in diesem Fall an einer Rechtfertigung.[300]

Wird pauschal vertreten, dass dem Urheber ein nachträglicher Anpassungsanspruch für den Fall, dass die Vergütung nicht „angemessen“ ist, zusteht, wird nicht berücksichtigt, dass der Urheber in der Verhandlungssituation nicht zwangsläufig unterlegen ist. Es liegt gerade in der Natur des freien Handels, dass Vertragsparteien entsprechend ihres eigenes Verhandlungsgeschickes oder Ausbaus entsprechender Kapazitäten bessere oder eben auch schlechtere Geschäfte abschließen.

Unbestritten bleibt, dass in einigen Fällen eine strukturelle Unterlegenheit der Urheber gegeben ist, allerdings nicht pauschal in jedem Fall.[301] Jedem Urheber den Anspruch aus § 32 UrhG zuzuweisen, berücksichtigt diesen Umstand nicht ausreichend. Im Ergebnis führt das dazu, dass Urheber, die über professionalisierte Vertriebsstrukturen oder hohes Verhandlungsgeschick verfügen, über die Maßen im Vorteil sind. Ungeachtet des bestehenden Gleichgewichtes in der Verhandlungssituation steht ihnen bei Abweichen der vereinbarten von der angemessenen Vergütung i.S.d. § 32 Abs. 2 UrhG ein Anspruch auf Vertragsänderung zu. Der Anwendungsbereich dieser ungerechtfertigten Bevorteilung mag zwar gering sein, da bei einer gleich starken Verhandlungsmacht wahrscheinlich eine für den Urheber angemessene Vergütung vereinbart wird. Ganz entfallen wird er aber nicht.

Gerade im routinierten Geschäftsverkehr werden auch „schlechte“ Geschäfte abgeschlossen. Das wäre im Fall des Handels von Nutzungsrechten oder der Vereinbarung von Werknutzungen schnell durch § 32 ff. UrhG zu Gunsten des Veräußerers auszugleichen. An einer Rechtfertigung kann es entgegen der Einschätzung des BVerfG[302] allerdings fehlen. Auf der Grundrechtsebene streiten

---

299 Nicht explizit zu § 32 UrhG: *Grützmacher/Lejeune/Schneider-Brodtmann/Stögmüller* in CR 2016, 138, 138.

300 Vgl. *Grosche* in DÖV 2014, 382, 385 ff.

301 Insbesondere im Softwarebereich: BT-Drs. 18/8625, 27; ebenso: BT-Drs. 19/27426, 106.

302 *BVerfG* vom 23.10.2013, 1 BvR 1842/11, GRUR 2014, 169, 170 f.

bei einer ausgeglichenen Verhandlungsposition weder Art. 14 Abs. 1 GG noch Art. 12 Abs. 1 GG[303] für den Urheber. Es besteht in dieser Situation gerade keine außerordentliche Belastung des Urhebers durch ein strukturelles Ungleichgewicht. So steht der Bruch mit der Vertragsfreiheit keinen betroffenen Grundrechten des Schaffenden gegenüber. Es sind keine Rechte in Ausgleich zu bringen. Ein undifferenzierter Anpassungsanspruch aus § 32 UrhG missachtet diesen Umstand.

(b) Eingeschränkte Vertriebsmöglichkeiten des Urhebers

Ferner ist zu beachten, dass auch für den Urheber die Ansprüche auf angemessene Vergütung eine Einschränkung der Vertragsfreiheit bedeuten können. Zwar zielen die nicht abdingbaren[304] Ansprüche des § 32 Abs. 1 UrhG auf eine möglichst günstige Vertragsgestaltung für den Urheber ab. Bei Betrachtung der unterschiedlichen Vertriebsgestaltungen ist diese Zwangslage allerdings nicht ausschließlich vorteilhaft für den Urheber. Auch dieser ist in seinen vertraglichen Möglichkeiten eingeschränkt. Möchte der Schöpfer eines Werkes seinem Vertragspartner einen Preis unter dem „angemessenen" Niveau bieten und rechtssicher für die Zukunft eine nachträgliche Inanspruchnahme ausschließen, ist ihm das durch die Einschränkungen des § 32 UrhG nicht möglich.[305] Das Vertrauen des Vertragspartners auf das Wort des Urhebers ist hier rechtlich nicht abgesichert. Der Verwerter sieht sich nach wie vor den drohenden Ansprüchen auf eine nachträgliche Vergütung ausgesetzt.

Auch wenn sich der Urheber an sein Wort hält und nicht nach Abschluss des Geschäftes eine Vertragsanpassung verlangt, so kann sich der Verwerter dieses Umstandes nicht sicher sein. Rechtlich wirksam können diese Ansprüche eben nicht ausgeschlossen werden (§ 32 Abs. 3 UrhG).[306] Hier liegt der beschriebene Bruch mit der Vertragsfreiheit.

Im Ergebnis ist es Werkschaffenden damit effektiv nicht mehr möglich, Nutzungsrechte zu „Sparpreisen" zu vertreiben oder in einer Sondersituation durch Vergünstigungen einen schnellen Vertragsschluss zu erreichen.[307] *Grosche* zieht

---

303 Zur Fragwürdigkeit der Vertragsfreiheit des Urhebers als ausgleichendes Grundrecht: *Grosche* in DÖV 2014, 382, 385 f.

304 *Loewenheim/J.B. Nordemann/Ohly* in Loewenheim, Hdb. UrhR 3. Aufl, § 67 Rn. 3.

305 *Grosche* in DÖV 2014, 382, 385 f.

306 *Loewenheim/J.B. Nordemann/Ohly* in Loewenheim, Hdb. UrhR 3. Aufl, § 67 Rn. 3; *Wiebe* in Spindler/Schuster, Elektron. Medien 4. Aufl., UrhG § 32 Rn. 15.

307 *Grosche* in DÖV 2014, 382, 386.

an dieser Stelle zur beispielhaften Verdeutlichung den Vergleich zu der Notwendigkeit eines zügigen Hausverkaufs wegen krankheitsbedingten oder beruflich bedingten Umzugs.[308] Auch wenn Nutzungsrechte und Immobilien nicht ohne Weiteres zu vergleichen sind, so ist dennoch auch im Bereich des Urheberrechts eine Situation denkbar, in welcher der Urheber sein Werk schnellstmöglich zu Geld machen mochte.

Während die Verhinderung von Dumpingpreisen im Bereich der Nutzungsrechte klar in der Absicht des Gesetzgebers steht und mit Blick auf den Urheberschutz sicherlich sinnvoll ist, so werden durch die zwingende gesetzliche Regelung doch einzelne Sonderfälle missachtet. Möchte der Urheber beispielsweise möglichst zügig an Geld kommen oder möchte er seine Attraktivität für Verwerter mit Blick auf die Zukunft steigern, wäre das Angebot zur Einräumung von Nutzungsrechten zu einem vergleichsweise niedrigen Preis sicherlich ein praktikables Mittel.[309] Diese Möglichkeit ist ihm genommen. Kein Verwerter von Nutzungsrechten kann sich sicher sein, dass es bei der vereinbarten niedrigen Vergütung bleibt. Der Anspruch auf Anpassung der Vergütung ist gerade nicht auszuschließen. Auch für dieses Szenario führt die undifferenzierte Anwendbarkeit des § 32 UrhG also zu einem unerwünschten Ergebnis.

Folglich ist nicht nur die Verwerterseite durch den Bruch mit der Vertragsfreiheit negativ betroffen, sondern unter Umständen auch der Urheber. Ob sich auch dieser Umstand durch die Betroffenheit des Urhebers in seinen Grundrechten rechtfertigen lässt, ist fraglich. Ähnlich wie in der ausgeglichenen Verhandlungssituation ist bei dem soeben beschriebenen Sachverhalt zur verfassungsrechtlichen Rechtfertigung der zwingenden Anwendung des § 32 Abs. 1 UrhG kaum eine Verletzung des Urhebers in seinen Grundrechten heranzuziehen.[310] Erneut sieht sich der Eingriff in die Vertragsfreiheit beider Parteien keinem gleichwertigen Eingriff in Grundrechte gegenüber, der durch die Regelung beseitigt wird. Eine Rechtfertigung lässt sich so nur schwerlich nachvollziehen.[311]

(c) Das Interesse des Nutzungsberechtigten

Die einseitige Gewährung eines Anspruches auf Anpassung der Vergütung missachtet ferner die Interessen und Beziehungen des Verwerters.[312] Dieser kalkuliert

---

308 *Grosche* in DÖV 2014, 382, 386.

309 Dazu genannter Vergleich von *Grosche* in DÖV 2014, 382, 386.

310 *Grosche* in DÖV 2014, 382, 388 f.

311 *Grosche* in DÖV 2014, 382, 388 f.

312 Vgl. schon: Amtl. Begr. zu § 36 a.F. in UFITA 45/1965, 240, 273.

mit verhandelten Vergütungen. Eine nachträgliche Anpassung dieser durch den Urheber kann zwar durch entsprechende Rücklagen bis zu einem gewissen Grad berücksichtigt werden. Eine wirklich sichere Kalkulation ist jedoch kaum möglich. Auch der Ausgleich von eventuellen Verlusten wegen einer zu hohen Vergütung eines anderen Werkes – desselben oder eines anderen Urhebers – durch ein für den Verwerter eher vorteilhaftes Geschäft, kann effektiv nicht erfolgen, da die Anpassung der Vergütung droht. So ist die mögliche Anpassung der Vergütung nicht bloß zu pauschal, sondern eben auch ignorant bezüglich der Gesamtumstände des Nutzungsberechtigten.

bb) § 32a UrhG

(1) Grundlagen

Auch § 32a UrhG zielt auf eine angemessene Vergütung des Urhebers.[313] Im Gegensatz zu § 32 UrhG ändert sich allerdings der Zeitpunkt der Bewertung. Während es bei § 32 UrhG um die Angemessenheit der Vergütung bei Vertragsschluss geht, also um eine Sicht ex ante, betrifft § 32a UrhG den Zeitraum, in dem der Verwerter bereits Erträge aus der Werknutzung schlägt, also den Zeitraum nach Vertragsschluss und damit eine Beurteilung ex post.[314] § 32a UrhG sichert also eine angemessene Vergütung auch für Veränderungen nach Vertragsschluss.[315] Ebenso wie § 32 Abs. 1 S. 3 UrhG gewährt § 32a Abs. 1 S. 1 UrhG keinen direkten Anspruch auf eine angemessene Vergütung, sondern einen Anspruch auf Vertragsänderung. Tatbestandsvoraussetzung ist, dass sich die Vergütung „als unverhältnismäßig niedrig im Vergleich zu den Erträgen und Vorteilen aus der Nutzung des Werkes erweist" (§ 32a Abs. 1 S. 1 UrhG). Der Anspruch aus § 32a UrhG perpetuiert sich und gilt nach § 32a Abs. 2 UrhG auch dann, wenn die Nutzungsrechte zwischenzeitlich einem Dritten eingeräumt wurden.[316] Der Anspruch ist dann gegenüber dem jeweiligen Inhaber der Nutzungsrechte geltend zu machen. Genau wie im Rahmen des § 32 UrhG kann auch auf die Ansprüche des § 32a UrhG gem. § 32a Abs. 3 S. 1 UrhG nicht im Vorhinein verzichtet werden.

---

313 *Schulze* in Dreier/Schulze 7. Aufl., § 32a Rn. 7; *Wiebe* in Spindler/Schuster, Elektron. Medien 4. Aufl., UrhG § 32a Rn. 1.

314 *LG München I* vom 07.05.2009, 7 O 17694/08, ZUM 2009, 794, 794 f.; *Loewenheim/J.B. Nordemann/Ohly* in Loewenheim, Hdb. UrhR 3. Aufl, § 67 Rn. 2; *Wiebe* in Spindler/Schuster, Elektron. Medien 4. Aufl., UrhG § 32a Rn. 5.

315 *Schulze* in Dreier/Schulze 7. Aufl., § 32a Rn. 7.

316 *Wandtke* in Wandtke/Bullinger 6. Aufl., § 32a Rn. 36.

Auch § 32a UrhG sorgt dafür, dass der Urheber nach Einräumung von Nutzungsrechten oder der Erlaubnis zur Werknutzung gegenüber Dritten insofern vermögensrechtlich mit seinem Werk und den Rechten an diesem verbunden bleibt, als dass ihm eine weitere wirtschaftliche Beteiligung für unerwartete Einnahmen gesichert ist. So sieht der BFH in der eingangs thematisierten Entscheidung[317] den § 32a UrhG maßgebend für den Rechteverbleib beim Urheber und den Ausschluss einer verbrauchenden Rechteüberlassung.[318] Bei dem der Entscheidung zugrundeliegenden Werk handelt es sich um ein Drehbuch.[319] Der dort vertretenden Ansicht folgend kann durch dieses Werk stellvertretend für alle klassischen Werke eine vermögensrechtliche Verbindung des Urhebers mit seinem Werk auch nach Einräumung eines ausschließlichen Nutzungsrechtes aufgrund des verbleibenden Anspruches aus § 32a UrhG angenommen werden.

(2) Verhältnis zu § 36 a.F. UrhG

§ 32a UrhG tritt an die Stelle des ehemaligen Bestsellerparagrafen (§ 36 UrhG a.F.).[320] Anstelle eines groben Missverhältnisses, wie es bei § 36 UrhG a.F. gefordert wurde, verlangte § 32a UrhG, auch Fairnessparagraf genannt, zwischenzeitlich ein auffälliges Missverhältnis zwischen Leistung und tatsächlichem Ertrag. Mittlerweile ist erforderlich, dass sich die vereinbarte Gegenleistung als unverhältnismäßig niedrig erweist.[321] Trotz dieser Differenz verfolgt der Fairnessparagraf das gleiche Ziel wie der ehemalige Bestsellerparagraf. Rechtsprechung und Literatur zum § 36 a.F. UrhG bleiben entsprechend auch auf den § 32a UrhG anwendbar.[322]

Schon der Bestsellerparagraf war Reaktion auf das häufig bestehende wirtschaftliche Gefälle und das daraus folgende strukturelle Ungleichgewicht zwischen Urheber und Verwerter[323].[324] So soll auch § 32a UrhG dazu beitragen, dieses Ungleichgewicht auszugleichen und dem Urheber eine angemessene

---

317 Schon in der Einleitung genannt: A.I.

318 *BFH* vom 24.10.2018, I R 69/16, DStR 2019, 916, 919.

319 *BFH* vom 24.10.2018, I R 69/16, DStR 2019, 916, 916.

320 *Haedicke/Pfeifer* in Schricker/Loewenheim, 6. Aufl., § 32a Rn. 1; *Schulze* in Dreier/Schulze 67 Aufl., § 32a Rn. 1; *Wiebe* in Spindler/Schuster, Elektron. Medien 4. Aufl., UrhG § 32a Rn. 1; *Wimmers/Rode* in CR 2003, 399, 400.

321 BT-Drs. 19/27426, S. 67 f.; BT-Drs. 14/8058, 19; *Wimmers/Rode* in CR 2003, 399, 400.

322 BT-Drs. 14/8058, 19.

323 S. dazu C. II.1.a)aa).

324 *Schulze* in Dreier/Schulze 7. Aufl., § 32a Rn. 1; Amtl. Begr. zu § 36 a.F. in UFITA 45/1965, 240, 273.

Vergütung für die Nutzung seiner Werke zu sichern.[325] Zur Rolle des § 32a UrhG als Sonderform der Geschäftsgrundlagenstörung ist auf (4) zu verweisen.

(3) Grundsätzliche Kritik

Auch der Abs. 3 des § 32a UrhG enthält ähnlich wie § 32 Abs. 3 UrhG die Einschränkung für den Urheber, dass dieser nicht im Voraus auf seine Ansprüche aus den ersten beiden Absätzen verzichten kann.[326] Ausnahmen gelten nach § 32a Abs. 4 UrhG allerdings für solche Vergütungen, die aufgrund tarifvertraglicher Bestimmungen oder einer gemeinsamen Vergütungsregel i.S.d. § 36 UrhG vereinbart wurden.[327] Auch darin stimmt der § 32a UrhG mit § 32 UrhG überein. Durch den zwingenden Charakter[328] der Vorschrift sieht sich § 32a UrhG der gleichen Kritik wie § 32 UrhG ausgesetzt.[329] Auch ihm kann vorgeworfen werden, einen Bruch mit dem Grundsatz der Vertragsfreiheit zu provozieren, der nicht zwangsläufig gerechtfertigt werden kann.[330]

Nicht immer ist der Urheber in seiner Verhandlungsposition derartig benachteiligt, dass er auf einen nachträglichen Vergütungsanspruch angewiesen ist. Im Extremfall streitet die Unverzichtbarkeit auf die Ansprüche des § 32a UrhG im Voraus sogar gegen die Interessen des Urhebers. Das ist dann der Fall, wenn dieser gerade beabsichtigt, seine Nutzungsrechte gegen eine geringe Vergütung einzuräumen und rechtssicher zukünftige Ansprüche seinerseits ausschließen möchte, um so künftige Geschäfte mit dem Verwerter zu sichern.[331]

Ebenfalls missachtet die pauschale Einräumung des nachträglichen Vergütungsanspruches die wirtschaftliche Situation des Verwerters der Nutzungsrechte.[332] Dieser sieht sich ungeachtet seiner wirtschaftlichen Verhältnisse, seiner Beziehungen und sonstiger Geschäfte mit dem Urheber für den Fall eines unerwarteten Gewinnes dem Anspruch aus § 32a UrhG ausgesetzt. Ob er damit eventuelle Verluste aus anderen Geschäften ausgleicht,[333] gerade erst ein

---

325 *Wiebe* in Spindler/Schuster, Elektron. Medien 4. Aufl., UrhG § 32a Rn. 1.

326 *Loewenheim/J.B. Nordemann/Ohly* in Loewenheim, Hdb. UrhR 3. Aufl, § 67 Rn. 3.

327 *Schulze* in Dreier/Schulze 7. Aufl., § 32a Rn. 58 ff.; *Wiebe* in Spindler/Schuster, Elektron. Medien 4. Aufl., UrhG § 32a Rn. 17.

328 *Loewenheim/J.B. Nordemann*/Ohly in Loewenheim, Hdb. UrhR 3. Aufl, § 67 Rn. 3.

329 S. dazu C. II.1.a)aa); *Schulze* in Dreier/Schulze 7. Aufl., § 32a Rn. 2; *Soppe* in NJW 2018, 729, 733 ff.

330 *Schulze* in Dreier/Schulze 7. Aufl., § 32a Rn. 2.

331 *Grosche* in DÖV 2014, 382, 386.

332 Amtl. Begr. zu § 36 a.F. in UFITA 45/1965, 240, 273.

333 Amtl. Begr. zu § 36 a.F. in UFITA 45/1965, 240, 273.

Geschäft aufbaut oder sich möglicherweise in einer schlechten wirtschaftlichen Lage befindet, bleibt vollkommen unberücksichtigt.

So wird deutlich, dass die strukturelle Überlegenheit von Verwertern gegenüber den mit ihnen in vertraglicher Beziehung stehenden Urhebern nicht pauschal anzunehmen ist. Ein Anspruch, der aber pauschal eine weitere Vergütung für den Fall des unerwarteten Gewinnes gewährt, wird diesem Umstand nicht gerecht.

(4) § 32a UrhG als Sonderfall der Störung der Geschäftsgrundlage

§ 36 UrhG a.F. wurde als Sonderregelung des Wegfalls der Geschäftsgrundlage gesehen.[334] Es ist umstritten, ob § 32a UrhG diesem Anwendungsfall entspricht.[335]

Die Einordnung des § 32a UrhG als Sonderform des Wegfalls der Geschäftsgrundlage könnte für einen schwachen Rechteverbleib beim Urheber sprechen. Bevor die Auswirkung auf den Rechteverbleib erörtert werden, ist allerdings zu klären, ob es sich bei § 32a UrhG überhaupt um einen Spezialfall des Wegfalls der Geschäftsgrundlage aus § 313 BGB handelt.

§ 36 UrhG a.F., die Vorgängerregelung des § 32a UrhG, wurde allgemein als Sonderfall des Institutes des Geschäftsgrundlagenstörung anerkannt.[336] § 32a UrhG entspricht der Grundstruktur des § 36 UrhG a.F. bis auf ein zentrales Element.[337] § 32a UrhG verlangte zwischenzeitlich ein auffälliges Missverhältnis. Mittlerweile ist erforderlich, dass sich die Gegenleistung als unverhältnismäßig niedrig erweist. Ein grobes Missverhältnis zwischen den Erträgen der Nutzung und der Vergütung des Urhebers wird anders als bei § 36 UrhG a.F. nicht mehr vorausgesetzt.[338] In den Beschlussempfehlungen zum § 32a UrhG werden die Rechtsprechung und Literatur zum Bestsellerparagraphen (§ 36 UrhG a.F.) aufgrund der gleichen Grundstruktur dennoch als anwendbar angesehen.[339] Der

---

334 *BGH* vom 22.01.1998, I ZR 189/95, BGHZ 137, 387 Rn. 55; *BGH* vom 23.10.2001, X ZR 72/98, GRUR 2002, 149, 150.

335 *Berger* in ZUM 2003, 173, 178 f.; *Wimmers/Rode* in CR 2003, 399, 402.

336 *BGH* vom 23.10.2001, X ZR 72/98, GRUR 2002, 149, 150; *BGH* vom 22.01.1998, I ZR 189/95, BGHZ 137, 387 Rn. 55; *BGH* vom 27.06.1991, I ZR 22/90, GRUR 1991, 901, 902; *Schulze* in Dreier/Schulze 7. Aufl., § 32a Rn. 3.

337 BT-Drs. 14/8058, 19; *Czychowski* in Fromm/Nordemann 12. Aufl., § 32a Rn. 1; *Schulze* in Dreier/Schulze 7. Aufl., § 32a Rn. 6.

338 BT-Drs. 14/8058, 19; *Schulze* in Dreier/Schulze 7. Aufl., § 32a Rn. 1; *Soppe* in Möhring/Nicolini 4. Aufl., § 32a Rn. 11.

339 BT-Drs. 14/8058, 19; *Schulze* in Dreier/Schulze 7. Aufl., § 32a Rn. 6.

Regierungsentwurf zur aktuellen Formulierung des § 32a UrhG spricht von § 36 UrhG a.F. als Vorgängerregelung.[340] Der BGH sah den Bestsellerparagraphen ebenfalls als Ausgestaltung des allgemeinen Grundsatzes vom Wegfall der Geschäftsgrundlage.[341] Diese Rechtsprechung in Verbindung mit den Anwendungsregeln der Beschlussempfehlung allein legen bereits eine Einordnung des § 32a UrhG als Sonderfall der Geschäftsgrundlagenstörung nahe.[342]

Die Gegenmeinung sieht den Unterfall der Geschäftsgrundlagenstörung exklusiv für § 36 UrhG a.F.[343] Diese Einordnung ergebe sich im Kern aus dem nicht erwarteten Erfolg als ungeschriebenes Tatbestandsmerkmal, welches nur im Rahmen des § 36 UrhG a.F. als berücksichtigenswert betrachtet wurde.[344] In § 32a Abs. 1 S. 2 UrhG hingegen wird ein Vorhersehen der Höhe der tatsächlich erzielten Erträge oder Vorteile für den Anspruch aus § 32a Abs. 1 S. 1 UrhG als unerheblich erklärt.

Die Ansicht, die die Sonderrolle des § 32a UrhG ablehnt, verkennt die Anforderungen an den Grundtatbestand des § 313 BGB. Der Anspruch auf Vertragsanpassung aus § 313 Abs. 1 BGB verlangt von den Vertragsparteien, dass sie eine mögliche Veränderung der Umstände schon in ihre vertraglichen Verhandlungen miteinbezogen hätten oder bei Kenntnis der Umstände den Vertrag entsprechend angepasst hätten.[345] Wenn die Höhe der Erträge schon nicht Grundlage des Vertrages geworden ist, ist nicht entscheidend, ob der hohe Erfolg erwartet war oder nicht.[346] Das ungeschriebene Tatbestandsmerkmal des nicht erwarteten Erfolges, welches dem § 36 UrhG a.F. zugesprochen wird, ist mithin für den Sonderfall der Geschäftsgrundlagenstörung unerheblich.

Den § 32a Abs. 1 S. 1 UrhG wegen der in § 32a Abs. 1 S. 2 UrhG normierten Unerheblichkeit der Erwartung von erhöhten Erträgen nicht als Äquivalent zum alten Bestsellerparagrafen und entsprechend nicht als Sonderfall der Störung der Geschäftsgrundlage zu sehen, ist somit nicht nachzuvollziehen.[347]

340 BT-Drs. 19/27426, 68.

341 *BGH* vom 23.10.2001, X ZR 72/98, GRUR 2002, 149, 153.

342 *BGH* vom 23.10.2001, X ZR 72/98, GRUR 2002, 149, 153; BT-Drs. 14/8058, 19; vgl. *Wimmers/Rode* in CR 2003, 399, 402.

343 S. bspw.: *Schulze* in Dreier/Schulze 7. Aufl., § 32a Rn. 40.

344 *Czychowski* in Fromm/Nordemann 12. Aufl., § 32a Rn. 3; *Schaub* in ZUM 2005, 212, 215.

345 *Schaub* in ZUM 2005, 212, 215.

346 *Finkenauer* in MüKo 8. Aufl., § 313 Rn. 57.

347 *Schaub* in ZUM 2005, 212, 215.

Damit ist der § 32a Abs. 1 S. 1 UrhG genau wie § 36 UrhG a.F. als Sonderform der Geschäftsgrundlagenstörung einzuordnen. Die § 32a Abs. 1 S. 1 UrhG und § 313 BGB sind mithin vergleichbar. Dies gilt allerdings nicht für § 32a Abs. 2 UrhG.[348] Die folgenden Ausführungen beziehen sich dementsprechend nur auf § 32a Abs. 1 S. 1 UrhG.

Der potentielle Anspruch auf Vertragsänderung aus § 313 Abs. 1 BGB bedeutet keine wirtschaftliche Teilhabe des Anspruchstellers an dem Vertragsgegenstand.[349] Vielmehr werden die Vertragsinteressen beider Parteien bei Auseinanderfallen von Vorgestelltem und tatsächlich Eingetretenem in einen angemessenen Ausgleich gebracht.[350] Genau wie der Anspruch aus § 32a UrhG bleibt der Anspruch auf Vertragsanpassung aus § 313 Abs. 1 BGB auch nach Leistungsaustausch bestehen. Der latente Anspruch aus § 313 BGB bringt aber im Gegensatz zu dem Anspruch aus § 32a UrhG[351] keine Zweifel an der vollständigen Erlangung des Vertragsgegenstandes auf Erwerberseite mit sich.[352]

Sieht man § 32a Abs. 1 S. 1 UrhG entsprechend der obigen Einordnung als Spezialfall der Störung der Geschäftsgrundlage, ist im Ergebnis festzuhalten, dass das andauernde Bestehen eines solchen Anspruchs nicht zu einer tatsächlichen wirtschaftlichen Teilhabe des Vertragspartners bzw. Urhebers führt. Zwar sichert § 32a UrhG dem Urheber ausnahmsweise eine fortwährende Beteiligung an den Erträgen seines Werkes. Die eigentliche wirtschaftliche Nutzung des Werkes steht jedoch allein demjenigen zu, der umfassende Nutzungsrechte eingeräumt bekommen hat. Von einem die *Übertragung* hindernden Rechteverbleib ist nicht zu sprechen.

cc) § 32b UrhG

§ 32b UrhG regelt die zwingende Anwendung von § 32 UrhG und § 32a UrhG, sofern maßgebliche Nutzungshandlungen des Vertrages in den räumlichen Geltungsbereich des deutschen Urheberrechts fallen oder auf den Nutzungsvertrag mangels Rechtswahl deutsches Recht anzuwenden ist. Ein Abweichen von den Regelungen der § 32 UrhG und § 32a UrhG ist also mittels vertraglicher

---

348 *Schaub* in ZUM 2005, 212, 215.

349 So aber iRd. § 32a UrhG vertreten: *BFH* vom 24.10.2018, I R 69/16, BFHE 263, 146 Rn. 20.

350 *Finkenauer* in MüKo 9. Aufl., § 313 Rn.1 f.; *Lorenz* in BeckOK BGB 62. Edt., § 313 Rn. 1.

351 *BFH* vom 24.10.2018, I R 69/16, BFHE 263, 146 Rn. 20.

352 Vgl. *BGH* vom 14.10.1992, VIII ZR 91/91 (KG), NJW 1993, 259, 259 ff.

Vereinbarung nicht möglich.[353] Verfolgt wird mit § 32b UrhG nicht das grundsätzliche Verbot der Abweichung von den Vergütungsanpassungen bei den Vertragsverhandlungen. Ein solches wird ausreichend durch § 32 Abs. 3 UrhG und § 32a Abs. 3 UrhG geregelt. Vielmehr soll § 32b UrhG eine Umgehung der Vergütungsregelungen durch Rechtswahl und damit die bewusste Abweichung von den Regelungen des deutschen Urheberrechts verhindern.[354] Es soll eine „Flucht in ausländisches Recht" durchkreuzt werden.[355] Der § 32b UrhG ist also nicht schon dann einschlägig, wenn die zwingende Natur der §§ 32, 32a UrhG als solche zur Geltung kommen soll, sondern nur dann, wenn eine Anwendung deutschen Rechts trotz der Geltung des deutschen Urheberrechts durch abweichende Rechtswahl umgangen werden soll.[356]

Folge der zwingenden Anwendung der zusätzlichen Vergütungsregelungen durch § 32b UrhG soll nach BFH ebenfalls die Sicherstellung der fortwährenden wirtschaftlichen Beteiligung des Urhebers an den Erträgen seines Werkes sein, die dementsprechend für einen Rechteverbleib beim Urheber spricht.[357] Diese Argumentation ist nur (folge-)richtig, wenn die Anwendung der nachträglichen Vergütungsregelungen tatsächlich für einen Rechteverbleib und gegen einen total-buy-out sprechen. Andernfalls sichert § 32b UrhG nur bloße Ansprüche des Urhebers im internationalen Kontext. Die Rolle des § 32b UrhG für den Rechteverbleib beim Urheber auch nach einer Einräumung umfassender Nutzungsrechte hängt im Ergebnis also von der Relevanz der §§ 32, 32a UrhG für den Rechteverbleib ab.

dd) Zwischenergebnis

Durch die Vergütungsansprüche der §§ 32, 32a UrhG und ihrer gesicherten Anwendung auch in internationalen Sachverhalten durch den § 32b UrhG wird dem Urheber klassischer Werke eine Reihe von Ansprüchen zugesprochen, die ihm auch für den Fall unerwarteter Erträge aus der Nutzung eine angemessene Vergütung sichern. Soweit der Urheber in den Vertragsverhandlungen aus

---

353 S. nähere Ausführungen zum IPR in Teil E.

354 *Schulze* in Dreier/Schulze 7. Aufl., § 32b Rn. 1; *v. Welser* in Wandtke/Bullinger 6. Aufl., § 32b Rn. 1; *Soppe* in NJW 2018, 729, 733.

355 Formulierungshilfe des *BMJ* vom 14.01.2002, abgedruckt in *Hucko*, Das neue Urhebervertragsrecht, S. 149; *Soppe* in NJW 2018, 729, 733.

356 *Nordemann-Schiffel* in Fromm/Nordemann 12. Aufl., § 32b Rn. 4; *Schulze* in Dreier/Schulze 7. Aufl., § 32b Rn. 3.

357 *BFH* vom 24.10.2018, I R 69/16, BFHE 263, 146 Rn. 20.

struktureller Unterlegenheit eine zu niedrige Vergütung vereinbart hat oder sich später herausstellt, dass die Vergütung nicht mehr dem Maßstab der Angemessenheit standhält, ist ihm durch diese Ansprüche eine angemessene Beteiligung an der Verwertung seines Werkes gesichert. Aber auch wenn eine ausgeglichene Verhandlungssituation oder gar eine „Übermacht" der Werkschaffenden vorlag, stehen ihm die Vergütungsansprüche, die Erfüllung ihres Tatbestandes einmal vorausgesetzt, pauschal zur Verfügung.[358]

Der BFH sieht allein den Anspruch aus § 32a UrhG als ausreichend an, dem Urheber auch nach Einräumung umfassender Nutzungsrechte einen solch starken Rechteverbleib zuzusprechen, dass eine „*Übertragung* nach Maßgabe einer „verbrauchenden Rechteüberlassung"[359] ausgeschlossen sei.[360]

Die Ansprüche sehen sich in ihrer grundlegenden Anwendung einiger Kritik ausgesetzt, insbesondere dem Vorwurf, sie würden mit dem Grundprinzip „pacta sunt servanda"[361] brechen. Schon bei klassischen Werken stellt sich die Frage nach einer vollumfänglichen verfassungsrechtlichen Rechtfertigung dieses Bruches mit der Vertragsfreiheit.

Ferner ist nicht vollständig nachzuvollziehen, warum die Vergütungsregelungen einen Rechteverbleib statuieren, der eine vollständige *Übertragung* von Nutzungsrechten verhindert. Dies fällt insbesondere mit Blick auf die Vergleichbarkeit des § 32a UrhG zur Geschäftsgrundlagenstörung des § 313 BGB auf.[362] Die Anpassung einer ursprünglich vereinbarten Vergütung bedeutet nicht automatisch, dass der Zugriff des Verwerters auf die Nutzungsrechte in irgendeiner Form eingeschränkt ist.

b) Sonstige Regelungen

Neben den Vergütungsansprüchen wird der Urheber durch weitere Vorschriften des Urhebervertragsrecht geschützt und bleibt so potenziell auch nach umfassender Einräumung von Nutzungsrechten wirtschaftlich mit seinem Werk verbunden.

---

358 S. hierzu auch die einleitenden Gedanken in: *Grützmacher/Lejeune/Schneider-Brodtmann/Stögmüller* in CR 2016, 138, 138.

359 *BFH* vom 24.10.2018, I R 69/16, BFHE 263, 146 Rn. 22.

360 *BFH* vom 24.10.2018, I R 69/16, BFHE 263, 146 Rn. 20 ff.

361 So *Schulze* in Dreier/Schulze 7. Aufl., § 32a Rn. 2.

362 S. hierzu C.II.1.a)bb)(4).

aa) §§ 32d, e UrhG

Zusätzlich zu den nachträglichen Vergütungsansprüchen und der Fortgeltung im internationalen Kontext durch § 32b UrhG hat der Urheber nach § 32d UrhG und § 32e UrhG Auskunftsansprüche und -rechte zur Hand. Diese dienen der effektiven Nutzbarmachung der Vertragsanpassungsansprüche insbesondere aus § 32a UrhG.[363] Der Anspruch auf bzw. die Pflicht zur Auskunft gilt sowohl gegenüber dem bzw. für den ursprünglichen Vertragspartner (§ 32d Abs. 1 UrhG) als auch gegenüber dritten Nutznießern (§ 32e Abs. 1 UrhG). Der ursprüngliche Vertragspartner ist verpflichtet, dem Urheber mindestens einmal jährlich „Auskunft über den Umfang der Werknutzung und die hieraus gezogenen Erträge und Vorteile" zu erteilen. Gegenüber Dritten muss der Urheber erst seinen Auskunftsanspruch aus § 32e Abs. 1 UrhG geltend machen, um Auskunft zu erlangen.

Erst im Jahr 2017 in Kraft getreten sollen diese Ansprüche bzw. mit Änderungen durch die DSM-Richtlinie auch die Pflicht des Vertragspartners dem Urheber eine Bewertung dessen ermöglichen, ob ein Anspruch auf nachträgliche Vergütung besteht und eine Geltendmachung Aussicht auf Erfolg hat.[364] Den Urheber trifft nämlich die Beweislast für die Darlegung der Unverhältnismäßigkeit, wie sie § 32a Abs. 1, 2 UrhG fordert.[365] Die Ermittlung dieser Unverhältnismäßigkeit verlangt in aller Regel Kenntnis der erzielten Erträge und freilich auch der vereinbarten Vergütung.

Diese Pflicht besteht nach § 32d Abs. 2 UrhG aus Gründen der Unverhältnismäßigkeit oder bei nur nachrangiger Beteiligung des Urhebers an der Schaffung des Werkes nicht, „es sei denn der Urheber legt aufgrund nachprüfbarer Tatsachen klare Anhaltspunkte dafür dar, dass er die Auskunft für eine Vertragsanpassung (§ 32a Absatz 1 und 2) benötigt".

Nach Abs. 3 kann von den Regelungen der ersten Absätze nur abgewichen werden, wenn dies auf Grund einer Tarifregelung oder einer Vergütungsregelung im Sinne des § 36 UrhG geschieht. Auch Abweichungen, die erst in der

---

363 BT-Drs. 18/10637, 21 f.; BT-Drs. 18/8625, 26; *Stang* in Wandtke/Bullinger 6. Aufl., § 32d Rn. 1; *Ory* in NJW 2017, 753, 755.

364 BT-Drs. 18/10637, 21 f.; BT-Drs. 18/8625, 26; *Schulze* in Dreier/Schulze 7. Aufl., § 32d Rn. 1.

365 *BGH* vom 04.12.2008, I ZR 49/06, GRUR 2009, 939, 942; *Schulze* in Dreier/Schulze 7. Aufl., § 32a Rn. 65.

Lizenzkette gelten, sind nach § 32e Abs. 3 UrhG nur dann zulässig, wenn diese auf einer gemeinsamen Vergütungsregel oder einem Tarifvertrag basieren.[366]

Diese Einschränkungen finden sich in ähnlicher Form in § 32a Abs. 4 UrhG, also in der Vergütungsregelung, zu der das Auskunftsrecht gerade den Zugang erleichtern soll. Die Ausschlüsse gem. § 32d Abs. 3 UrhG und § 32e Abs. 3 UrhG sind bei Betrachtung der Verbindung der Vergütungs- und Auskunftsansprüche nur konsequent. Ein Auskunftsanspruch trotz fester Vergütung durch Tarifvertrag oder gemeinsamer Vergütungsregelungen verfolgt keinen tieferen Zweck. Ansprüche, welche die Vergütung des Urhebers aufbessern würden, für die sich die Kenntnis über erzielte Erträge und Kenntnis also gerade lohnt, sind ohnehin ausgeschlossen.[367]

Die Auskunftspflicht bzw. das -recht und die damit einhergehende Sicherung der nachträglichen Vergütungsansprüche unterstreichen auf den ersten Blick die anhaltende Beteiligung des Urhebers an seinem ursprünglichen Werk, selbst bei vermeintlich vollständiger Abtretung[368] seiner Rechte.[369] Besonders deutlich wird dieser Umstand bei hypothetischer Betrachtung des Anspruchs aus § 32a UrhG ohne die Möglichkeit der vorherigen Auskunft. Fiele die Auskunft weg, wäre eine effektive Geltendmachung der zusätzlichen Vergütungsansprüche, insbesondere des § 32a UrhG, welcher maßgeblich von den erwirtschafteten Erträgen abhängt, stark erschwert, wenn nicht unmöglich.[370] Die Stellung des Anspruches auf nachträgliche Vergütung würde ins Blaue hinein erfolgen oder auf groben Schätzungen beruhen. Auch wenn bei dieser „blinden“ Anspruchsstellung die Chance auf Erfolg besteht, ist dieser dennoch nicht gesichert und die gerichtliche Auseinandersetzung mit großem Aufwand und Kostenrisiko behaftet.

Die Auskunft ermöglicht dem Urheber damit erst eine effektive Geltendmachung seiner Ansprüche auf nachträgliche Vergütung.[371]

---

366 *Schulze* in Dreier/Schulze 6. Aufl., § 32e Rn. 10; *Stang* in Wandtke/Bullinger 5. Aufl., § 32e Rn. 20.

367 Wegen § 32a Abs. 4 UrhG: *Schulze* in Dreier/Schulze 7. Aufl., § 32a Rn. 58 ff.

368 Zur Ablehnung eines sog. total buy out: *BFH* vom 24.10.2018, I R 69/16, DStR 2019, 916, 916 ff.

369 Bzgl. der stärkeren Stellung des Urhebers: BT-Drs. 18/8625, 18 und BT-Drs. 18/10637, 22.

370 Vgl. *OLG Hamburg* vom 01.06.2011, 5 U 113/09, GRUR-R 2011, 2011, 293, 297 f.; vgl. *Hoeren* in FS Wandtke, 159, 169.

371 BT-Drs. 18/10637, 21 f.; BT-Drs. 18/8625, 26; *Stang* in Wandtke/Bullinger 6. Aufl., § 32d Rn. 1; *Ory* in NJW 2017, 753, 755.

bb) § 29 UrhG

§ 29 UrhG zementiert ein Grundprinzip des deutschen Urheberrechts in das Urheberrechtsgesetz. Die Unübertragbarkeit des Urheberrechts.

Durch § 29 Abs. 1 UrhG wird festgelegt, dass das Urheberrecht an einem Werk nur im Wege einer Verfügung von Todes wegen oder unter Miterben zum Zwecke der Erbauseinandersetzung übertragen werden kann. Daneben sind gem. § 29 Abs. 2 UrhG lediglich Einräumungen von Nutzungsrechten nach Maßgabe des § 31 UrhG[372], die schuldrechtliche Einwilligung und Vereinbarung von Verwertungsrechten sowie Rechtsgeschäfte über Urheberpersönlichkeitsrechte nach § 39 UrhG zulässig.[373]

Einem Urheber ist somit eine *Übertragung* seines gesamten Urheberrechts mittels vertraglicher Abrede nicht möglich.[374] Die Verknüpfung der Unübertragbarkeit des Urheberrechts mit der im deutschen Geltungsbereich herrschenden monistischen Theorie führt darüber hinaus bei strenger Anwendung dazu, dass auch eine *Übertragung* des gesamten vermögensrechtlichen Teils des Urheberrechts unmöglich ist.[375] So sieht das BMF den § 29 UrhG als ausschlaggebend für die Unzulässigkeit einer dauerhaften *Übertragung* urheberrechtlich geschützter Rechte.[376]

Möglicherweise genügt aber bereits die Option einer Nutzungsrechteeinräumung, um von einer *Übertragung* zu sprechen. Dass es sich hierbei zweifelsohne nicht um die *Übertragung* des Urheberrechts handeln kann, macht § 29 UrhG deutlich.

Ob im Einkommenssteuerrecht nicht eine Sichtweise, welche eine *Übertragung* nicht des Urheberrechts, sondern eines Nutzungsrechtes anerkennt, angebracht ist, wird in den Abschnitten C.V. und D. erörtert.

cc) § 31 UrhG

(1) Grundlagen

Wie bereits in § 29 Abs. 2 UrhG angelegt, kann der Urheber nach § 31 UrhG einfache oder ausschließliche Nutzungsrechte an seinem Werk einräumen.

---

372 S. dazu den nächsten Gliederungspunkt, C.II.1.b)cc).

373 *BFH* vom 24.10.2018, I R 69/16, BFHE 263, 146 Rn. 18; *Hoche* in Wandtke/Bullinger 6. Aufl., § 29 Rn. 1 f.

374 BT-Drs. IV/270, 30; *Hoche* in Wandtke/Bullinger 6. Aufl., § 29 Rn. 4.

375 S. bereits B.I.2.a); *Schulze* in Dreier/Schulze 7. Aufl., § 29 Rn. 3; *Wandtke* in Wandtke/Bullinger 6. Aufl., § 31 Rn. 1.

376 *BMF* vom 25.11.2010, IV C 3 – S 2303/09/10002, BStBl. I 2010, 1350, Rn. 23.

§ 31 UrhG stellt die Grundlage des Urhebervertragsrecht dar.[377] Ohne die Möglichkeit der Nutzungsrechteeinräumung wäre es dem Urheber kaum möglich, sein Werk angemessen wirtschaftlich zu verwerten. Aus der Möglichkeit der Nutzungsrechteeinräumung ergibt sich aber gerade nicht, dass der Urheber das gesamte Urheberrecht oder auch nur den vermögensrechtlichen Teil dessen tatsächlich *übertragen* kann.

Nutzungsrechte sind immer nur Tochterrechte zum eigentlichen Recht, dem Urheberrecht.[378] Die Normierung der Möglichkeit der Nutzungsrechteeinräumung in Verbindung mit dem Verständnis des Nutzungsrechtes als Tochterrecht verdeutlicht die Unübertragbarkeit des eigentlichen Mutterrechts. Eben dieses soll immer beim Urheber verbleiben.[379] Eine stets verbleibende Bindung zwischen Urheber und Werk ist nur logische Folge.[380] So äußert sich im § 31 UrhG bereits der latente Rechteverbleib beim Urheber. Dies steht aber auch im Kontrast zu der durch § 31 UrhG gesetzten Möglichkeit, ein ausschließliches, zeitlich und inhaltlich unbeschränktes Nutzungsrecht einzuräumen. Um die Auswirkungen dieser Möglichkeit auf den Rechteverbleib bewerten zu können, ist ein näherer Blick auf die Dogmatik des § 31 UrhG zu werfen.

(2) Trennungs- und Abstraktionsprinzip

§ 31 UrhG regelt die unmittelbare Einräumung von Nutzungsrechten und damit das Verfügungsgeschäft. Auch im Urheberrecht gilt das Trennungsprinzip.[381] Das schuldrechtliche Verpflichtungsgeschäft, also der Vertrag über die Nutzungsrechteeinräumung, ist demnach nicht mit dem dinglichen Verfügungsgeschäft, also der tatsächlichen Einräumung der Nutzungsrechte, gleichzusetzen.

Ob das Abstraktionsprinzip Anwendung findet, die beiden Geschäfte ergo auch rechtlich differenziert zu behandeln sind, ist umstritten.[382] In der Regel

---

377 *Schulze* in Dreier/Schulze 7. Aufl., § 31 Rn. 1; *Wandtke* in Wandtke/Bullinger 6. Aufl., § 31 Rn. 1.

378 *Wandtke* in Wandtke/Bullinger 6. Aufl., § 31 Rn. 1.

379 S. Ausführungen zu § 29 UrhG, C.II.1.b)bb).

380 *BGH* vom 23.02.1995, I ZR 68/93, GRUR 1995, 673, 675; *Wandtke* in Wandtke/Bullinger 6. Aufl., § 31 Rn. 1.

381 *Ohly* in Schricker/Loewenheim, 6. Aufl., § 31 Rn. 13 f.

382 Der *BGH* vertrat einst die Anwendung des Abstraktionsprinzips im Urheberrecht: *BGH* vom 15.04.1958, I ZR 31/57, NJW 1958, 1583, 1584; weitere Stimmen der Literatur sprechen sich für die Anwendung (besonders im Softwarebereich) aus: Anm. *Grützmacher* zu LG Mannheim vom 27.06.2003, 7 O 127/03, CR 2004, 811, 815; *Schack*, Urh- & UrhVR 10. Aufl., Rn. 589; *Hoeren* in CR 2005, 773, 774; Mittlerweile

fallen Verpflichtungsgeschäft und Verfügungsgeschäft im urheberrechtlichen Bereich zeitlich zusammen.[383] Für die rechtliche Beurteilung wird daher auch vorrangig das sog. Kausalitätsprinzip angenommen.[384] Hiernach teilt das Verfügungsgeschäft das Schicksal des - beispielsweise unwirksamen - Verpflichtungsgeschäftes. Ob das Abstraktionsprinzip im Urheberrecht Bestand hat oder nicht, kann für die Zwecke der folgenden Ausführungen dahinstehen. Jedenfalls über die Existenz eines separaten urheberrechtlichen Verfügungsgeschäftes, welches durch § 31 UrhG seine gesetzliche Anknüpfung findet, besteht Einigkeit.

Ein solches Verfügungsgeschäft könnte in der *Übertragung* von Nutzungsrechten liegen, für welche § 31 UrhG die Grundlage sein würde.

Je nach Ausgestaltung des Verpflichtungsgeschäftes wären die durch selbiges statuierten Ansprüche sogar nur durch eine vollständige *Übertragung* des Rechts im Rahmen des Verfügungsgeschäftes zu erfüllen.

Die Natur des Verpflichtungsgeschäftes im Rahmen der Nutzungsrechteeinräumung ist allerdings nach bestehender Meinung die eines schuldrechtlichen Vertrages sui generis.[385] Hier mischen sich je nach verfolgtem Vertragsziel beispielsweise Miet-, Kauf- und Pachtverträge.

Es ließe sich argumentieren, dass die Unmöglichkeit einer *Übertragung* von Nutzungsrechten[386] der schuldrechtlichen Ausgestaltung des Verpflichtungsgeschäftes als schlichtem Kaufvertrag quasi rückwirkend einen Strich durch die Rechnung machen würde. Die Erfüllung des Kaufvertrages durch „Übereignung" bzw. dauerhafte *Übertragung* von Nutzungsrechten ist nach dieser Ansicht schließlich nicht möglich. Eine nur beschränkte Überlassung der Nutzungsrechte würde den Anspruch aus einem Kaufvertrag nicht erfüllen.

Löst man sich aber zum einen von der Einschätzung, dass eine *Übertragung* von Nutzungsrechten unmöglich ist und zum anderen von der genannten

---

teilt der *BGH* die Ansicht der h.L.: *BGH* vom 19.07.2012, I ZR 70/10, NJW 2012, 3301, 3302; *Götting* in FS Schricker 1995, 53, 70 f.; *Ohly* in Schricker/Loewenheim, 6. Aufl., § 31 Rn. 17; *Schulze* in Dreier/Schulze 7. Aufl., § 31 Rn. 16 ff.; Wirth in Eichelberger/Wirth/Seifert 4. Aufl., § 31 Rn. 5.

383 *Ohly* in Schricker/Loewenheim, 6. Aufl., § 31 Rn. 14; *Schulze* in Dreier/Schulze 7. Aufl., § 31 Rn. 18.

384 *Ohly* in Schricker/Loewenheim, 6. Aufl., § 31 Rn. 17; *Schulze* in Dreier/Schulze 7. Aufl., § 31 Rn. 18; Wirth in Eichelberger/Wirth/Seifert 4. Aufl., § 31 Rn. 5.

385 *Schulze* in Dreier/Schulze 7. Aufl., § 31 Rn. 15; *Wandtke* in Wandtke/Bullinger 6. Aufl., Vor §§ 31 ff. Rn. 6; differenzierend: *J.B. Nordemann* in Fromm/Nordemann 12. Aufl., § 31 Rn. 27.

386 S. z.B.: *BFH* vom 24.10.2018, I R 69/16, DStR 2019, 916.

schuldrechtlichen Klassifizierung und bewegt sich hin zu einer Einordnung des Verpflichtungsgeschäfts als Kaufvertrag mit den entsprechenden verfügungsrechtlichen Folgen, könnte § 31 UrhG auch die Grundlage für eine *Übertragung* von Nutzungsrechten sein.

Trotz der in dieser Vorschrift ruhenden Verknüpfung von Urheber und Werk wäre so dennoch eine vollständige *Übertragung* einzelner Nutzungsrechte im Einklang mit einer passenderen einkommensteuerlichen Bewertung des Vorgangs möglich.

So scheint § 31 UrhG weniger eine Auswirkung auf den Rechteverbleib beim Urheber zu haben, als mehr - je nach Einschätzung des Rechteverbleibs - die rechtliche Grundlage für mehrere Arten des Verfügungsgeschäftes und in diesem Zuge auch der *Übertragung* zu bieten.

(3) Die Zweckübertragungsregel

(a) Grundlagen

Der wichtigste Auslegungsgrundsatz des Urhebervertragsrechts ist die sog. Zweckübertragungsregel. Danach gilt, „dass im Zweifel keine weitergehenden Rechte eingeräumt werden als dies der Zweck des Nutzungsvertrages erfordert".[387] Im Gesetz manifestiert sich dieser Grundsatz in weiten Teilen in § 31 Abs. 5 UrhG.[388]

Hier wird festgelegt, dass Nutzungsrechte, sofern vertraglich nicht näher konkretisiert („die Nutzungsarten nicht ausdrücklich einzeln bezeichnet"), nur in dem Umfang eingeräumt werden, wie dies für die Erfüllung des vertraglichen Zweckes erforderlich ist.

Durch diese Norm soll der Urheber vor der pauschalen Einräumung von Nutzungsrechten geschützt werden, die über den eigentlichen Vertragszweck hinausgehen.[389]

Pauschale Formulierungen, die in der Absicht genutzt werden, möglichst weitreichende Nutzungsrechte zu erlangen, benennen die einzelnen Nutzungsarten gerade nicht näher. Ist aus dem Vertragszweck aber nicht zu erkennen,

---

387 *BGH* vom 27.09.1995, I ZR 215/93, GRUR 1996, 121, 122; *BGH* vom 22.09.1983, I ZR 40/81, GRUR 1984, 119, 121; *Ulmer*, Urheber- und Verlagsrecht 3. Aufl., S. 364.

388 *BGH* vom 27.09.1995, I ZR 215/93, GRUR 1996, 121, 122; *Ohly* in Schricker/Loewenheim, 6. Aufl., § 31 Rn. 52 ff.; *Schulze* in Dreier/Schulze 7. Aufl., § 31 Rn. 110 f.; *Riesenhuber* in GRUR 2005, 712, 713.

389 BT-Drs. 17/11040, 6; *Schulze* in Dreier/Schulze 7. Aufl., § 31 Rn. 111 f.; *Wandtke* in Wandtke/Bullinger 6. Aufl., § 31 Rn. 41.

dass eine umfassende Einräumung von Nutzungsrechten erforderlich ist, erfolgt sie auch nicht. Nur die Nutzungsrechte, die explizit genannten Nutzungsarten zuzuordnen sind oder nach Auslegung dem Vertragszweck entsprechen, werden auch tatsächlich eingeräumt. Pauschale Formulierungen mit dem Ziel umfassender Nutzungsrechteeinräumungen sind dementsprechend kontraproduktiv.

Neben den Vergütungsregelungen ist insbesondere auch § 31 Abs. 5 UrhG eine Regelung, die in praktischer Anwendung, sofern nicht umgangen,[390] für einen stärkeren Rechteverbleib bei den Urhebern sorgt.[391]

(b) Bedeutung für Buy-Out-Verträge

Die Regelung betrifft auch sog. Buy-Out-Verträge,[392] sofern diese missbräuchlich im zuvor genannten Sinne geschlossen werden.[393] Buy-Out-Verträge beabsichtigen eine umfassende Einräumung von Nutzungsrechten, selbst wenn dieser Umstand teilweise nicht unmittelbar dem tatsächlichen Vertragszweck entspricht. Das ist dann der Fall, wenn pauschal jegliche Nutzungsrechte eingeräumt werden, ohne dass bereits feststeht, dass diese Nutzungsrechte auch tatsächlich benötigt werden. Beispielhaft dafür zu nennen wäre ein Verlag, der sich umfassend alle Nutzungsrechte von einem Autor einräumen lässt, ohne zu diesem Zeitpunkt mehr als nur die bloße Veröffentlichung des Werkes zu planen.

Streng der Zweckübertragungsregel folgend, sind in dem Beispiel bei Auslegung des Vertrages dem Verlag nur solche Nutzungsrechte einzuräumen, die er zur Veröffentlichung des Werkes benötigt. Eine Auslegung des Vertrages wird allerdings nur dann notwendig, wenn auch Unklarheit über das von den Parteien Vereinbarte, also den Wortlaut des Vertrages, besteht.[394] In der Praxis wird der Schutz des Urhebers daher regelmäßig dadurch umgangen, dass der Vertrag eine Aufzählung aller erdenklichen Nutzungsarten und eine entsprechend umfassende Zweckdefinition beinhaltet, auch wenn ein solches Vorgehen mit dem Schutzzweck des § 31 Abs. 5 UrhG kaum zu vereinbaren ist.[395]

---

390 S. dazu Folgendes.

391 *BGH* vom 27.03.2013, I ZR 9/12, GRUR 2013, 1213, 1216; *Ohly* in Schricker/Loewenheim, 6. Aufl., § 31 Rn. 53; *Schulze* in Dreier/Schulze 7. Aufl., § 31 Rn. 110; *Riesenhuber* in GRUR 2005, 712, 713 f.; *Schulze* in GRUR 2012, 993, 993.

392 S. hierzu *Jani*, Der Buy-Out-Vertrag im Urheberrecht, S. 85 ff.

393 BT-Drs. 17/11040, 6.

394 Am konkreten Beispiel von Buy-Out-Verträgen: *Jani,* Der Buy-out-Vertrag im Urheberrecht, S. 91.

395 *Ohly* in Schricker/Loewenheim, 6. Aufl., § 31 Rn. 57; *Schulze* in Dreier/Schulze 7. Aufl., § 31 Rn. 113; *Wandtke* in Wandtke/Bullinger 6. Aufl., § 31 Rn. 44; berechtigterweise

Die Möglichkeit, den Schutzweck der Norm mittels Vertragsgestaltung zu umgehen, kann sicherlich nicht Absicht des Gesetzgebers gewesen sein. Buy-Out-Verträge mit entsprechenden Formulierungen sind allerdings besonders im urheberrechtlichen Massengeschäft der Standard.[396] Ein starkes Argument für die Zweckübertragungsregel umgehende Vertragsgestaltungen ist hierbei die Vertragsfreiheit der Parteien.[397] Ihnen steht es frei, eine umfassende Einräumung von Nutzungsrechten zu vereinbaren, auch wenn diese nicht vollständig mit dem Vertragszweck übereinstimmt.

Im Zusammenhang mit den in der Praxis üblichen Buy-out-Verträgen wird außerdem angemerkt, dass mittlerweile die Normen zur angemessenen Vergütung einen ausreichenden monetären Ausgleich für den Urheber schaffen.[398] Dem kann entgegengehalten werden, dass ein Ausgleich in Geld nicht zwangsläufig den ideellen Verlust der Nutzungsrechte aufwiegt[399] und den Urheber um eine weitere Vermarktung der Nutzungsrechte bringt[400]. Als Gegenargument kann hier allerdings wiederum die Vertragsfreiheit der Parteien angeführt werden. Freilich ist die Vertragsfreiheit auch hier im Spannungsfeld des Machtgefälles der Vertragsparteien zu sehen.[401]

(4) Zwischenergebnis

Auch wenn die Praxis der Anwendung von Buy-out-Verträgen nicht ohne Weiteres mit dem Schutzweck des § 31 Abs. 5 UrhG vereinbar ist, zeigt ihre weite Verbreitung dennoch, dass ein praktisches Bedürfnis an einer vergleichbaren Gestaltung besteht. Bis dato bleibt Vertragsparteien, die einen Buy-Out-Vertrag vereinbaren möchten, in der Regel nur die Umgehung der Zweckübertragungsregel mittels expliziter Formulierungen der Nutzungsarten und ggf. des Vertragszweckes.

---

kritisiert: schon *Katzenberger* in GRUR Int. 1983, 410, 412; auch *Schack* in ZUM 2001, 453, 456.

396 Näheres zur Branchenübung: *Kotthoff* in Dreyer/Kotthoff/Meckel/Hentsch 4. Aufl., § 32 Rn. 37.

397 *Wandtke* in Wandtke/Bullinger 6. Aufl., § 31 Rn. 44.

398 *Schulze* in Dreier/Schulze 7. Aufl., § 31 Rn. 113; *Wandtke* in Wandtke/Bullinger 6. Aufl., § 31 Rn. 44 ff.; ablehnend: *Ohly* in Schricker/Loewenheim, 6. Aufl., § 31 Rn. 58.

399 So aber wohl *J.B. Nordemann* in Fromm/Nordemann 12. Aufl., § 31 Rn. 109, 133; *Schierenberg* in AfP 2003, 391 392 ff.

400 *Ohly* in Schricker/Loewenheim, 6. Aufl., § 31 Rn. 58.

401 S. dazu C.II.1.a)aa)(3).

Der dann noch verbleibende Schutz der Urheber mittels angepasster Vergütung ist im Ergebnis nicht zwangsläufig ausreichend, um diese ausreichend zu schützen. Der krampfhafte und umgehbare Versuch, die Rechte der Urheber durch die Zweckübertragungsregel entgegen der Vertragsfreiheit bei diesen zu behalten, wertet die Rolle der Schöpfer jedoch auch nicht auf.[402] Wenn zwecks dessen die Praxis auch noch zu unnötig komplizierten Umgehungstaten in Form aufwendiger Vertragsgestaltung gezwungen wird, profitieren weder Verwerter noch Urheber von der Regelung.

Es verbleibt die Frage, ob Nutzungsrechte nur auf Zeit und damit *überlassen* oder vielleicht doch auf Dauer eingeräumt und damit *übertragen* werden. Die Unübertragbarkeit des Urheberrechts als Ganzes unter Berücksichtigung der monistischen Theorie verbietet im Ergebnis nur die *Übertragung* aller Vermögensrechte. Ein Teil muss beim Urheber verbleiben. Nutzungsrechte können dann trotzdem ohne Rechteverbleib dieser beim Urheber *übertragen* werden.[403] Im Umkehrschluss aus § 31 Abs. 1 S. 2 a.E. UrhG ist klarzustellen, dass auch eine zeitlich und inhaltlich unbeschränkte Einräumung von Nutzungsrechten im Sinne einer *Übertragung* möglich sein muss.

dd) §§ 34, 35 UrhG

Regelmäßig liegt das Interesse von Rechteinhabern in der Weiterveräußerung von Nutzungsrechten, welche sie von den Urhebern erlangt haben. § 34 Abs. 1 UrhG verlangt die Zustimmung des Urhebers, wenn Nutzungsrechte von einem Inhaber an einen Dritten *übertragen* werden. Ohne nähere Begründung und im Widerspruch zur Rechtsprechung des BFH verwendet der Gesetzgeber hier den Begriff „*Übertragung*" für die Einräumung von Nutzungsrechten.[404] Absatz 3 Satz 1 des § 34 UrhG legt fest, dass es der Zustimmung des Urhebers nicht bedarf, wenn die Übertragung von Nutzungsrechten im Rahmen einer Gesamt- oder Teilveräußerung eines Unternehmens geschieht. Dabei konstituiert § 34 Abs. 3 S. 2 UrhG jedoch ein Rückrufsrecht des Urhebers, „wenn ihm die Ausübung des Nutzungsrechts durch den Erwerber nach Treu und Glauben nicht zuzumuten ist". In § 34 Abs. 4 UrhG wird die Haftung von Erwerber und Veräußerer der Nutzungsrechte als Gesamtschuldner für den Fall geregelt, dass der Urheber der Übertragung nicht ausdrücklich zugestimmt hat. Nach § 34 Abs. 5 S. 1 UrhG kann weder auf das genannte Rückrufsrecht noch auf

402 S. dazu C.II.1.a)aa)(3).
403 S. hierzu auch: *Roder-Hießrich* in CR 2021, 374, 376.
404 S. hierzu m.w.N.: *Forkel* in GRUR 1988, 491, 494.

die gesamtschuldnerische Haftung von Veräußerer und Erwerber der Nutzungsrechte verzichtet werden. Jedoch gewährt § 34 Abs. 5 S. 2 UrhG dem Inhaber der Nutzungsrechte und dem Urheber, „im Übrigen“ Abweichendes vereinbaren zu können. So kann also schon im Vorhinein vereinbart werden, dass es keiner gesonderten Zustimmung des Urhebers bei der Weiterübertragung von Nutzungsrechten bedarf.[405] Diese Vereinbarung kann sowohl ausdrücklich als auch konkludent erfolgen.[406]

Die Notwendigkeit der Zustimmung des Urhebers zur Weiterübertragung der Nutzungsrechte lässt die Schlussfolgerung zu, dass der Werkschöpfer auch nach umfassender Einräumung von Nutzungsrechten fortwährend einen gewissen Zugriff auf sein Werk hat. Diese verbleibende Zugriffsmöglichkeit wird allerdings umgehend aufgeweicht. Zum einen kann der Urheber seine Zustimmung nicht wider Treu und Glauben verweigern (§ 34 Abs. 1 S. 2 UrhG). Es besteht insofern also keine Möglichkeit der willkürlichen Zustimmungsverweigerung. Zum anderen können Inhaber und Urheber die Entbehrlichkeit der Zustimmung vereinbaren.[407]

Auch wenn durch § 34 UrhG im Grunde eine Verbindung des Urhebers mit seinem Werk und dem von ihm eingeräumten Nutzungsrechten geregelt wird, wird schon bei Lektüre der Norm deutlich, dass sich dieser Zugriff auf ein Minimum beschränkt.

Gleiches gilt für den § 35 UrhG. Es kann für den Rechteverbleib keinen Unterschied machen, ob es sich um eine translative (§ 34 UrhG) oder eine konstitutive Einräumung (§ 35) von Nutzungsrechten handelt.[408] Die für die obenstehende Argumentation relevanten Abschnitte des § 34 UrhG finden ferner nach § 35 Abs. 2 UrhG auch im Rahmen der konstitutiven Rechteeinräumung Anwendung.

---

405 *BGH* vom 12.05.2010, I ZR 209/07, GRUR 2011, 59, 60; *Schulze* in Dreier/Schulze 7. Aufl., § 34 Rn. 49; *Wandtke* in Wandtke/Bullinger 6. Aufl., § 34 Rn. 38.

406 *Schulze* in Dreier/Schulze 7. Aufl., § 34 Rn. 49; *Wandtke* in Wandtke/Bullinger 6. Aufl., § 34 Rn. 38.

407 Näheres zu den Entbehrlichkeitsvereinbarungen in: C.III.1.b)dd).

408 Zur Unterscheidung der Nutzungsrechteeinräumngen s.: *Schulze* in Dreier/Schulze 7. Aufl., § 35 Rn. 1.

ee) § 40a UrhG

(1) Grundlagen und Regelungsziel

Der erst seit März 2017 geltende § 40a UrhG[409] (auch „Zweitverwertungsrecht") [410] äußert sich konkret zu Nutzungsrechteeinräumungen gegen eine pauschale Vergütung und damit auch zu Buy-out-Verträgen[411]. Danach ist der Urheber, trotz zeitlich unbeschränkter Einräumung eines ausschließlichen Nutzungsrechts gegen eine Pauschalvergütung, zehn Jahre nach der Einräumung oder der Lieferung des Werkes berechtigt, sein Werk anderweitig zu nutzen. Dem Erwerber verbleibt dann lediglich ein einfaches Nutzungsrecht. Gem. § 40a Abs. 2 UrhG können Urheber und Verwerter fünf Jahre nach dem ursprünglichen Vertragsschluss die Ausschließlichkeit der Nutzungsrechteeinräumung für eine Dauer jenseits der durch Absatz 1 gesetzten zehn Jahre vereinbaren. Weitere Ausnahmen, die ein zeitlich unbeschränktes ausschließliches Nutzungsrecht gewähren, finden sich in Absatz 3 und 4.

Die Regelung soll den Sinn der urheberrechtlichen Schutzdauer von 70 Jahren gem. § 64 UrhG im Rahmen von Nutzungsrechteeinräumungen, welche eben diese Schutzdauer ausfüllen, sei es, weil sie zeitlich unbegrenzt oder gerade für die Länge der gesetzlichen Schutzdauer eingeräumt wurden, wahren.[412] Abreden, welche die Beteiligung des Urhebers an seinem Werk durch umfassende Nutzungsrechteinräumung gegen eine Pauschalvergütung für die vollständige Schutzdauer ausschließen, sollen verhindert und im Ergebnis die Stellung des Urhebers in der Vertragssituation so weiter geschützt werden.[413]

Die Stärkung der Verhandlungsposition von Urhebern sei notwendig, da nach wie vor eine unausgeglichene Handlungssituation bestehe.[414] Auch die Ansprüche auf angemessene Vergütung aus den §§ 32 ff. UrhG vermögen dieses Defizit nicht vollständig zu beseitigen. So drohe Urhebern, die eben diese Ansprüche

---

409 BGBl. I 2016, 3039.

410 S. z.B.: *Lucas-Schloetter* in GRUR 2017, 235, 238.

411 BT-Drs. 18/8625, 1; *Wandtke/Hegemann/Zurth* in Wandtke/Bullinger 6. Aufl., § 40a Rn. 1; *Peifer* in Schricker/Loewenheim, 6. Aufl., § 31 Rn. 2.

412 BT-Drs. 18/8625, 29; *Schulze* in Dreier/Schulze 7. Aufl., § 40a Rn. 1; s. zu diesem Gedanken schon *Schulze* in FS Bornkamm, 949, 953; *Lucas-Schloetter* in GRUR 2017, 235, 238.

413 BT-Drs. 18/8625, S.29; *Schulze* in Dreier/Schulze 7. Aufl., § 40a Rn. 1; *Peifer* in Schricker/Loewenheim, 6. Aufl., § 31 Rn. 2; *J.B. Nordemann* in Fromm/Nordemann 12. Aufl., § 40a Rn. 1 f.; vor Erlass des § 40a UrhG wurde eben dieser Umstand als mit § 11 S. 2 UrhG unvereinbar angesehen: *Schulze* in FS Bornkamm, 949, 953 f.

414 BT-Drs. 18/8625, 1, 12.

geltend machen, der Boykott durch die Verwerter (sog. Blacklisting).[415] Nach dieser Einschätzung des Gesetzgebers soll der § 40a UrhG den Schutz der in der Verhandlungssituation unterlegenen Urheber ohne die Geltendmachung eines separaten Anspruches gewähren.

Der Regulierung von pauschal vergüteten Nutzungsrechteeinräumungen durch den Gesetzgeber liegt die Berücksichtigung und damit auch teilweise Akzeptanz von Buy-out-Verträgen[416] zu Grunde. Der Umstand, dass § 40a UrhG solchen Verträgen eine abdingbare zeitliche Grenze aufzeigt, schmälert deren Anerkennung nur wenig. Allein der Versuch, die Beteiligung des Urhebers an der Verwertung seines Werkes gerechter zu gestalten[417] und die Attraktivität von Buy-out-Verträgen zu mindern, negiert die Existenz und praktische Relevanz dieser Vertragsgestaltung nicht.

Die Missbilligung von *zeitlich unbegrenzten* Buy-out-Verträgen lässt sich auf den Gedanken stützen, dass eine fortwährende Beteiligung des Urhebers an den Erträgen seines Werkes im Gegensatz zu einmaligen Zahlungen am ehesten eine tatsächlich faire Teilhabe an diesen Erträgen ermöglicht.[418] Pauschalvergütungen sind für den Urheber nur dann wirklich angemessen, wenn sie letztendlich seine Beteiligung an allen tatsächlich erwirtschafteten Erträgen sicherstellt.[419] Die Höhe der wirtschaftlichen Erträge wird sich im Vorhinein allerdings nur schätzungsweise feststellen lassen. Pauschalvergütungen werden damit in aller Regel über oder unter einer im Ergebnis angemessenen Beteiligung liegen. Die strukturelle Unterlegenheit der Urheber in Verhandlungssituationen im Sinn,[420] werden einmalige Zahlungen eher niedriger als die sich noch herauszustellende angemessene Vergütung liegen. Eben dieser Umstand wird durch den automatischen Rückfall der Nutzungsrechte an den Urheber insofern begrenzt, als dass er nun die Chance hat, sein Werk erneut zu vertreiben. So hat er trotz einer

415 BT-Drs. 18/8625, 1, 12; *J.B. Nordemann* in Fromm/Nordemann 12. Aufl., § 40a Rn. 2.

416 Auch explizit so ausgedrückt: BT-Drs. 18/8625, 17.

417 BT-Drs. 18/8625, 29.

418 *BGH* vom 07.10.2009, I ZR 38/07, GRUR 2009, 1148, 1150; *BGH* vom 17.06.2004, I ZR 136/01, GRUR 2005, 148, 151; *Schulze* in FS Bornkamm, 949, 952.

419 Vgl. *BGH* vom 31.05.2012, I ZR 73/10 (KG), GRUR 2012, 1031, 1036 f.; *Schulze* in FS Bornkamm, 949, 952.

420 *BVerfG* vom 23.10.2013, 1 BvR 1842/11, GRUR 2014, 169, 171; *BVerfG* vom 23.10.2013, 1 BvR 1842/11, 1 BvR 1843/11, NJW 2014, 46, 47; BT-Drs. 14/6433, 9; BT-Drs. 14/8058, 1; BT-Drs. 17/11040, 6; Amtl. Begr. zu § 36 a.F. in UFITA 45/1965, 240, 273; *Katzenberger* in GRUR Int 1983, 410, 412.

Pauschalvergütung die Möglichkeit, laufend an den Erträgen seines Werkes beteiligt zu werden.[421]

(2) Kritik

Einige Details des § 40a UrhG berechtigen zur Kritik.

(a) Faktisch kurze Nutzungsdauer

So ist schon unklar, inwiefern die zeitliche Einordnung des Rückfalls der Nutzungsrechte nach zehn Jahren tatsächlich effizient den Schutz der Urheber steigert. In manchen Fällen wird die faktische Nutzungsdauer des Werkes schon keine zehn Jahre betragen (bspw. Zeitungs- oder Zeitschriftenbeiträge) und ein Rückfall der Nutzungsrechte wäre damit hinfällig. Gleichzeitig kann die zeitliche Beschränkung der Nutzungsrechteeinräumung durch den § 40a Abs. 1 UrhG als Argument der Verwerter genutzt werden, die Höhe der Pauschalvergütung zu herabzusetzen. Ihnen wird schließlich das Recht zur Nutzung nicht zeitlich unbegrenzt eingeräumt. So entsteht die widersprüchliche Situation, dass die Beteiligung des Urhebers trotz Ausschöpfung der vollständigen Dauer der Nutzungsmöglichkeit durch eine ihn eigentlich schützende Vorschrift gemindert wird.

(b) Ausweitung der Ausschließlichkeit

Weiterhin ist durch die Ausweitung der beschränkten Nutzungsrechteeinräumung im Sinne des § 40a Abs. 2 UrhG nach fünf Jahren eine simple Möglichkeit geschaffen worden, die Ausschließlichkeit zu umgehen. Die nachträgliche Anpassung der vereinbarten Nutzungsdauer auf den vollen Schutzzeitraum wird regelmäßig nur eine Formsache[422] darstellen, sofern nicht schon eine der vielen Ausnahmen[423] greift (bspw. § 40a Abs. 3 UrhG, § 69a Abs. 5 UrhG). Der Gesetzgeber geht davon aus, dass „das Machtgefälle zwischen den Vertragsparteien im Vergleich zum Zeitpunkt des Vertragsschlusses geringer ist“[424]. Gerade bei langfristigen Beziehungen zu den Verwertern und der entsprechenden Absicht des Urhebers, weitere Verträge über andere Werke mit dem Verwerter abzuschließen, wird diese Annahme nicht zutreffen.[425]

---

421 BT-Drs. 18/8625, 29.

422 *ver.di*, Bewertung des Reg-E vom 09.05.2016, S. 9.

423 S. zu den Ausnahmen: *Lucas-Schloetter* in GRUR 2017, 235, 238 f.

424 BT-Drs. 18/8625, 29

425 *Schulze* in Dreier/Schulze 7. Aufl., § 40a Rn. 11.

Es hat sich noch zu zeigen, ob die Möglichkeit zur Vereinbarung einer zeitlich unbegrenzten Nutzungsrechteeinräumung nach fünf Jahren zu einer massenhaften Umgehung des § 40a Abs. 1 UrhG und damit zur Unsinnigkeit dieser Regelung führt. Es steht aber zu befürchten, dass sich die Verhandlungsposition der Urheber in fünf Jahren der Werknutzung nicht derartig verändert, als dass diese die Nutzungsrechteeinräumungen nicht auf die volle Nutzungsdauer erweitern - die potenzielle Verpflichtung zur Zustimmung nach fünf Jahren schon bei Vertragsschluss bzw. die Vereinbarung eines Vorkaufsrechtes nach zehn Jahren[426] bereits außen vorgelassen.

(c) Verhältnis zu den Ansprüchen auf eine angemessene Vergütung

Es ist außerdem fraglich, ob für den § 40a UrhG neben den Vergütungsregelungen der §§ 32 und 32a UrhG ein Anwendungsbereich verbleibt.[427] Sofern durch das Zweitverwertungsrecht eine angemessene Vergütung der Urheber gesichert werden soll, überschneidet sich das Regelungsziel mit dem der Vergütungsansprüche.[428] Diese beabsichtigen ebenfalls die angemessene Vergütung auch nach Vertragsschluss.[429]

Der Gesetzgeber führt zur Begründung des Nebeneinanders von Zweitverwertungsrecht und Vergütungsansprüchen das genannte Blacklisting und die Notwendigkeit zur Stärkung der Verhandlungsposition der Urheber an.[430] Ob diese Regelungen und deren Verhältnis zueinander aber eine adäquate und für alle Beteiligten faire Lösung darstellt, ist fraglich.

Es ist zuzugestehen, dass die Geltendmachung der Vergütungsansprüche im Zweifelsfall der gerichtlichen Auseinandersetzung bedarf und der Urheber im Ergebnis in die Beweislast gedrängt werden könnte.[431] So hat er zum Beispiel bei Geltendmachung der Anpassung der Vergütung nach § 32a Abs. 1 S. 1 UrhG darzulegen, dass die Gegenleistung unverhältnismäßig niedrig ist.[432] Dass es

426 Solche Gestaltungen ablehnend: *Schulze* in Dreier/Schulze 7. Aufl., § 40a Rn. 13; die Vereinbarung zum Vorkaufsrecht bejahend: *J.B. Nordemann* in FS Schulze, 265, 269 f.

427 Problematik schon angedacht aber abgelehnt: *Schulze* in FS Bornkamm, 949, 954 f.

428 Systematisch steht § 40a UrhG neben diesen Ansprüchen: *Peifer* in Schricker/Loewenheim, 6. Aufl., § 40a Rn. 12; *J.B. Nordemann* in Fromm/Nordemann 12. Aufl., § 40a Rn. 44.

429 S. dazu C.II.1.a).

430 BT-Drs. 18/8625, 1, 12; *J.B. Nordemann* in Fromm/Nordemann 12. Aufl., § 40a Rn. 2.

431 *Schulze* in FS Bornkamm, 949, 954 f.

432 *BGH* vom 04.12.2008, I ZR 49/06, GRUR 2009, 939, 942; *Schulze* in Dreier/Schulze 7. Aufl., § 32a Rn. 63, 65.

aufgrund dieser prozessualen Belastung des Urhebers aber „flankierender Regelungen“[433] wie § 40a UrhG bedarf, ist nicht vollständig nachvollziehbar.

Dem Schöpfer des Werkes steht neben den Ansprüchen auf Auskunft und Rechenschaft aus §§ 32d, 32e UrhG[434] nach ständiger Rechtsprechung unter zusätzlichen Voraussetzungen ein weiterer Auskunftsanspruch gegen den Verwerter zu, der ihm die Geltendmachung des Vergütungsanpassungsanspruches ermöglicht.[435] Für den Fall, dass die Beweislast also auf den Urheber fällt, ist dieser keinesfalls hilflos. Unter Zuhilfenahme der zur Verfügung stehenden Auskunfts- und Rechenschaftsansprüche gegen den Verwerter ist es durchaus möglich, die erforderlichen Anspruchsvoraussetzungen darzulegen.

Es ist ferner elementar für das deutsche Zivilrecht, dass die Geltendmachung von Ansprüchen im Zweifel einer gerichtlichen Auseinandersetzung und in diesem Zuge der Beweiserbringung bedarf. Auch in anderen Sonderkonstellationen, in welchen bestimmte Vertragsparteien im Speziellen geschützt werden (Verbraucherschutzrecht, Mietrecht, Arbeitsrecht), ist dieses Element nicht derart zum Vorteil der schwächeren Partei modifiziert, dass die gerichtliche Auseinandersetzung mit entsprechender Beweiserbringung obsolet wird. Selbst Vorschriften wie die Beweislastumkehr aus § 477 BGB machen eine gerichtliche Auseinandersetzung und die dazugehörige Beweiserbringung nicht vollständig hinfällig.[436]

Es kann nicht Ziel des § 40a UrhG sein, die Durchsetzung eines anderen Anspruchs, hier des Vergütungsanpassungsanspruchs aus § 32a Abs. 1 S. 1 UrhG, auszuhebeln, nur weil der Beweis der Anspruchsvoraussetzungen nicht ohne Weiteres erbracht werden kann. Der Forderung nach „flankierende[n] Regelungen“[437] ist wohl eher durch eine stringente und faire Regelung der Vergütungsansprüche zu begegnen als durch einen weiteren Flicken auf dem Teppich der urheberschützenden Normen.

---

433 So *Schulze* in FS Bornkamm, 949, 955.

434 S. dazu C.II.1.b)aa).

435 *BGH* vom 13.12.2003, I ZR 44/99, GRUR 2002, 602, 603; *BGH* vom 07.12.1979, I ZR 157/77, GRUR 1980, 227, 232; *BGH* vom 13.03.1962, I ZR 108/60, GRUR 1962, 398, 400; *Schulze* in Dreier/Schulze 7. Aufl., § 32a Rn. 63.

436 *Büdenbender* in Dauner-Lieb/Langen, BGB Schuldrecht 4. Aufl., § 477 Rn. 9; *Lorenz* in MüKo 9. Aufl., § 477 Rn. 26.

437 So *Schulze* in FS Bornkamm, 949, 955.

(d) Verbleibende Nutzungsmöglichkeit

Zweifelhaft ist auch, ob der Urheber sein Werk nach Rückfall noch effektiv nutzen kann oder der Rückfall gerade mit Blick auf das verbleibende einfache Nutzungsrecht des Verwerters nur eine leere Geste ist.[438] Wenn nicht schon, wie angedacht, die faktische Nutzungsdauer des Werkes verstrichen ist,[439] besteht ferner die Möglichkeit, dass aufgrund der vorherigen Verwertung und dem Verbleib des einfachen Nutzungsrechts beim Erstverwerter ein potentieller Zweitverwerter kein Interesse am Erwerb der Nutzungsrechte hat.[440] Die Vergütung durch den Erstverwerter, welche mit hoher Wahrscheinlichkeit schon wegen der durch § 40a UrhG beschränkten Nutzungsmöglichkeit gemindert wurde, kann so weder durch eine Zweitverwertung aufgestockt, noch im Ergebnis wirklich angemessen werden. Dem Urheber wird so gerade im Gegensatz zum Regelungsziel[441] keine angemessenere Vergütung für die Nutzung seines Werkes zuteil und seine Verhandlungsposition wird nicht gestärkt.

(3) Zwischenergebnis

Auch wenn der § 40a UrhG auf den ersten Blick für ein Mehr an Rechten beim Urheber sorgt,[442] ist diesem durch das Zweitverwertungsrecht nicht pauschal geholfen. Vielmehr kann dieser Versuch, schlecht vergüteten total-buy-out-Verträgen einen Strich durch die Rechnung zu machen, einen Nachteil für den Urheber und die monetäre Nutzung seines Werkes bedeuten. Eine Umgehung des Rechterückfalls ist durch § 40a Abs. 2 UrhG leicht möglich und wird voraussichtlich ein beliebtes Mittel werden, die Auswirkungen des § 40a Abs. 1 UrhG, sofern unerwünscht, zu umgehen.

Es ist festzuhalten, dass die einschlägige Norm zwar auf erster Ebene für eine stärkeren Rechteverbleib beim Urheber trotz umfassender Einräumung von Nutzungsrechten spricht, dieser aber weder zwangsläufig gewünscht noch unumgehbar ist.

---

438 *Lucas-Schloetter* in GRUR 2017, 235, 239; *ver.di*, Bewertung des Reg-E vom 09.05.2016, S. 10.

439 S. auch: *Schulze* in Dreier/Schulze 6. Aufl., § 40a Rn. 8.

440 Schulze in Dreier/Schulze 7. Aufl., § 40a Rn. 8; *Lucas-Schloetter* in GRUR 2017, 235, 239.

441 BT-Drs. 18/8625, 1, 12.

442 S. hierzu auch: *Schlotter/Hruschka* in StbJb 2017/2018, 667, 684 ff.

ff) § 41 UrhG

(1) Grundlagen

Nach § 41 UrhG steht es dem Urheber zu, eingeräumte Nutzungsrechte oder deren Ausschließlichkeit vom Rechteinhaber zurückzurufen, wenn von den Rechten unzureichender Gebrauch gemacht worden ist.[443] Die Vorschrift schützt das Interesse des Urhebers an der angemessenen Veröffentlichung bzw. Verwertung seines Werkes.[444] Die Verfolgung dieser Absicht ist ihm eigentlich dann genommen, wenn die Nutzungsrechte an dem Werk, wie in weiten Teilen üblich, einem Verwerter eingeräumt wurden.[445] Genau in dieser Situation soll der § 41 UrhG Abhilfe schaffen. Die Norm schützt auf Urheberseite dabei sowohl die urheberpersönlichkeitsrechtlichen Interessen als auch die materiellen Interessen an der Verwertung des eigenen Werkes.[446]

Genau wie im Rahmen von § 32d UrhG und § 32e UrhG kann von den Regelungen des § 41 Abs. 1 – 3 UrhG nach § 41 Abs. 4 UrhG nur abgewichen werden, wenn dies in Tarifverträgen oder Vergütungsregelungen nach Maßgabe des § 36 UrhG vorgesehen ist. Ferner sind die Einschränkungen der Absätze 2 und 3 zu berücksichtigen. Danach kann das Rückrufsrecht erst zwei Jahre nach „Einräumung oder *Übertragung* des Nutzungsrechtes" (§ 41 Abs. 2 S. 1 UrhG) geltend gemacht werden. Interessanterweise verwendet der Gesetzgeber auch hier den eigentlich von Rechtsprechung und Verwaltung ausgeschlossenen Begriff der „*Übertragung*" von Nutzungsrechten. Bei Zeitungs- und Zeitschriftenbeiträgen verkürzt sich diese Zeit auf drei, sechs oder zwölf Monate. Außerdem hat der Urheber dem Inhaber der Nutzungsrechte „eine angemessene Nachfrist zur zureichenden Ausübung des Nutzungsrechtes" (§ 41 Abs. 3 S. 1 UrhG) zu gewähren. § 41 Abs. 3 S. 2 UrhG normiert die Ausnahme der Nachfrist bei Verweigerung oder Unmöglichkeit der Ausübung und bei Gefährdung überwiegender Interessen des Urhebers. Für den tatsächlichen Fall des Rückrufs und der damit einhergehenden Beschränkung oder dem Erlöschen des Nutzungsrechtes (§ 41 Abs. 5 UrhG) ist der (ehemalige) Inhaber der Nutzungsrechte, soweit billig, nach § 41 Abs. 6 UrhG zu entschädigen.

---

443 *FG Köln* vom 28.09.2016, 3 K 2206/13, juris Rn. 57 = EFG 2017, 298, 298 ff.

444 BT-Drs. IV/270, 60; *Schulze* in Dreier/Schulze 7. Aufl., § 41 Rn. 1; Wandtke in Wandtke/Bullinger 6. Aufl., § 41 Rn. 2.

445 Schon das Bewusstsein für die Problematik: BT-Drs. IV/270, 60.

446 *Peukert* in Schricker/Loewenheim, 6. Aufl., § 41 Rn. 2; *Wiebe* in Spindler/Schuster, Elektron. Medien 4. Aufl., UrhG § 41 Rn. 1.

(2) Auswirkungen der Norm

Nachträgliche Rückrufsrechte sprechen im Grunde ebenfalls für eine fortwährende Beteiligung des Urhebers an seinem Werk auch nach Einräumung umfassender Nutzungsrechte.[447] Schließlich verbleibt ihm trotz dieser Einräumung eine gewisse Möglichkeit des Zugriffs auf sein Werk.

Dabei darf aber nicht ausgeblendet werden, dass der Eintritt der Voraussetzungen dieses verbleibenden Anspruchs nahezu vollständig in den Händen der Verwerter liegt.[448] Sie entscheiden darüber, ob sie die eingeräumten Rechte tatsächlich nutzen oder nicht. Der Anspruch auf Rückruf entfällt nach § 41 Abs. 1 S. 2 UrhG sogar, „wenn die Nichtausübung oder die unzureichende Ausübung des Nutzungsrechts überwiegend auf Umständen beruht, deren Behebung dem Urheber zuzumuten ist." Danach müssen die Umstände nicht einmal vom Urheber verursacht worden sein, nur die Behebung muss ihm zuzumuten sein. Gemeint sind damit regelmäßig kleinere Anpassungen des Werkes beispielsweise an einen neuen Stand der Wissenschaft, welche dem Urheber durchaus zuzumuten sind.[449] Damit sind einige Hemmnisse, welche den Rechteinhaber von einer Veröffentlichung des Werkes aufhalten, für das Entstehen des Rückrufsrechts irrelevant. Der Anwendungsbereich der Norm verengt sich im Ergebnis deutlich.

In Kombination mit der durch § 41 Abs. 4 UrhG normierten abdingbaren Natur des Rückrufrechts und den Einschränkungen der Geltendmachung aus den Absätzen 2 und 3 ist der § 41 UrhG wohl eher als stumpfes Schwert denn als eine den Rechteverbleib beim Urheber stärkende Vorschrift zu sehen. Ebenfalls nicht außer Acht zu lassen ist hierbei die Entschädigungspflicht nach § 41 Abs. 6 UrhG. Diese gilt zwar nur, „soweit es der Billigkeit entspricht" und damit erst nach einer zugunsten des Verwerters ausfallenden Interessenabwägung.[450] Dennoch wird sich der Urheber, welcher seinen Anspruch aus § 41 Abs. 1 UrhG geltend macht, vorher gut überlegen, ob im konkreten Fall

---

447 So auch: *FG Köln* vom 25.08.2016, 13 K 2205/13, DStRE 2018, 350, 355; *FG Köln* vom 28.09.2016, 3 K 2206/13, BeckRS 2017, 94178; *Peukert* in Schricker/Loewenheim, 6. Aufl., § 41 Rn. 8.

448 Dazu der Vortrag der Klägerinnen: *FG Köln* vom 25.08.2016, 13 K 2205/13, BeckRS 2017, 94169; *FG Köln* vom 28.09.2016, 3 K 2206/13, BeckRS 2017, 94178.

449 BT-Drs. IV/270, 60; *Schulze* in Dreier/Schulze 7. Aufl., § 41 Rn. 20; *Wandtke* in Wandtke/Bullinger 6. Aufl., § 41 Rn. 16 f.

450 *OLG München* vom 12.06.1997, 6 U 4308/96, ZUM-RD 1997, 451, 453; BT-Drs. IV/270, 60: *Schulze* in Dreier/Schulze 7. Aufl., § 41 Rn. 38; *Wiebe* in Spindler/Schuster, Elektron. Medien 4. Aufl., UrhG § 41 Rn. 8.

eine Entschädigung zu leisten ist. Ist mit einer solchen Entschädigungspflicht zu rechnen, verringert sich der scheinbar bereits knappe Anwendungsbereich des § 41 UrhG weiter.

(3) Einordnung durch den BFH

Der BFH klammert in seiner Entscheidung zum total-buy-out von 2018 das Rückrufrecht aus § 41 UrhG bewusst aus.[451] Das mag auch daran liegen, dass die Parteien für einen Zeitraum von fünf Jahren auf Rückfallrechte verzichteten.[452] Ein vollständiger Ausschluss des § 41 UrhG wurde damit aber nicht vereinbart. Ein solcher wäre auch nach § 41 Abs. 4 UrhG a.F. unzulässig gewesen.[453]

Jedenfalls soll der verbleibende Anspruch aus § 32a UrhG nach Ansicht des BFH bereits ausreichen, um einen Rechteverbleib beim Urheber von der Stärke zu tragen, dass eine *Übertragung* von Nutzungsrechten unmöglich sei.[454] Allerdings wird in der Entscheidung auf einen Beschluss des BFH aus dem Jahre 1982 verwiesen, in welchem dieser die Wirkung des Rückrufrechts aus § 41 UrhG behandelt.[455] Nach diesem Beschluss ist eine zeitlich begrenzte Überlassung von Nutzungsrechten bereits darauf zu stützen, dass dem Urheber ein gesetzliches Rückrufsrecht zusteht.[456] Indem der BFH in seiner Argumentation das Rückrufsrecht aus § 41 UrhG unbeachtet lässt („Unabhängig von der Antwort auf die Frage, ob in der Konstellation des Streitfalls ein Rückrufsrecht nach § 41 UrhG [...] bestehen kann")[457], umgeht er die Auseinandersetzung mit den Auswirkungen dieses Rechts auf den Rechteverbleib im aktuellen Kontext. Eine teilweise Auseinandersetzung mit dem Rückrufsrecht findet in den Entscheidungen des FG Köln statt.[458] Hier wird der § 41 UrhG zumindest als Indiz dafür gesehen, dass dem Urheber ein Rest an Rechten verbleibt.[459]

---

451 BFH vom 24.10.2018, I R 69/16, DStR 2019, 916, 919.

452 BFH vom 24.10.2018, I R 69/16, DStR 2019, 916, 917.

453 S. hierzu: nächster Abschnitt, C.II.1.b)ff)(4).

454 *BFH* vom 24.10.2018, I R 69/16, DStR 2019, 916, 919.

455 *BFH* vom 24.10.2018, I R 69/16, DStR 2019, 916, 919; *BFH* vom 01.12.1982, I B 11/82, BFHE 137, 178.

456 *BFH* vom 01.12.1982, I B 11/82, BFHE 137, 178.

457 *BFH* vom 24.10.2018, I R 69/16, DStR 2019, 916, 919.

458 *FG Köln* vom 25.08.2016, 13 K 2205/13, BeckRS 2017, 94169; *FG Köln* vom 28.09.2016, 3 K 2206/13, BeckRS 2017, 94178.

459 *FG Köln* vom 25.08.2016, 13 K 2205/13, BeckRS 2017, 94169; *FG Köln* vom 28.09.2016, 3 K 2206/13, BeckRS 2017, 94178; *Klomp* in EFG 2017, 303, 303.

(4) Berücksichtigung der aktuellen Gesetzeslage

Unabhängig von diesen Entscheidungen ist für aktuelle Fälle jedoch zu berücksichtigen, dass der § 41 Abs. 4 UrhG a.F.[460] vor dem 01.03.2017 einen vollständigen Verzicht auf das Rückrufsrecht gesetzlich verbot.[461] Eine Abrede der Parteien über einen Verzicht des Anspruchs aus § 41 UrhG war vor dem 01.03.2017 unwirksam. In der aktuellen Fassung gewährt § 41 Abs. 4 UrhG allerdings ein Abweichen von den ersten drei Absätzen, wenn die abweichende Vereinbarung auf einer gemeinsamen Vergütungsregel nach § 36 UrhG oder einem Tarifvertrag beruht. Zum relevanten Zeitpunkt der genannten BFH-Entscheidung hatte der § 41 UrhG aufgrund seiner Unverzichtbarkeit somit noch eine stärkere Auswirkung auf den Rechteverbleib beim Urheber, als dies mittlerweile der Fall ist.

Die Feststellung, dass nur eine zeitlich begrenzte Überlassung wegen des Zustehens des Rückrufsrechtes möglich ist,[462] kann demnach so pauschal nicht auf aktuelle Sachverhalte angewendet werden. Unterliegen diese nämlich dem aktuellen § 41 Abs. 4 UrhG, ist das Rückrufsrecht abdingbar und die verbleibende Zugriffsmöglichkeit beim Urheber entsprechend minimiert.

Die Argumentation, dass ein endgültiger Verkauf von Rechten schon nicht stattfinden kann, weil unabdingbar ein Rückrufrecht vorliegt,[463] ist deshalb nicht nachvollziehbar, weil die Tatbestandvoraussetzungen dieses Rückrufsanspruchs für ein Entstehen überhaupt erst erfüllt sein müssen und eine vollständige Willkür damit nicht gegeben ist. Das gilt insbesondere dann, wenn der Eintritt der Tatbestandsvoraussetzungen maßgeblich in der Hand des potenziellen Anspruchsgegners liegen, wie dies bei § 41 UrhG der Fall ist. Die Argumentation bricht vollständig in sich zusammen, wenn der einschlägige Anspruch nunmehr abzubedingen ist; der (auch nur in Teilen) zwingende Faktor also nicht mehr nur auf Eventualitäten beruht, sondern wegfällt.[464]

Der Verweis des BFH in der Entscheidung von 2018[465] auf die Ausführungen zum § 41 UrhG und deren Auswirkungen auf den Rechteverbleib beim Urheber in der genannten, früheren Entscheidung [466] vermag eine vergleichbare

---

460 BGBl. I 1965, 1278.

461 BGBl. I 1965, 1278; Wechsel zu: BGBl. I 2016, 3039.

462 *BFH* vom 01.12.1982, I B 11/82, BFHE 137, 178.

463 Vgl. *BFH* vom 22.01.1988, III B 9/87, BFHE 152, 539; *BFH* vom 01.12.1982, I B 11/82, BFHE 137, 178; *Petersen* in IStR 2013, 896, 902.

464 S. dazu: *Petersen* in IStR 2013, 896, 902 f.

465 *BFH* vom 24.10.2018, I R 69/16, DStR 2019, 916, 919.

466 *BFH* vom 01.12.1982, I B 11/82, BFHE 137, 178.

Argumentation zwar in der konkreten Revisionsentscheidung zu tragen, da auch hier noch nicht auf den § 41 UrhG zu verzichten war. Aufgrund der aktuellen Gesetzeslage wäre ein vergleichbarer Verweis aber nicht statthaft. Die Unmöglichkeit einer *Übertragung* von Nutzungsrechten ist damit kaum auf den § 41 UrhG in seiner aktuellen Fassung zu stützen.

(5) Gegenstimmen der Literatur

In der Literatur wird der Annahme, dass ein gesetzliches Rückrufsrecht eine nur zeitlich begrenzte Überlassung von Nutzungsrechten unterstreiche, teilweise entgegengetreten.[467] Unter vergleichender Hinzuziehung der Störung der Geschäftsgrundlage nach § 313 BGB wird angebracht, dass § 41 UrhG als Gestaltungsrecht[468] erst dann seine Wirkung entfalte, wenn dieses tatsächlich ausgeübt wird.[469] Vorher werde die Rechteeinräumung, genau wie es in anderen Schuldverhältnissen hinsichtlich des Wegfalls der Geschäftsgrundlage[470] der Fall ist, nicht beschränkt.[471] Solange das Rückrufsrecht nur ein potentieller Anspruch ist, sei die vollständige *Übertragung* von Nutzungsrechten durchaus möglich.[472] Das Damoklesschwert des § 41 UrhG gebe, genau wie der § 313 BGB, kein Anlass zur Annahme einer nur beschränkten Rechteüberlassung.[473]

(6) Zwischenergebnis

Es wird deutlich, dass der § 41 UrhG mittlerweile nur eine nachrangige Rolle in der Darlegung eines beim Urheber verbleibenden Rechts auch nach umfassender Einräumung von Nutzungsrechten spielen kann. Bereits ohne Berücksichtigung

---

467 *Klein* in Herrmann/Heuer/Paupach, EStG/KStG 293. Lieferung, § 49 EStG Rn. 932; im Lichte des § 39 Abs. 1 Nr. 2 AO zweifelnd: *Gosch* in Kirchhof/Seer, EStG 21. Aufl., § 50a EStG Rn. 15; *Roder-Hießerich* in frauen@fgs – Vielfalt in der steuerzentrierten Rechtsberatung, 403, 420.

468 *Schulze* in Dreier/Schulze 7. Aufl., § 41 Rn. 2, 37.

469 *Klein* in Herrmann/Heuer/Paupach, EStG/KStG 293. Lieferung, § 49 EStG Rn. 932; *Roder-Hießerich* in frauen@fgs – Vielfalt in der steuerzentrierten Rechtsberatung, 403, 420.

470 S. hierzu auch die Ausführungen zu § 32a UrhG, C.II.1.a)bb).

471 So auch: *FG München* vom 24.11.1982, I 349/79 E, EFG 1983, 353, 353; *Klein* in Herrmann/Heuer/Paupach, EStG/KStG 293. Lieferung, § 49 EStG Rn. 932; *Roder-Hießerich* in frauen@fgs – Vielfalt in der steuerzentrierten Rechtsberatung, 403, 420.

472 *Klein* in Herrmann/Heuer/Paupach, EStG/KStG 293. Lieferung, § 49 EStG Rn. 932.

473 *Klein* in Herrmann/Heuer/Paupach, EStG/KStG 293. Lieferung, § 49 EStG Rn. 932; s. zu dieser Argumentation auch C.II.1.a)bb)(4).

der nunmehr gesetzlich verankerten Möglichkeit, die Vorschrift abzubedingen, ist fraglich, ob die bloße Möglichkeit eines bestehenden Rückrufsrechtes ausreicht, um einen entsprechend starken Rechteverbleib beim Urheber zu argumentieren, welcher eine *Übertragung* von Nutzungsrechten ausschließen würde. Die Umgehung der Auseinandersetzung mit dem Rückrufsrecht aus § 41 UrhG im Zusammenhang mit der umfassenden Einräumung von Nutzungsrechten durch den BFH[474] lässt schon vermuten, dass auch das oberste Finanzgericht eben diesen Eventualanspruch als nicht sonderlich ausschlaggebend für die vorliegende Debatte sieht.

gg) § 42 UrhG

(1) Grundlagen

Ein weiteres Rückrufsrecht ergibt sich aus § 42 UrhG. Dieses zielt anders als im Rahmen des § 41 UrhG gerade nicht auf die Untätigkeit des Verwerters ab, sondern auf einen Wandel der Überzeugung auf Urheberseite.[475] Das Recht, wegen eines Überzeugungswandels ein Nutzungsrecht zurückfordern zu können, ist Ausdruck des Urheberpersönlichkeitsrechts.[476] Ein Urheber soll nicht gezwungen sein, mit einem mit ihm in Verbindung stehenden Werk in der Öffentlichkeit zu stehen, wenn das Geschaffene nicht mehr der eigenen Überzeugung entspricht.[477]

Im Gegensatz zum Anspruch aus § 41 UrhG kann nach § 42 Abs. 2 UrhG nicht im Voraus auf das Rückrufsrecht aus § 42 UrhG verzichtet werden.

(1) Auswirkungen

Dass neben dem Rückrufsrecht wegen Untätigkeit aus § 41 UrhG auch ein Rückrufsrecht wegen gewandelter Überzeugung besteht, unterstreicht auf erster Ebene die Unübertragbarkeit des Urheberrechts und die Unmöglichkeit einer vollständigen *Übertragung* umfassender Nutzungsrechte.[478] Wenn der eigentliche Urheber eines Werkes die Rückgabe der Nutzungsrechte nicht nur bei Untätigkeit, sondern auch bei gewandelter Überzeugung zurückfordern kann, also

---

474 *BFH* vom 24.10.2018, I R 69/16, DStR 2019, 916, 919.

475 *Schulze* in Dreier/Schulze 7. Aufl., § 42 Rn. 1; *Wandtke* in Wandtke/Bullinger 6. Aufl., § 42 Rn. 1.

476 *Wandtke* in Wandtke/Bullinger 6. Aufl., § 42 Rn. 1.

477 *Wandtke* in Wandtke/Bullinger 6. Aufl., § 42 Rn. 1; *Rauda* in GRUR 2010, 22, 23.

478 Vgl. BFH vom 22.01.1988, III B 9/87, BFHE 152, 539; BFH vom 01.12.1982, I B 11/82, BFHE 137, 178.

einem Umstand, der in der eigenen Sphäre liegt,[479] hat der Verwerter der Rechte nie die vollständige und endgültige Kontrolle über die Nutzung des Werkes.[480] Bei dem Urheber verbleibt also zwangsläufig ein gewisser Rest an Handhabe, selbst über ein vermeintlich vollständig übertragenes Nutzungsrecht.

Dabei ist jedoch nicht außer Acht zu lassen, dass die Darlegung einer gewandelten Überzeugung keinesfalls eine niedrige Hürde darstellt und der Anspruch aus § 42 UrhG entsprechend nicht willkürlich vom Urheber geltend gemacht werden kann.[481] Der Mangel an aussagekräftigen Gerichtsentscheidungen zu diesem Anspruch unterstreicht die geringe praktische Relevanz und damit auch die spärliche Auswirkung des § 42 UrhG auf den Rechteverbleib beim Urheber.[482]

Ferner hat der Urheber auch selbst in der Regel gerade kein Interesse daran, das Rückrufsrecht wegen gewandelter Überzeugung auszuüben. Das bedingt sich zum einen aus dem regelmäßigen Interesse, auch zukünftig noch Geschäfte mit dem Inhaber der Nutzungsrechte machen zu wollen, und zum anderen aus der in § 42 Abs. 3 UrhG normierten Entschädigungspflicht des Urhebers bei Ausübung des Rückrufsrechtes.

(2) Die Entschädigungspflicht

Im Gegensatz zum Rückrufsrecht aus § 41 UrhG ist eine Entschädigung im Falle des § 42 Abs. 3 UrhG nicht nur aus Billigkeitsgründen und damit in seltenen Ausnahmen fällig (§ 41 Abs. 6 UrhG),[483] sondern gem. § 42 Abs. 3 S. 1 UrhG stets in angemessener Höhe. Nach § 42 Abs. 3 S. 2 UrhG muss die Entschädigung „mindestens die Aufwendungen decken, die der Inhaber des Nutzungsrechts bis zur Erklärung des Rückrufs gemacht hat; jedoch bleiben hierbei Aufwendungen, die auf bereits gezogene Nutzungen entfallen, außer Betracht“. Von der Entschädigungspflicht sind damit zum Beispiel die Herstellungs- und Druckkosten sowie Werbungs- und andere Vertriebskosten umfasst.[484] Das gilt allerdings nur,

---

479 *Schulze* in Dreier/Schulze 7. Aufl., § 42 Rn. 1.

480 Vgl. *FG Köln* vom 28.09.2016, 3 K 2206/13, EFG 2017, 298, 298 ff.

481 *Schulze* in Dreier/Schulze 7. Aufl., § 42 Rn. 2, 16 ff.; *Wandtke* in Wandtke/Bullinger 6. Aufl., § 42 Rn. 7; *Rauda* in GRUR 2010, 22, 25.

482 So auch: *Schulze* in Dreier/Schulze 7. Aufl., § 42 Rn. 3.

483 Zu § 41 Abs. 6 UrhG: *J.B. Nordemann* in Fromm/Nordemann 12. Aufl., § 41 Rn. 44; *Schulze* in Dreier/Schulze 7. Aufl., § 41 Rn. 38; s. Ausführungen zu § 41 UrhG, C.II.1.b) ff).

484 *Peukert* in Schricker/Loewenheim, 6. Aufl., § 42 Rn. 27; *Wandtke* in Wandtke/Bullinger 6. Aufl., § 42 Rn. 12.

sofern keine Nutzungen gezogen wurden, also beispielsweise für solche Vervielfältigungsstücke, die noch auf den Absatz warten.[485]

Erst mit Zahlung der Entschädigung oder Leistung einer Sicherheit wird der Rückruf wirksam (§ 42 Abs. 3 S. 2 UrhG). Damit ist die Leistung der Entschädigung nicht Rechtsfolge des Rückrufs, sondern Tatbestandsvoraussetzung.[486] In Teilen der Literatur wird die aus § 42 Abs. 3 UrhG zu leistende Entschädigungspflicht des Urhebers als Grund dafür gesehen, dass das Rückrufsrecht wegen gewandelter Überzeugung im Ergebnis ein stumpfes Schwert sei.[487] Dem ist vor allem mit Blick auf die zusätzliche Hürde des Darlegens der gewandelten Überzeugung zuzustimmen.

2. Zwischenergebnis

Die erörterten Schutzvorschriften machen klar, dass sich eine latente Beteiligung des Urhebers an seinem Werk selbst nach Einräumung umfassender Nutzungsrechte durch das gesamte Urheberrecht zieht. Durch Vergütungsansprüche, Rückrufs- und Auskunftsrechte steht dem Urheber ein ganzes Arsenal an Ansprüchen zur Verfügung, welches auch nach vermeintlich endgültiger Abtretung von Nutzungsrechten noch eingesetzt werden kann. Viele dieser Ansprüche können auch nicht durch vertragliche Abrede abbedungen werden.[488] Die Unmöglichkeit der *Übertragung* von umfassenden Nutzungsrechten im Bereich der klassischen Werke, die einem Rechtekauf gleichkommt, lässt sich dementsprechend normativ anknüpfen.

Die teilweise fehlende Effizienz der eigentlich urheberschützenden Vorschriften[489] macht allerdings auch klar, dass die Ansprüche, die den Schöpfern zur Verfügung stehen, nicht zwangsläufig eine stärkere Beteiligung oder Teilhabe dieser an den Erträgen ihrer Werke bedeuten.

---

485 *Peukert* in Schricker/Loewenheim, 6. Aufl., § 42 Rn. 27.

486 *Peukert* in Schricker/Loewenheim, 6. Aufl., § 42 Rn. 26; *Wandtke* in Wandtke/Bullinger 6. Aufl., § 42 Rn. 13.

487 *Redeker*, IT-Recht, 7. Aufl., Rn. 42; *Wandtke* in Wandtke/Bullinger 6. Aufl., § 42 Rn. 11; *Witte* in ITRB 2011, 93, 95.

488 *Loewenheim/J.B. Nordemann/Ohly* in Loewenheim, Hdb. UrhR 3. Aufl., § 67 Rn. 3; *Soppe* in NJW 2018, 729, 733 ff.; im Ergebnis auch: *Petersen/Herbst* in IStR 2021, 745, 752.

489 S. z.B. C.II.1.b.ee).(2).

Die in Teilen geäußerte Kritik[490] verdeutlicht außerdem den Mangel eines stringenten Schutzsystems für die Urheber, welche einen starken Rechteverbleib bei den Schöpfern der Werke im Verhältnis zu den Verwertern begründet.

III. Schutz des Softwareentwicklers

1. Urheberrechtliche Schutzvorschriften

Die bereits ermittelten strukturellen Unterschiede[491] zwischen klassischen Werken und Computerprogrammen werfen die Frage auf, ob ein Softwareprogrammierer als Schöpfer eines Computerprogrammes den gleichen urheberrechtlichen Schutz genießt wie der Urheber eines herkömmlichen Werkes.

§ 2 Abs. 1 Nr. 1 UrhG erklärt Computerprogramme zu urheberrechtlich geschützten Werken. Durch den achten Abschnitt des Urheberrechts im Urheberrechtsgesetz wird im Rahmen der „Besondere[n] Bestimmungen für Computerprogramme" die Anwendbarkeit des klassischen Urheberrechts auf Computerprogramme konkretisiert und modifiziert. Neben den Sonderregelungen des achten Abschnitts finden auf Computerprogramme die für Sprachwerke geltenden Bestimmungen Anwendung (§ 69a Abs. 4 UrhG). Explizit ausgeschlossen ist in § 69a Abs. 5 UrhG mittlerweile[492] die Anwendung der §§ 32 b is 32g, 36 bis 36d, 40a und 41 UrhG. Im Umkehrschluss sind die verbleibenden Regelungen anwendbar.

Die Vergütungsregelungen der §§ 32 ff. UrhG finden demnach keine Anwendung auf Computerprogramme. Bis vor Kurzem war dies jedoch noch mit Einschränkungen der Fall.[493] Vor dem 7. Juni 2021 wurden nur die §§ 32d, 32e, 36 b is 36c, 40a und 95 bis 95d UrhG von der Anwendung auf Computerprogramme ausgenommen.[494] Davor waren nur die §§ 95a bis 95d UrhG nicht anwendbar.[495]

490 S. z.B. C.II.1.a)aa)(3), C.II.1.a)bb)(3), C.II.1.b)ee)(2).

491 S. C.I.

492 S. Gesetz zur Anpassung des Urheberrechts an die Erfordernisse des digitalen Binnenmarktes, BGBl. I 2021, 1204, 1209.

493 Letzte Änderung durch: Gesetz zur Anpassung des Urheberrechts an die Erfordernisse des digitalen Binnenmarktes, BGBl. I 2021, 1204, 1209.

494 Eingeführt durch: Gesetz zur verbesserten Durchsetzung des Anspruchs der Urheber und ausübenden Künstler auf angemessene Vergütung und zur Regelung von Fragen der Verlegerbeteiligung, BGBl. I 2016, 3037, 3039.

495 Eingeführt durch: Gesetz zur Regelung des Urheberrechts in der Informationsgesellschaft, BGBl. I 2003, 1774, 1777.

Mit der neuesten Ausnahmeregelung in § 69a Abs. 5 UrhG entspricht der deutsche Gesetzgeber den Artikeln 7 und 23 der DSM-Richtlinie[496].[497]

Nach § 137d Abs. 3 UrhG gilt die neugefasste Ausnahme in § 69a Abs. 5 UrhG nur für solche Verträge, die von dem 7. Juni 2021 „an geschlossen werden oder entstehen".[498] Die folgenden Ausführungen äußern sich zwecks Einbeziehung von Altverträgen daher sowohl zur aktuellen Gesetzeslage als auch in verkürzter Weise zu der vormaligen, durch das „Gesetz zur verbesserten Durchsetzung des Anspruchs der Urheber und ausübenden Künstler auf angemessene Vergütung und zur Regelung von Fragen der Verlegerbeteiligung"[499] geregelten Situation.

a) Vergütungsregelungen

Der nationale Gesetzgeber erkannte schon früher, dass die „Vertragsparität zwischen Urheber und Verwertern [im Bereich der Computerprogramme] nicht in gleichem Maße gefährdet ist, wie in anderen Gebieten der Kreativwirtschaft".[500] Eine nachträgliche Anpassung der Vergütung wegen einer eventuellen Unterlegenheit in der Verhandlungssituation ist mithin hinfällig. Dies bestätigte auch die aktuelle Umsetzung der DSM-Richtlinie und die zusätzliche Beschränkung der Vergütungsansprüche.[501]

Einem Softwareentwickler stehen dennoch für Verträge, die vor dem 7. Juni 2021 geschlossen wurden, die Ansprüche auf Vertragsanpassung aus § 32 UrhG und § 32a UrhG zu. Beeinträchtigt werden diese Ansprüche aber maßgeblich durch den Ausschluss der Auskunftsansprüche aus § 32d UrhG und § 32e UrhG.[502] Die mangelnden Auskunftsansprüche lassen den Programmierer faktisch im Ungewissen über die gezogenen Nutzungen und Erträge. Der Urheber steht ohne Informationen da, inwiefern sich die Anpassung der Vergütung, also die Geltendmachung eines Anspruches aus den §§ 32, 32a UrhG, lohnt.[503]

---

496 Richtlinie (EU) 2019/790 des europäischen Parlaments und Rates vom 17. April 2019 über das Urheberrecht und die verwandten Schutzrechte im digitalen Binnenmarkt und zur Änderung der Richtlinien 96/9/EG und 2001/29/EG.

497 BT-Drs. 19/27426, 106.

498 Aufgrund spezieller Regelung ist auch nicht auf den § 133 Abs. 2 UrhG zurückzugreifen, insofern fehlerhaft: *Petersen/Herbst* in IStR 2021, 745, 752.

499 BGBl. I 2016, 3037, 3039.

500 BT-Drs. 18/8625, 27.

501 S. dazu: BT-Drs. 19/27426, 67 f.

502 BT-Drs. 18/10637, 22 ff.

503 Im Gegensatz zum eigentlichen Sinn der Auskunftsansprüche: *Schulze* in Dreier/Schulze 7. Aufl., § 32d Rn. 1; zur Absicht der Entfernung der Auskunftsansprüche: *Grützmacher*

Besonders deutlich wird die resultierende Waffenlosigkeit des Urhebers, wenn man die Beweisregeln der Nachvergütungsansprüche betrachtet. Der Urheber trägt für die Angemessenheit seiner Vergütung zumindest dann die Beweislast, wenn keine Vergütungsregelungen mit dem Verwerter bestehen.[504] Ohne Kenntnis der Erträge ist eine unangemessene Vergütung schwerlich zu beweisen und entsprechende Ansprüche so kaum geltend zu machen. So stellt sich die Frage, ob die bloßen Vergütungsansprüche ohne spezielles Auskunftsrecht und sonstige Ansprüche des Urhebers ausreichen, um eine vollständige *Übertragung* von Nutzungsrechten an Software zu unterbinden.

Für Verträge ab dem 07. Juni 2021 sind selbst die §§ 32, 32a UrhG nicht anwendbar. Ein Anspruch auf Anpassung der vereinbarten Vergütung nach den Regeln des deutschen Urheberrechts entfällt also vollständig. Die Argumentation der Rechtsprechung, dass der § 32a UrhG maßgeblich für einen solch starken Rechteverbleib beim Urheber ist, dass eine vollstände *Nutzungsrechteübertragung* ausgeschlossen ist,[505] ist so fortan nicht mehr auf Softwaresachverhalte übertragbar. Hier findet der § 32a UrhG schließlich keine Anwendung. Insofern ist die Unmöglichkeit einer vollständigen *Nutzungsrechteübertragung* noch stärker in Frage zu stellen.

Sowohl für Verträge vor dem 07. Juni 2021 als auch danach sind zur Klärung der aufgeworfenen Fragen die übrigen Ansprüche der Softwareurheber zu beleuchten.

aa) § 32 UrhG

(1) Altverträge

Für Altverträge im Softwarebereich, für die § 32 UrhG noch anwendbar ist, ist an die Ausführung bezüglich klassischer Urheber[506] anzuknüpfen.

Die Rolle des „brotlosen", in der Verhandlungssituation unterlegenen Urhebers ist auf die Programmentwicklung nicht übertragbar. Schon vor einigen Jahren war dem deutschen Gesetzgeber bewusst, dass „die Vertragsparität zwischen Urhebern und Verwertern [im Softwarebereich] nicht im gleichen Maße gefährdet [ist,] wie in anderen Gebieten der Kreativwirtschaft."[507] Bestätigt wurde

---

in Wandtke/Bullinger 6. Aufl., § 69a Rn. 96; *Grützmacher/Lejeune/Schneider-Brodtmann/Stögmüller* in CR 2016, 138, 138 ff.

504 *Schulze* in Dreier/Schulze 7. Aufl., § 32 Rn. 1.

505 So *BFH* vom 24.10.2018, I R 69/16, DStR 2019, 916, 919.

506 C.II.1.a)aa).

507 BT-Drs. 18/8625, 27.

diese Einschätzung mit dem Erlass und der Umsetzung der DSM-Richtlinie.[508] Die das Angebot überragende Nachfrage von Computerprogrammen[509] macht einen Anspruch zur Anpassung der Vergütung obsolet. Regelmäßig wird nicht der Verwerter die Oberhand bei Verhandlungen haben, sondern der Entwickler der Software bzw. dessen Vertreter. Somit stellt die oben ermittelte Sondersituation, in der nicht nur eine ausgeglichene Verhandlungssituation, sondern sogar eine Übermacht von Urhebern gegenüber den Verwertern besteht, im Softwarebereich die Standardsituation dar. Selbst nach altem Recht[510] wird der § 32 UrhG nach dieser Feststellung im Rahmen von Verträgen über die Einräumung von Nutzungsrechten an Computerprogrammen einen zu vernachlässigenden Anwendungsbereich haben.

Der verschwindend geringe Anwendungsbereich macht die deutlich verminderte Auswirkung des § 32 UrhG auf den Rechteverbleib ersichtlich.

Der Vorwurf des Bruches mit der Vertragsfreiheit[511] durch den § 32 UrhG ist auch auf das Softwareurheberrecht übertragbar. Das BVerfG verwirft diesen Vorwurf mit der Aussage, die relevanten grundgesetzlichen Interessen seien im Rahmen der praktischen Konkordanz zum Ausgleich gebracht.[512] Diese Einschätzung lässt sich nur schwerlich in der Softwareentwicklung hören. Wie festgestellt, ist die Verhandlungssituation zwischen Verwerter und Urheber hier ausgeglichen, wenn nicht gar zugunsten der Urheber verschoben. Die Eingriffe in Art. 12 Abs. 1 GG bzw. Art. 2 Abs. 1 GG und Art. 14 Abs. 1 GG der Urheber[513] durch eine unangemessene Vergütung liegen damit nicht vor. Auf der anderen Seite wird durch § 32 UrhG aber in die Vertragsfreiheit der Verwerter (Art. 12 Abs. 1 GG bzw. Art. 2 Abs. 1 GG) eingegriffen. Dieser beeinträchtigten Vertragsfreiheit der Verwerter steht in der mindestens ausgeglichenen Verhandlungssituation der Softwareentwicklung kein schützenswertes und damit rechtfertigendes Grundrecht gegenüber. Daraus ergibt sich bei strikter Anwendung des § 32 UrhG ein nicht zu rechtfertigender Bruch mit Vertragsfreiheit.

Es wäre anzudenken, dieser Grundrechtsverletzung zu entgehen, indem der § 32 UrhG mit seinem ohnehin zu vernachlässigenden Anwendungsbereich in der Programmentwicklung überhaupt keine Anwendung findet. Für diesen Weg

---

508 S. BT-Drs. 19/27426, 67 f.
509 BT-Drs. 19/27426, 67 f.
510 Beachte § 137d Abs. 3 UrhG.
511 C.II.1.a)aa).(3).
512 *BVerfG* vom 23.10.2013, 1 BvR 1842/11, GRUR 2014, 169, 170.
513 *BVerfG* vom 23.10.2013, 1 BvR 1842/11, GRUR 2014, 169, 170 f.

entschied sich schließlich auch der deutsche Gesetzgeber in Umsetzung der DSM-Richtlinie.[514]

Auch dieser Umgang zeigt auf, dass der § 32 UrhG entgegen der Meinung des BFH geringe bis keine Auswirkungen auf den Rechteverbleib beim Urheber hat.

(2) Neuverträge

Auf Verträge ab dem 7. Juni 2021 ist der § 32 UrhG nicht mehr anzuwenden. Die Vorschrift kann daher wegen ihrer fortdauernden Wirkung nach umfassender Einräumung der Nutzungsrechte nicht mehr als Argument für den Rechteverbleib beim Urheber[515] angeführt werden.[516]

bb) § 32a UrhG

(1) Altverträge

Die Argumente, welche im Rahmen des § 32 UrhG gegen einen Rechteverbleib beim Urheber angeführt wurden, gelten auch für den § 32a UrhG. Auch dieser Anspruch zur Vertragsanpassung bei unangemessener Vergütung ist verfehlt, wenn schon kein Machtgefälle zugunsten der Verwerter besteht.[517] Ist die Verhandlungssituation ausgeglichen oder sogar zugunsten der Urheber verschoben, ist nicht nachzuvollziehen, warum gerade diesem ein Anspruch gegen den Verwerter auf Vertragsanpassung zustehen sollte. Hier sind dem Bruch mit der Vertragsfreiheit ebenfalls keine zu schützenden Grundrechte entgegenzustellen.

Im Softwarebereich ist diese ungleiche Machtverteilung in aller Regel nicht gegeben bzw. gerade ins Gegenteil verkehrt.[518] So verbleibt für den § 32a UrhG ein entsprechend geringer Anwendungsbereich.

Weiterhin gilt auch im Rahmen der Softwareentwicklung der Vergleich zum Wegfall der Geschäftsgrundlage.[519] Während in Beziehung zum § 313 BGB niemand auf die Idee kommt, eine vereinbarte und erfüllte Verpflichtung als beschränkt anzusehen, ist eine davon abweichende Bewertung im Urheberrecht scheinbar anerkannt. Das ist nicht vollständig nachvollziehbar. Der § 32a UrhG

---

514 BT-Drs. 19/27426, 67 f.

515 S. *C.II.1.a.i.*

516 So auch *Roder-Hießrich* in frauen@fgs – Vielfalt in der steuerzentrierten Rechtsberatung, 403, 426.

517 S. insbes.: BT Drs. 18/8625, 27.

518 BT-Drs. 18/8625, 27; s. Ausführungen zu § 32 UrhG, C.III.1.a)aa).

519 S. hierzu C.II.1.a)bb)(4).

ist als Sonderfall der Geschäftsgrundlagenstörung zu sehen[520] und eine hier geltende Andersbewertung eines Rechteverbleibes im Lichte des lex generalis des § 313 BGB unverständlich.

Auch die Strukturelemente von Computerprogrammen machen klar, dass sich der § 32a UrhG nicht wirklich in den Softwarebereich einfugt. Die vorwiegend wirtschaftliche und geringe künstlerische Prägung[521] von Programmen verlangt nach einer hohen Verkehrsfähigkeit. Diesem Anspruch kann ein Werk allerdings nicht gerecht werden, wenn sich der Verwerter auch nach Vertragsabschluss potenziellen Nachvergütungsansprüchen ausgeliefert sieht. Allein dieses Risiko macht Investitionen weniger attraktiv. Für den Fall, dass es trotzdem zu einem Vertragsschluss kommt, hätte der Verwerter, da er regelmäßig die Geltendmachung des Anspruchs aus § 32a UrhG verhindern möchte, nur ein vermindertes Interesse an einem hohen Ertrag aus der Vermarktung. Ansonsten sieht er sich schließlich einer Nachvergütung ausgesetzt. Es kann nicht Ziel des § 32a UrhG sein, dem Gewinnstreben oder der grundsätzlichen Verkehrsfähigkeit von Software im Weg zu stehen.

Der so ermittelte geringe Anwendungsbereich des Anspruchs und die Sperrigkeit des § 32a UrhG bei der Einräumung umfassender Nutzungsrechte an Software, verdeutlichen, dass die Einschätzung des BFH in Bezug auf den § 32a UrhG und seine Auswirkungen auf den Rechteverbleib[522] im Rahmen von Programmen nicht von gleicher Stärke sind. Da der BFH seine Argumentation zentral auf diesen Anspruch bezieht,[523] ist fraglich, ob durch andere urheberrechtliche Normen ein solch starker Rechteverbleib begründet werden kann, dass eine *Übertragung* von Nutzungsrechten bei der vollständigen Nutzungsrechteeinräumung auch für Software ausgeschlossen werden kann.

(2) Neuverträge

Selbst wenn man im Softwarebereich noch Argumente, die für einen stärkeren Rechteverbleib durch § 32a UrhG sprechen, zulässt, so sind diese für Verträge ab dem 7. Juni 2021 hinfällig. Sowohl der europäische als auch der nationale Gesetzgeber haben sich bewusst dafür entschieden, diese Norm für die Anwendung auf Computerprogramme auszuschließen. Hier besteht nicht

520 S. insbes.: *BGH* vom 23.10.2001, X ZR 72/98, GRUR 2002, 149, 153; BT-Drs. 14/8058, S.19; vgl. *Wimmers/Rode* in CR 2003, 399, 402.

521 S. C.I.4.b), c).

522 *BFH* vom 24.10.2018, I R 69/16, DStR 2019, 916, 919.

523 *BFH* vom 24.10.2018, I R 69/16, DStR 2019, 916, 919.

die Notwendigkeit, eine beeinträchtigte Verhandlungssituation auszugleichen. Die Argumentation des BFH, die sich überwiegend auf den Rechteverbleib aus § 32a UrhG bezieht,[524] ist so fortan endgültig nicht auf Software übertragbar.[525] Entsprechend kann auch die Unmöglichkeit einer *Übertragung* von Nutzungsechten im einkommenssteuerlichen Sinne durch die vollständige Nutzungsrechteeinräumung nicht mehr auf den § 32a UrhG gestützt werden.

cc) § 32b UrhG

Auch der § 32b UrhG ist seit dem 7. Juni 2021 nicht mehr auf Softwareverträge anwendbar. Sofern seine Rolle die Wirkung der Ansprüche auf Nachvergütung aus §§ 32, 32a UrhG unterstützt,[526] ist dies nun hinfällig.

Im Rahmen der Altverträge ist das bereits zu § 32b UrhG Genannte[527] für den Softwarebereich um das Folgende zu ergänzen:

Eine Relevanz des § 32b UrhG für den Rechteverbleib beim Urheber ist nur dann gegeben, wenn zusätzliche Vergütungsansprüche bestehen.[528] Ohne die §§ 32, 32a UrhG hat § 32b UrhG für die vorliegenden Erörterungen keine Bedeutung. Da der Anwendungsbereich dieser beiden Ansprüche der Natur und dem Vertrieb von Software sowie den dogmatischen Umständen geschuldet verschwindend gering ist,[529] verbleibt auch für den § 32b UrhG kein Anwendungsbereich.

Somit lässt sich schon für Softwareverträge, welche vor dem 7. Juni 2021 zustande gekommen sind, festhalten, dass der § 32b UrhG auch bei umfassender Einräumung der Nutzungsrechte praktisch keine Auswirkungen auf den Rechteverbleib hat. Für Neuverträge hat bereits der Gesetzgeber entschieden, dass eine Anwendung entfällt.

b) Sonstige Regelungen

aa) §§ 32d, e UrhG

Schon seit dem 1. März 2017 finden die §§ 32 d, e UrhG keine Anwendung mehr auf Computerprogramme.[530] Auch die neueste Änderung des § 69a Abs. 5 UrhG

---

524 *BFH* vom 24.10.2018, I R 69/16, DStR 2019, 916, 919.

525 So auch *Roder-Hießrich* in frauen@fgs – Vielfalt in der steuerzentrierten Rechtsberatung, 403, 426 f.

526 *BFH* vom 24.10.2018, I R 69/16, BFHE 263, 146 Rn. 20.

527 S. C.II.1.a)cc).

528 S. bezüglich der Abhängigkeit des § 32b UrhG ebenfalls: C.II.1.a)cc).

529 Beachte die vorherigen Ausführungen zu §§ 32, 32a UrhG C.III.1.a).

530 BGBl. I 2016, 3037.

durch die DSM-RL nimmt die Auskunftsansprüche bzw. -rechte nach wie vor in diesem Bereich aus.

Diese Entscheidung des Gesetzgebers ist nur zu befürworten. Die Ansprüche und Rechte aus §§ 32 d, e UrhG sollen dem Urheber ermöglichen, eine Abschätzung der mit dem Werk erzielten Erträge zu treffen, um so einen ihm möglicherweise zustehenden Anspruch auf nachträgliche Anpassung der Vergütung aus § 32a UrhG geltend zu machen.[531] Ist ihm diese Möglichkeit auf Auskunft genommen, erfolgt ein Anspruch aus § 32a UrhG ins Blaue hinein und ist wenig erfolgsversprechend.[532]

Indem der Gesetzgeber die §§ 32 d, e UrhG im Softwarebereich ausnahm, sendete er ein klares Signal in Bezug auf den Anspruch auf nachträgliche Vergütung aus § 32a UrhG: Dieser hat in Bezug auf Computerprogramme keinen wirklichen Anwendungsbereich[533] und bedarf somit auch keiner vorbereitenden Auskunft. Die in der Softwareentwicklung ausgeglichene oder sogar zugunsten der Urheber verschobene Verhandlungssituation[534] lässt dieses Recht entfallen. Somit ist es nur folgerichtig, dem Urheber schon durch Gesetz solche Ansprüche abzuerkennen, die ihn über die Maßen bevorteilen würden.[535]

Es ließe sich argumentieren, dass dem Urheber jedenfalls aus § 242 BGB ein Anspruch auf Auskunft über die mit dem Werk erzielten Erträge zusteht.[536] Damit wäre die Geltendmachung des Nachvergütungsanspruches dennoch gezielt möglich. Durch die für Computerprogramme geltende Nichtanwendbarkeit der spezielleren §§ 32 d, e UrhG in § 69a Abs. 5 UrhG macht der Gesetzgeber allerdings deutlich, dass er dem Urheber in diesem Bereich keinerlei Auskunftsrecht oder -anspruch zur Verfügung stellen möchte. Diese Entscheidung durch die Anwendung des generellen Auskunftsrechts aus § 242 BGB zu umgehen, kann nur schwerlich mit dem Willen des Gesetzgebers vereinbart werden und ist somit kein valider Einwand.

---

531 BT-Drs. 18/10637, 21 f.; BT-Drs. 18/8625, 26; *Stang* in Wandtke/Bullinger 6. Aufl., § 32d Rn. 1; *Ory* in NJW 2017, 753, 755.

532 Vgl. *OLG Hamburg* vom 01.06.2011, 5 U 113/09, GRUR-R 2011, 2011, 293, 297 f.; vgl. *Hoeren* in FS Wandtke, 159, 169.

533 S. vorherige Ausführungen zu § 32a UrhG.

534 BT-Drs. 18/8625, 27.

535 *Grützmacher* in Wandtke/Bullinger 6. Aufl., § 69a Rn. 96; *Grützmacher/Lejeune/Schneider-Brodtmann/Stögmüller* in CR 2016, 138, 138 ff.

536 Zum grundsätzlichen Bestehen dieses Anspruchs: *OLG Hamburg* vom 01.06.2011, 5 U 113/09, GRUR-R 2011, 2011, 293, 297 f.; *Hoeren* in FS Wandtke, 159, 169.

Die Unanwendbarkeit der §§ 32 d, e UrhG auf Computerprogramme ist ein weiterer Beweis dafür, dass der § 32a UrhG auch schon vor dem 7. Juni 2021 keinen nennenswerten Anwendungsbereich in der Softwareindustrie hatte. Diesem Anspruch einen Rechteverbleib zuzusprechen, welcher eine vollständige *Übertragung* von Nutzungsrechten verhindert,[537] ist daher hier verfehlt.

bb) § 29 UrhG

Auch im Softwareurheberrecht gilt, dass das gesamte Urheberrecht nur „in Erfüllung einer Verfügung von Todes wegen oder an Miterben im Wege der Erbauseinandersetzung" übertragbar ist. Vor dem Hintergrund der monistischen Theorie verbietet sich so auch eine *Übertragung* aller vermögensrechtlichen Teile des Urheberrechts.[538] Der Stamm aus Vermögensrecht und Persönlichkeitsrecht verbleibt beim Urheber.[539] So sieht das BMF auch für Computerprogramme eine vollständige *Übertragung* „urheberrechtlich geschützter Rechte" als ausgeschlossen an.[540]

Es verbleibt dennoch die Möglichkeit, Nutzungsrechte einzuräumen (§ 29 Abs. 2, § 31 UrhG). Ob diese Einräumungen zumindest einkommenssteuerrechtlich nicht auch als *Übertragungen* bewertet werden können, gilt es zu klären.

Für Computerprogramme können hinsichtlich des Rechteverbleibs im Rahmen des § 29 UrhG jedenfalls keine Besonderheiten festgestellt werden.

cc) § 31 UrhG

Einräumungen von Nutzungsrechten werden durch § 31 UrhG konkretisiert. Auch im Softwarebereich zeigt § 31 UrhG durch die Vorgabe, dass nur Tochterrechte (Nutzungsrechte) eingeräumt werden können, die Verknüpfung von Urheber und Werk auf und wäre so als Argument für einen Rechteverbleib zu sehen. Die Möglichkeit der Einräumung eines ausschließlichen, zeitlich und räumlich unbeschränkten Nutzungsrechtes ist aber auch als Argument dafür zu sehen, dass der Rechteverbleib beim Urheber je nach vertraglicher Ausgestaltung gen null geht. Die nach einer solchen Einräumung noch verbleibenden

---

537 *BFH* vom 24.10.2018, I R 69/16, DStR 2019, 916, 919; s. auch: *BMF* vom 27.10.2017, IV C 5 – S 2300/12/10003: 004, BStBl. I 2017, 1448, Rn. 11.

538 S. hierzu: B.I.2.

539 *Ulmer*, Urheber- und Verlagsrecht 3. Aufl., S. 116.

540 *BMF* vom 27.10.2017, IV C 5 – S 2300/12/10003: 004, BStBl. I 2017, 1448, Rn. 11.

Ansprüche sind dann die einzige Grundlage, um gegen eine *Übertragung* der Nutzungsrechte zu argumentieren.

Die Zweckübertragungsregel aus § 31 Abs. 5 UrhG liefert zwar Argumentationsstoff gegen Buy-Out-Verträge, statuiert aber auch nicht ihre Unmöglichkeit.[541]

§ 31 UrhG hat dementsprechend auch im Softwareurheberrecht keine Schutzwirkung, die die Argumentation um den Rechteverbleib in die eine oder andere Richtung verschieben würde. Vielmehr ließe sich mit der gesetzlichen Konkretisierung von Nutzungsrechteeinräumungen in § 31 UrhG sowohl eine *Überlassung* von Rechten als auch eine *Übertragung* argumentieren. Somit beeinflusst die Vorschrift die Entscheidung über die Einordnung des Rechteverbleibs nicht, sondern muss vielmehr dem Ergebnis dieser Entscheidung entsprechend ausgelegt werden.

dd) §§ 34, 35 UrhG

Auch die Vereinbarkeit des § 34 Abs. 1 UrhG mit den Eigenarten von Software und entsprechenden Nutzungsrechteeinräumungen ist zu prüfen.

Die Anwendung des § 34 UrhG ist für Computerprogramme nicht ausgeschlossen und durch das Gesetz nicht unmittelbar modifiziert. Möglicherweise ergeben sich dennoch Besonderheiten.

In Frage steht vor allem, ob Regelungen, die eine Zustimmung des Urhebers zur *Übertragung* der Nutzungsrechte notwendig machen (§ 34 Abs. 1 S. 1 UrhG), schlichtweg auf alle Vertrags- und Werkarten und speziell auch auf (Massen-) Verträge über Softwarenutzungsrechte streng anzuwenden sind.[542]

(1) Sonderfall Computerprogramme

Das Zustimmungserfordernis des § 34 UrhG ist vornehmlich Ausdruck des Urheberpersönlichkeitsrechts.[543] So sei es der Gesetzesbegründung zur Vorschrift zufolge nicht zumutbar, „daß das Nutzungsrecht ohne Wissen des Urhebers in die Hand von Personen gelangt, die sein Vertrauen nicht besitzen und von denen er befürchten muß, daß sie von dem Nutzungsrecht einen seinen Absichten zuwiderlaufenden Gebrauch machen werden“[544].

---

541 S. hierzu C.II.1.b)cc)(3).

542 Insoweit schon kritisch: *Schulze* in Dreier/Schulze 7. Aufl., § 34 Rn. 49 ff.; *Wandtke* in Wandtke/Bullinger 6. Aufl., § 34 Rn. 38 f.

543 BT-Drs. IV/270, 57; *Wandtke* in Wandtke/Bullinger 6. Aufl., § 34 Rn. 1; *Grützmacher* in CR 2007, 549, 553.

544 BT-Drs. IV/270, 57.

Wie umfassend dargelegt,[545] ist der persönlichkeitsrechtliche Teil von Softwareurheberrechten regelmäßig vernachlässigbar. Ein persönlichkeitsrechtlich geprägtes Zustimmungserfordernis scheint somit im Bereich der materiellrechtlich geprägten Software[546] schon verfehlt.[547] In weiten Teilen der Softwareindustrie strebt der Urheber eines Programmes primär nach der monetären Verwertung seines Werkes. Die Notwendigkeit einer Zustimmung zur Übertragung der Nutzungsrechte steht diesem Ziel im Weg und entspricht schon nicht der diesem Streben inne ruhenden Idee und damit nicht der Natur von Software als Massenprodukt.

Die Sorge des Gesetzgebers, dass Dritten, die das Vertrauen des Urhebers nicht besitzen, Nutzungsrechte eingeräumt werden,[548] ist im Bereich des Softwaremassengeschäftes auch nach *Pres* insofern abwegig, als dass das Interesse der Urheber an einer Verweigerung der Zustimmung zur Weitereinräumung schon nicht schützenswert sei.[549] Mit der umfassenden Nutzungsrechteeinräumung wurde die Software zur Nutzung in die Hände eines Verwerters gegeben und so final auf den Markt gebracht. Für die Urheber besteht nach diesem Schritt zumindest im industriellen Softwarebereich in aller Regel kein Interesse an der Verhinderung einer Weiterübertragung von Nutzungsrechten.[550] Diese Einschätzung steht im Einklang mit der verminderten persönlichkeitsrechtlichen Natur von Computerprogrammen. Die grundlegende Anwendung des § 34 UrhG kann im Bereich von Computerprogrammen nach dieser Ansicht schon angezweifelt werden.

Mangels einer entsprechenden Ausnahmeregelung im Gesetz sind vor einer solchen drastischen Nichtanwendung aber Alternativen zu betrachten. In Frage kommt beispielsweise ein pauschal durch AGB zu erreichender abschließender Verzicht auf die Zustimmung (§ 34 Abs. 5 S. 2 UrhG) bzw. eine diesem gleichstehende pauschale Zustimmung.

---

545 S. die Auseinandersetzung mit den Strukturelementen von Software: C.I.4.

546 S. hierzu C.I.

547 Vgl. *Wandtke* in Wandtke/Bullinger 6. Aufl., § 34 Rn. 14; so auch *Pres*, Gestaltungsformen urheberrechtlicher Softwarelizenzverträge, 225; *Grützmacher* in CR 2007, 549, 553.

548 BT-Drs. IV/270, 57.

549 *Pres*, Gestaltungsformen urheberrechtlicher Softwarelizenzverträge, 225.

550 *Pres*, Gestaltungsformen urheberrechtlicher Softwarelizenzverträge, 225.

(2) Zustimmung in AGB

Zwar ist ein Verzicht auf das Zustimmungserfordernis des § 34 Abs. 1 S. 1 UrhG vorab im Individualvertrag möglich.[551] In Situationen, in denen massenweise Verträge über Nutzungsrechte mit diversen Urhebern geschlossen werden, bieten sich individuelle Vertragsgestaltungen allerdings nur sehr bedingt an. Die reine Masse an Vertragsschlüssen kann eine individuelle Vertragsgestaltung faktisch unmöglich machen.

So steht bereits im Bereich von herkömmlichen Urhebermassengeschäften zur Diskussion, ob ein Verzicht auf die Zustimmung zur Nutzungsrechteübertragung im Sinne des § 34 Abs. 1 S. 1 UrhG bzw. eine pauschale Zustimmung zu diesen Übertragungen nicht formularmäßig in den AGB erfolgen kann.[552] Ein solcher Verzicht wirkt sich im Ergebnis auch nicht anders aus als eine pauschale Zustimmung zu allen Nutzungsrechteeinräumungen, die der Verwerter vornimmt.[553] Beide Modalitäten machen die Einholung einer gesonderten Zustimmung des Urhebers im Einzelfall obsolet. Die unterschiedlichen Ansichten bezüglich dieser Frage sind für die Umstände des Softwaremassengeschäftes darzustellen und gegeneinander abzuwägen.

(a) Analogie zu Fernstudiumsmaterialien und die Verkehrsfähigkeit

Zum Teil wird die Möglichkeit eines pauschalen Verzichts mit dem Argument befürwortet, dass die Einholung der einzelnen Zustimmungen im täglichen Massengeschäft beispielsweise in Bezug auf Tageszeitungsartikel und Fernstudiumsmaterialien unpraktisch und realitätsfern sei.[554] Dies gilt auch im kommerziellen Softwarebereich.[555] Auch hierbei handelt es sich um ein Massengeschäft, welches immer wieder der Weitereinräumung von urheberrechtlichen Nutzungsrechten

---

551 *Schulze* in Dreier/Schulze 7. Aufl., § 34 Rn. 49; *Wandtke* in Wandtke/Bullinger 5. Aufl., § 34 Rn. 38.

552 Zustimmend: *OLG Hamburg* vom 02.06.2011, 5 U 113/09, GRUR-RR 293, 300; *Nordemann* in Fromm/Nordemann 12. Aufl., § 34 Rn. 41; ablehnend: *BGH* vom 18.02.1982, I ZR 81/80, GRUR 1984, 45, 52; *Schulze* in Dreier/Schulze 7. Aufl., § 34 Rn. 51; Wandtke in Wandtke/Bullinger 6. Aufl., § 34 Rn. 41; differenzierend: *Acker/Thum* in GRUR 2008, 671, 671 ff.

553 *OLG Hamburg* vom 02.06.2011, 5 U 113/09, GRUR-RR 293, 300.

554 *OLG München* vom 21.04.2011, 6 U 4127/10, ZUM 2011, 576, 582; *Nordemann* in Fromm/Nordemann 12. Aufl., § 34 Rn. 41; *Schippan* in ZUM 2012, 771, 780.

555 Mit ähnlicher Argumentation: Anm. *Herzog* zu OLG München vom 03.07.2008, 6 U 2759/07, ZUM 2009, 71, 72 f.; *Pres*, Gestaltungsformen urheberrechtlicher Softwarelizenzverträge, 225; *Grützmacher* in CR 2007, 549, 553.

bedarf. Die Einholung der einzelnen Zustimmungen des Urhebers würde für alle Beteiligten einen ungerechtfertigten Mehraufwand bedeuten. Weder der Urheber noch der Inhaber der Nutzungsrechte werden bei Massengeschäften ein Interesse daran haben, über jede weitere Nutzungsrechteeinräumung zu kommunizieren. Die Versagung der Möglichkeit, das Zustimmungsbedürfnis durch Standardvertragsregelungen auszuschließen, dient somit keinerlei Interessenschutz und erscheint daher im Ergebnis willkürlich.

Es lässt sich weiter anführen, dass § 34 Abs. 1 S. 2 UrhG eine Berücksichtigung von Treu und Glauben nahelegt. Software ist, wie bereits erörtert,[556] ein enorm vervielfältigtes, für den technischen Fortschritt essenzielles Gut mit internationaler Relevanz. Eine Anwendung der urheberrechtlichen Regeln unter Berücksichtigung von Treu und Glauben verlangt eine Beachtung der genannten Strukturelemente und demnach die Einbeziehung von unkomplizierten Übertragungsmöglichkeiten.[557] § 34 Abs. 1 S. 1 UrhG ist damit auch stark im Lichte der Verkehrsfähigkeit zu sehen und eine entsprechende formularmäßige Zustimmung von weiterreichenden Nutzungsrechteeinräumungen zu befürworten.[558]

Abseits dessen legt das Gesetz an keiner Stelle fest, in welcher Form eine Zustimmung erteilt werden muss.[559] Ganz im Gegenteil eröffnet § 34 Abs. 5 S. 2 UrhG gerade die Möglichkeit der Zustimmungspflicht.[560] Es ist nicht ganz nachzuvollziehen, warum diese Disposition nicht schon in AGB getroffen werden kann.

(b) Verstoß gegen AGB-Recht

Die Gegenmeinung sieht in der pauschalen Zustimmung bzw. der vereinbarten Entbehrlichkeit der Zustimmung zur Übertragung von Nutzungsrechten an noch unbekannte Dritte einen Verstoß gegen § 34 Abs. 1 UrhG i.V.m. § 307 Abs. 2 Nr. 1 BGB.[561] Eine pauschaler Verzicht auf die Zustimmung zu möglichen weiteren Nutzungsrechteeinräumungen sei mit dem Grundgedanken des § 34 Abs. 1 UrhG nicht vereinbar.[562] Die Weiterübertragung von

---

556 S.o. C.I.4.

557 Ähnlich auch *Pres*, Gestaltungsformen urheberrechtlicher Softwarelizenzverträge, 225.

558 *Grützmacher* in CR 2007, 549, 554; *Zech* in ZGE 2013, 368, 378.

559 *OLG Hamburg* vom 02.06.2011, 5 U 113/09, GRUR-RR 2011, 293, 300.

560 Dazu mehr: s. Diskussion, C.III.1.b)dd)(2)(c).

561 *BGH* vom 18.02.1982, I ZR 81/80, GRUR 1984, 45, 52; *Schulze* in Dreier/Schulze 7. Aufl., § 34 Rn. 51; *Wandtke* in Wandtke/Bullinger 6. Aufl., § 34 Rn. 41; *Hoeren* in CR 2013, 345, 349.

562 *BGH* vom 18.02.1982, I ZR 81/80, GRUR 1984, 45, 52; *Schulze* in Dreier/Schulze 7. Aufl., § 34 Rn. 51; *Wandtke* in Wandtke/Bullinger 5. Aufl., § 34 Rn. 41.

Nutzungsrechten bedürfe danach, sofern nicht individualvertraglich vereinbart, der Zustimmung des Urhebers.

(c) Diskussion

Die Argumente zu Fernstudiumsmaterialien und Tageszeitungsartikeln[563] lassen sich aufgrund des in allen drei Bereichen vorherrschenden Massengeschäfts[564] gut auf Software übertragen. Eine formularmäßige Zustimmung zur Weiterübertragung der Rechte im Rahmen der AGB bietet sich im Einklang mit dieser Meinung auch im Rahmen von Software an.

Das von der Gegenseite vorgebrachte Argument, die formularmäßige Zustimmung sei unvereinbar mit dem Grundgedanken des § 34 Abs. 1 UrhG, ist aus mehreren Gründen nicht nachvollziehbar.

§ 34 Abs. 5 S. 2 UrhG schafft gerade die Möglichkeit für Inhaber der Nutzungsrechte und Urheber, vom Gesetz Abweichendes zu vereinbaren. Nicht verzichten kann der Urheber nach § 34 Abs. 5 S. 1 UrhG auf sein Rückrufsrecht aus § 34 Abs. 3 S. 2 UrhG und die Haftung des Erwerbers aus § 34 Abs. 4 UrhG. Eine pauschale Zustimmung zur Weiterübertragung von Nutzungsrechten bzw. ein entsprechender Verzicht ist aber gerade nicht ausgenommen. Im Umkehrschluss müssen solche Vereinbarungen als „Abweichendes" im Sinne des § 34 Abs. 5 S. 2 UrhG zulässig sein. Ob diese Vereinbarung durch AGB oder individualvertraglich erfolgt, kann dabei nicht entscheidend sein.

Ferner scheint der Gesetzgeber den Fall des Abweichens von der Zustimmung im Einzelfall bereits in Betracht gezogen und eine entsprechende Konsequenz gezogen zu haben. § 34 Abs. 4 UrhG statuiert die gesamtschuldnerische Haftung des Erwerbers eines Nutzungsrechtes für den Fall, dass „der Urheber der Übertragung des Nutzungsrechts nicht im Einzelfall ausdrücklich zugestimmt hat". Nach dem Wortlaut dieser Norm hält der Gesetzgeber andere Formen der Zustimmung im Einzelfall für zulässig. Für diesen Fall gelten dann lediglich gesonderte Haftungsregeln. Stimmt der Urheber einer Weiterübertragung von Nutzungsrechten pauschal zu oder verzichtet er auf diese, liegt keine Zustimmung im Einzelfall vor. In der Konsequenz muss der Erwerber nach § 34 Abs. 4 UrhG gesamtschuldnerisch haften. Der Fall einer mangelnden Zustimmung für den Einzelfall wurde also vom Gesetzgeber erkannt und geregelt, allerdings nicht mittels eines Verbotes, sondern durch eine Haftungsregelung.

---

563 *OLG München* vom 21.04.2011, 6 U 4127/10, ZUM 2011, 576, 582; *Nordemann* in Fromm/Nordemann 12. Aufl., § 34 Rn. 41; *Schippan* in ZUM 2012, 771, 780.

564 *Pres*, Gestaltungsformen urheberrechtlicher Softwarelizenzverträge, 225.

Die pauschale Zustimmung des Urhebers zur Weiterübertragung von Nutzungsrechten bzw. der Verzicht auf diese ist somit sehr wohl mit dem § 34 Abs. 1 UrhG zu vereinbaren. Sie bringt im Zweifel nur eine entsprechende Haftung des Erwerbers der Nutzungsrechte mit sich. AGB-Klauseln, welche eine pauschale Zustimmung des Urhebers zur Weiterübertragung der Nutzungsrechte statuieren, halten demnach auch einer Inhaltskontrolle stand und stellen keinen Verstoß gegen § 34 Abs. 1 UrhG i.V.m. § 307 Abs. 2 Nr. 1 BGB dar.[565]

In Teilen[566] wird die mangelnde Vereinbarkeit des pauschalen Verzichts lediglich für Werke mit hohem künstlerischem Anspruch gesehen. Software fehlt es in der Regel an ebenjenem hohen künstlerischen Anspruch.[567] Es bietet sich dementsprechend eine differenziertere Sicht an.[568] Bezüglich spezieller Individualsoftware, welche sich durch ein hohes Maß an persönlichkeitsrechtlicher Prägung auszeichnet, kann das Zustimmungserfordernis nicht durch einen pauschalen Verzicht ausgeschlossen werden. Der durch das Persönlichkeitsrecht geprägte Grundgedanke des § 34 Abs. 1 UrhG ist im Bereich des materiellrechtlich geprägten Software-Massengeschäftes[569] hingegen von verminderter Bedeutung.[570] Vielmehr gilt es, die geringe Rolle des Persönlichkeitsrechtes bei bestimmten urheberrechtlichen Geschäften anzuerkennen und insofern wirtschaftlich nachvollziehbare Vertragsgestaltungen wie bspw. einen pauschalen Verzicht auf das Zustimmungsrecht aus § 34 Abs. 1 UrhG in AGB zuzulassen.[571] So gelingt auch eine Förderung der Verkehrsfähigkeit von Werken, die vorrangig mit diesem Ziel geschaffen wurden.

Mit dieser differenzierenden Ansicht können zumindest im Bereich von Urhebermassengeschäften und im Speziellen im Softwaremassengeschäft pauschale Zustimmungen zur Weiterübertragung von Nutzungsrechten bzw. ein Verzicht dieser mittels AGB als zulässig angesehen werden.

---

565 Entgegen der Einschätzung von: *BGH* vom 18.02.1982, I ZR 81/80, GRUR 1984, 45, 52; *Schulze* in Dreier/Schulze 7. Aufl., § 34 Rn. 51; *Wandtke* in Wandtke/Bullinger 6. Aufl., § 34 Rn. 41.

566 *Wandtke* in Wandtke/Bullinger 6. Aufl., § 34 Rn. 41; insofern differenzierend: *Acker/Thum* in GRUR 2008, 671, 676 f.

567 S. die Auseinandersetzung mit den Strukturelementen von Software: C.I.4.

568 So auch: *Acker/Thum* in GRUR 2008, 671, 671 ff.

569 S. C.I.

570 *Acker/Thum* in GRUR 2008, 671, 676 f.

571 *Acker/Thum* in GRUR 2008, 671, 676 f.

(3) Anwendung bei Buy-Out-Verträgen

Es bestehen darüber hinaus insbesondere Bedenken bezüglich einer abschließenden Zustimmung zur Weiterübertragung der Nutzungsrechte im Rahmen von Buy-Out-Verträgen.[572] Diese Bedenken werden gerade mit Blick auf die Zweckübertragungsregel vorgebracht.[573] Erweist sich die Weiterübertragung der Nutzungsrechte nach dem Vertragszweck nicht als notwendig, ist eine pauschale Zustimmung des Urhebers hierzu nicht mit dem Vertragszweck zu vereinbaren. Die pauschale Zustimmung zur Weiterübertragung der Nutzungsrechte entspräche damit nicht der Zweckübertragungsregel. Grundsätzlich sind die Bedenken nachvollziehbar.

Allerdings wird dabei übersehen, dass es sich bei der Zweckübertragungsregel gerade um eine Auslegungsregel handelt, welche nur für den Fall anzuwenden ist, dass die Vereinbarung zwischen Urheber und Verwerter unzureichend und damit auslegungsbedürftig ist.[574] Haben die Parteien eindeutig vereinbart, dass die Rechtseinräumung in Verbindung mit der umfassenden Zustimmung zur Weiterübertragung der Nutzungsrechte erfolgt, fehlt es an auslegungsbedürftigem Raum.

Buy-Out-Verträge beinhalten in aller Regel ausdrückliche Formulierungen zur umfassenden Rechteeinräumung[575] und in diesem Zuge auch entweder die pauschale Zustimmung des Urhebers zur Weitereinräumung der Nutzungsrechte oder bereits den Verzicht auf eine solche Zustimmung. Die Zweckübertragungsregel kommt hier dementsprechend in ihrer Natur als Auslegungsregel schon gar nicht zum Tragen. Die Bedenken sind also immer dann nicht nachvollziehbar, wenn ausreichende vertragliche Vereinbarungen getroffen wurden, die eine Auslegung des Parteiwillens hinfällig machen.

(4) Zwischenergebnis

Im Bereich von Massengeschäften lässt sich schon die Anwendbarkeit des § 34 UrhG als solches anzweifeln.[576] Die höchstrichterliche Rechtsprechung wendet den § 34 UrhG allerdings ohne Weiteres auch im Softwarebereich an.[577]

---

572 *Wandtke* in Wandtke/Bullinger 6. Aufl., § 34 Rn. 39.

573 *Wandtke* in Wandtke/Bullinger 6. Aufl., § 34 Rn. 39.

574 Vgl. auch *BGH* vom 31.05.2012, I ZR 73/10, GRUR 2012, 1031, 1035; *Ohly* in Schricker/Loewenheim, 6. Aufl., § 31 Rn. 52; *Jani*, Der Buy-out-Vertrag im Urheberrecht, 91.

575 *Jani*, Der Buy-out-Vertrag im Urheberrecht, 91.

576 *Nordemann* in Fromm/Nordemann 12. Aufl., § 34 Rn. 41; *Pres*, Gestaltungsformen urheberrechtlicher Softwarelizenzverträge, 225; *Grützmacher* in CR 2007, 549, 553.

577 *BGH* vom 03.03.2005, I ZR 111/02, GRUR 2005, 860, 862.

Zurzeit kann somit auch im industriellen Softwarebereich nicht vollständig auf die Zustimmung des Urhebers verzichtet werden, wenn eingeräumte Nutzungsrechte weitereingeräumt werden. Zumindest individualvertraglich besteht hier aber die Möglichkeit, auf das Zustimmungserfordernis zu verzichten.[578] In unteren Instanzen ist teilweise sogar die pauschale Vereinbarung einer solchen Zustimmung mittels AGB anerkannt.[579]

Für die Zukunft ist aufgrund der überzeugenderen Argumente auf eine Anpassung auch der höchstrichterlichen Rechtsprechung an die Meinung zu hoffen, die pauschale Zustimmungen oder einen Verzicht auf die Zustimmung via AGB für möglich hält.[580] Im Bereich von Software und anderen Massengeschäften wäre, wie angeführt, sogar eine vollständige Nichtanwendung des § 34 UrhG denkbar. Es ist nicht nur wesentlich weniger aufwendig, die Zustimmungen zur Nutzungsrechteübertragung im Softwaremassengeschäft bereits im Voraus und formularmäßig durch AGB oder gar nicht einzuholen.[581] Die Zustimmung des Urhebers bei Beachtung von Treu und Glauben (§ 34 Abs. 1 S. 2 UrhG) stellt im herkömmlichen Geschäftsverkehr auch regelmäßig eine reine Formsache dar und eine Verweigerung der Zustimmung ohne nähere Begründung ist auf lange Sicht aussichtslos. Darüber hinaus beachtet ein solches Vorgehen den geringen persönlichkeitsrechtlichen Einschlag von Softwareurheberrechten und wahrt die Vertragsfreiheit der Parteien.

Es zeigt sich, dass der § 34 UrhG auf den ersten Blick auch im Softwarebereich eine Stärkung der Rechte des Urhebers auch nach umfassender Einräumung von Nutzungsrechten an einen Verwerter zu bedeuten scheint. Bei näherer Betrachtung fällt allerdings auf, dass die strikte Anwendung der Zustimmungspflicht nicht nur unvereinbar mit den Strukturelementen von Software ist, sondern auch, dass der § 34 Abs. 1 UrhG zur Disposition steht und durch entsprechende vertragliche Gestaltung schnell umgangen werden kann. Im Streit um die Möglichkeit, die Norm mittels Regelungen in AGB zu umgehen, überzeugen die von der zustimmenden Ansicht vorgebrachten Argumente mehr.

---

578 *Schulze* in Dreier/Schulze 7. Aufl., § 34 Rn. 49; *Wandtke* in Wandtke/Bullinger 6. Aufl., § 34 Rn. 38.

579 *OLG Hamburg* vom 02.06.2011, 5 U 113/09, GRUR-RR 293, 300.

580 Wie bspw.: *OLG Hamburg* vom 02.06.2011, 5 U 113/09, GRUR-RR 293, 300.

581 *Lowenheim/Nordemann/Ohly* in Loewenheim Hdb., 3. Aufl., § 25 Rn. 14; *Nordemann* in Fromm/Nordemann 12. Aufl., § 34 Rn. 41 f.; *Ohly* in Schricker/Loewenheim, 6. Aufl., § 34 Rn. 55; vgl. *Acker/Thum* in GRUR 2008, 671, 678.

Im Ergebnis dürfte die Auswirkung des § 34 UrhG auf den urheberrechtlichen Rechteverbleib im Softwarebereich daher von geringer Bedeutung sein.

Es ergeben sich auch keine neuen Aspekte bei der Analyse des § 35 UrhG. Der Schutzzweck stimmt mit dem des § 34 UrhG überein.[582] Mithin gilt auch bei der Softwareentwicklung, dass die Argumente, welche einen Rechteverbleib durch den § 34 UrhG als unerheblich ansehen, auf den § 35 UrhG anwendbar sind. Hierfür spricht zusätzlich, dass § 35 Abs. 2 UrhG eine Anwendung der relevanten Abschnitte des § 34 UrhG auch im Zusammenhang mit der konstitutiven Rechteeinräumung gesetzlich verankert.

ee) § 40a UrhG

§ 40a UrhG ist nach § 69a Abs. 5 UrhG nicht auf Computerprogramme anwendbar. Die grundsätzliche Beschränkung von ausschließlichen Nutzungsrechteeinräumungen gegen eine Pauschalvergütung auf einen Zeitraum von zehn Jahren[583] gilt demnach nicht für Nutzungsrechteeinräumungen im Bereich von Software. Es wird insofern ein klares Signal für die Geltung von Buy-out-Verträgen gesendet. Deren Existenz wird nicht bloß anerkannt und akzeptiert, vielmehr erfahren sie bei der Einräumung von Nutzungsrechten an Computerprogrammen gerade keine zeitliche Begrenzung. Der Gesetzgeber hielt es scheinbar nicht für sinnvoll, den Urheber in dieser konkreten Konstellation gesondert zu schützen.[584] Vielmehr wird der Eindruck vermittelt, dass ausschließliche Nutzungsrechteeinräumungen für die gesamte Schutzdauer gegen eine Pauschalvergütung den Standard in der Softwareentwicklung und deren Vertrieb darstellen und der Urheber keines gesonderten Schutzes bedarf. Der Ausschluss des § 32d UrhG im Bereich der Computerprogramme wird damit begründet, dass hier „auf Grund der hohen Nachfrage der Branche nach Mitarbeitern die Vertragsparität zwischen Urhebern und Verwertern nicht im gleichen Maße gefährdet [ist] wie in anderen Gebieten der Kreativwirtschaft“[585] und „die Besonderheiten der Werkart hinsichtlich ihrer Schaffung, Nutzung und Funktion […] eine spezielle Ausnahme [rechtfertigen]“[586]. Diese Gedanken sind aufgrund ihrer Allgemeingültigkeit auch auf alle anderen Ausnahmen, die

---

582 *Schulze* in Dreier/Schulze 7. Aufl., § 35 Rn. 1.
583 S. dazu C.II.1)b)ee).
584 Vgl. BT Drs. 18/8625, S. 27; *Grützmacher* in Wandtke/Bullinger 6. Aufl., § 69a Rn. 96; *Spindler* in Schricker/Loewenheim 6. Aufl., § 69a Rn. 26.
585 BT-Drs. 18/8625, 27.
586 BT-Drs. 18/8625, 27.

im Bereich der Computerprogramme gelten,[587] und dementsprechend auch auf den § 40a UrhG übertragbar. Die Nichtanwendung des § 40a UrhG beruht somit auf der gesetzgeberischen Anerkennung der unvergleichbaren Strukturelemente von herkömmlichen Werken und Computerprogrammen sowie der gesonderten Verhandlungssituation in der Softwarebranche.

Bereits vor Geltung des § 40a UrhG und der Unanwendbarkeit auf Computerprogramme durch § 69a Abs. 5 UrhG vom 1. März 2017 an wurde sich mit Nachdruck gegen eine Anwendung des § 40a UrhG ausgesprochen.[588] Demnach bestünde eine Vertragsparität im Softwarebereich auch ohne die helfenden Hände des Gesetzes.[589] Dieser Einschätzung hat sich der Gesetzgeber mit der Neufassung des § 69a Abs. 5 UrhG angeschlossen.[590]

Es wird zunehmend deutlich, dass der Schutz des Softwareurhebers von Gesetzes wegen schon nicht mit dem des klassischen Urhebers gleichgestellt werden kann.

Wie bei allen den Rechteverbleib der Urheber stärkenden Normen spricht deren Nichtanwendbarkeit im Bereich der Computerprogramme gerade für einen verminderten Verbleib von Rechten beim Urheber. So ist mit jeder in § 69a Abs. 5 UrhG ausgenommenen Norm mehr davon auszugehen, dass Nutzungsrechte nicht bloß vorübergehend und somit beschränkt eingeräumt, sondern gerade uneingeschränkt auf einen Verwerter *übertragen* werden können. Der Umstand, dass durch EU-Richtlinien zunehmend mehr Vorschriften des Urheberrechts keine Anwendung auf Computerprogramme finden,[591] unterstreicht diese beschriebene Entwicklung und macht die Relevanz der einfacheren und verbesserten Handhabung von Softwarenutzungsrechten im grenzüberschreitenden Handel deutlich.

ff) § 41 UrhG

Auch § 41 UrhG ist infolge der neusten Änderung des § 69a Abs. 5 UrhG aufgrund des Art. 23 Abs. 2 DSM-RL nicht mehr auf Computerprogramme anwendbar.

---

587 *Spindler* in Schricker/Loewenheim 6. Aufl., § 69a Rn. 26.

588 So auch die Deutsche Gesellschaft für Recht und Informatik e.V. in einem deutlichen Plädoyer: *Grützmacher/Lejeune/Schneider-Brodtmann/Stögmüller* in CR 2016, 138, 138 ff.

589 BT Drs. 18/8625, 27; *Grützmacher* in Wandtke/Bullinger 6. Aufl., § 69a Rn. 96; *Spindler* in Schricker/Loewenheim 6. Aufl., § 69a Rn. 26.

590 BT-Drs. 18/8625, 24, 27; zu lesen mit: BT-Drs. 18/10637, 24.

591 BT-Drs. 19/27426, 106.

(1) Altverträge

Vor dem 7. Juni 2021 war der § 41 UrhG jedoch noch auf Computerprogramme anwendbar. Fraglich ist insofern, wie sich das Rückrufsrecht aus § 41 UrhG auf die Möglichkeit umfassender Nutzungsrechteeinräumungen für Verträge im Softwarebereich, deren Abschluss vor dem 7. Juni 2021 lag, auswirkt.

Einleitend soll auf die urheberpersönlichkeitsrechtliche Prägung des § 41 UrhG hingewiesen werden.[592] Zwar ist die Vorschrift nicht ausschließlich urheberpersönlichkeitsrechtlich geprägt. Allerdings macht auch eine Teilprägung deutlich, dass eine unangepasste Anwendung im wenig vom Persönlichkeitsrecht geprägten Softwareurheberrecht nicht interessengerecht ist.[593]

Wie bereits im Rahmen herkömmlicher urheberrechtlicher Werke festgestellt,[594] spielt der § 41 UrhG nur eine verminderte Rolle in der Argumentation des urheberrechtlichen Rechteverbleibs. Während der BFH der Frage nach der Wirkung des Rückrufrechtes wegen Nichtausübung aus dem Weg geht,[595] deuten Umstände wie die mögliche Abdingbarkeit oder auch die den Urheber treffende Entschädigungspflicht nach § 41 Abs. 6 UrhG auf eine geringe Bedeutung der Norm.

Im Bereich der Computerprogramme wurde darüber hinaus argumentiert, dass der § 41 UrhG ungeachtet seiner nachrangigen tatsächlichen Auswirkungen schon kein die Verhandlungssituation von Urheber und Verwerter adäqaut berücksichtigender Anspruch sei.[596] Grund dafür soll die in § 41 Abs. 2 S. 1 UrhG normierte Frist von zwei Jahren bis zum Entstehen des Anspruchs sein.[597] Diese Frist sei viel zu kurz.[598] Schon zu den deutlich längeren Fristen des § 40a UrhG äußern sich die Autoren kritisch.[599] Die Entwicklung von Software sei oft ein langjähriger, mehrschrittiger Prozess, welcher durch vorzeitige Rückrufsrechte wie § 40a UrhG gefährdet wird.[600] Das muss erst recht für die kürzere Frist des

592 *Peukert* in Schricker/Loewenheim, 6. Aufl., § 41 Rn. 2; *Wiebe* in Spindler/Schuster, Elektron. Medien 4. Aufl., UrhG § 41 Rn. 1.

593 S. hierzu C.I.

594 S. C.II.1.b)ff).

595 *BFH* vom 24.10.2018, I R 69/16, DStR 2019, 916, 919.

596 BT-Drs. 19/27426, 106; *Grützmacher/Lejeune/Schneider-Brodtmann/Stögmüller* in CR 2016, 138, 140.

597 *Grützmacher/Lejeune/Schneider-Brodtmann/Stögmüller* in CR 2016, 138, 140.

598 *Grützmacher/Lejeune/Schneider-Brodtmann/Stögmüller* in CR 2016, 138, 140.

599 *Grützmacher/Lejeune/Schneider-Brodtmann/Stögmüller* in CR 2016, 138, 138 ff.

600 *Grützmacher/Lejeune/Schneider-Brodtmann/Stögmüller* in CR 2016, 138, 138 ff.

§ 41 Abs. 2 S. 1 UrhG von zwei Jahren gelten.[601] Diesen Bedenken entsprach der Gesetzgeber mit der Anpassung des § 69a Abs. 5 UrhG.[602]

Das Argument der zu geringen Frist lässt sich allerdings im Softwarebereich auch in umgekehrter Weise anbringen mit dem Ergebnis, dass trotz Geltung des § 41 UrhG der eigentliche Anwendungsbereich der Norm erheblich verringert ist:

Die Entwicklungsdauer von Software mag in Teilen lang sein. Die rasche technische Entwicklung der letzten Jahre zeigt allerdings, dass sich nicht nur die Entwicklungsdauer stetig verringert, sondern dass auch die Nutzungsdauer von Computerprogrammen stark abnimmt.[603] Werden Nutzungsrechte an Programmen zwei Jahre lang nicht ausgeübt, so besteht die Gefahr, dass die Software bereits überholt ist. Die Ausübung wird entsprechend früher erfolgen. Dabei ist vor allem auch zu berücksichtigen, dass nach § 41 Abs. 2 S. 1 UrhG die relevante Frist erst mit Einräumung der Nutzungsrechte zu laufen beginnt. Die Entwicklungsdauer ist damit in Fällen, in denen die Nutzungsrechte erst mit Fertigstellung des Gesamtprogrammes eingeräumt werden, im Gegensatz zur faktischen Nutzungsdauer für die Frist des § 41 Abs. 2 S. 1 UrhG irrelevant.

So wird diese Frist im Softwarebereich regelmäßig keine Rolle spielen. Der praktische Anwendungsbereich des Rückrufsrechts aus § 41 UrhG ist dementsprechend sogar für Verträge vor dem 7. Juni 2021 unerheblich.

(2) Neuverträge

Ebenso wie bei § 40a UrhG wurden auch bezüglich des § 41 UrhG bereits vor Inkrafttreten der Norm Stimmen laut, die einen Ausschluss der Anwendung für Computerprogramme forderten.[604] Mittlerweile kam der Gesetzgeber dieser Forderung im § 69a Abs. 5 UrhG nach. Eine Stärkung der Urheber in der Verhandlungssituation durch die §§ 40 f. UrhG wurde als nicht notwendig erachtet.[605]

Wenn der ausschlaggebende Punkt für die Unmöglichkeit einer vollständigen *Übertragung* von Nutzungsrechten die nicht abdingbare Natur eines

601 So in einem Satz: *Grützmacher/Lejeune/Schneider-Brodtmann/Stögmüller* in CR 2016, 138, 140.

602 Umsetzung des Art. 23 DSM-RL: BT-Drs. 19/27426, 106.

603 S. dazu C.I.4.d).

604 *Grützmacher/Lejeune/Schneider-Brodtmann/Stögmüller* in CR 2016, 138, 140.

605 BT-Drs. 18/8625, 27; BT-Drs. 19/27426, 106.

Rückrufsrechts sein soll,[606] so ist dieses Argument in Bezug auf § 41 UrhG im Rahmen der Softwareentwicklung seit dem 7. Juni 2021 hinfällig. Schließlich ist der § 41 UrhG schon gar nicht mehr anwendbar und eine Abdingbarkeit bzw. deren Unmöglichkeit und die Auswirkungen stehen als Argument nicht mehr zur Verfügung.

Eine unausgeglichene Verhandlungssituation scheint, dem Regelungsbedürfnis des Gesetzgebers folgend, im Verhältnis von Softwareurheber und Rechteinhabern nicht der Standard zu sein.[607]

gg) § 42 UrhG

Im Gegensatz zu den übrigen Rückrufsrechten ist § 42 UrhG nicht durch § 69a Abs. 5 UrhG von der Anwendung auf Computerprogramme ausgeschlossen. Damit ist unabhängig von der Zeit des Vertragsschlusses zu klären, inwiefern § 42 UrhG Auswirkungen auf den Rechteverbleib beim Urheber hat.

Die Untersuchung im Rahmen von herkömmlichen urheberrechtlichen Werken hat bereits gezeigt, dass die Auswirkungen des § 42 UrhG recht gering sind.[608] Die Voraussetzung der gewandelten Überzeugung stellt eine hohe Hürde dar und die Entschädigungspflicht sowie das Interesse, mit dem Vertragspartner weitere Geschäfte abzuschließen, hemmen den Urheber zusätzlich, den Anspruch geltend zu machen.

Im Rahmen der Softwareentwicklung muss zusätzlich die Natur des § 42 UrhG berücksichtigt werden. Die Vorschrift begründet einen Anspruch, der dem Urheberpersönlichkeitsrecht entspringt.[609] Dementsprechend verfehlt und ohne faktischen[610] Anwendungsbereich ist dieses Recht im vorwiegend materiell[611] geprägten Softwareurheberrecht.[612] Es wird ferner angebracht, dass der § 42 UrhG schon gar nicht auf den wirtschaftlichen Gehalt des Nutzungsrechtes abzielt.[613]

---

606 Vgl. BFH vom 22.01.1988, III B 9/87, BFHE 152, 539; BFH vom 01.12.1982, I B 11/82, BFHE 137, 178; *Petersen* in IStR 2013, 896, 902.

607 Dafür auch: BT-Drs. 18/8625, 27; ebenso: BT-Drs. 19/27426, 106.

608 S. C.II.1.b)gg).

609 *Wandtke* in Wandtke/Bullinger 6. Aufl., § 42 Rn. 1.

610 S. hierzu Fn. 96 in: *Petersen* in IStR 2013, 896.

611 S. zur Prägung von Software als urheberrechtliches Werk: C.I.

612 *Witte/Auer-Reinsdorff* in Auer-Reinsdorff/Conrad, Hdb. IT, 3. Aufl, Rn. 254; *Redeker*, IT-Recht, 7. Aufl., Rn. 42; *Witte* in ITRB 2011, 93, 95.

613 *Petersen/Herbst* in IStR 2021, 745, 752.

Im Einklang mit dieser Einschätzung wird vertreten, dass das Rückrufsrecht aus § 42 UrhG im Softwarebereich keinen Anwendungsbereich hat, weil Computerprogramme regelmäßig keinen politischen, religiösen oder künstlerischen Standpunkt beziehen.[614] Mit der zunehmenden Digitalisierung der Gesellschaft und dem stark erweiterten Einsatzbereich von Computerprogrammen ist diese Aussage sicherlich nicht pauschal zutreffend. Dennoch liegt der überragenden Mehrheit von Programmen, im Gegensatz zu herkömmlichen Werken, wie Kunstwerken oder literarischen Beiträgen, keine Stellungnahme als Ausdruck irgendeiner Überzeugung inne. Genauso wenig, wie ein Schraubenzieher Ausdruck einer wandelbaren Überzeugung ist, ist Software mit Werkzeugcharakter als solches einzustufen.

Nach Wortlaut des § 42 Abs. 1 S. 1 UrhG muss das Werk als solches der Überzeugung des Urhebers nicht mehr entsprechen. Irrelevant ist hingegen, ob die Nutzung des Werkes mit der Überzeugung des Urhebers übereinstimmt oder nicht. Im Softwarebereich ist ein Wechsel der Überzeugung bezüglich der Nutzung des Werkes im Gegensatz zu einem Überzeugungswandel bezüglich des eigentlichen Werkes durchaus denkbar. Ein solcher kann zum Beispiel dann vorliegen, wenn ein Programm zur Steuerung eines Kohlekraftwerkes eingesetzt wird, der Urheber nunmehr aber Umweltaktivist ist und den Einsatz von fossilen Brennstoffen ablehnt.[615] Das Softwarewerk selbst verbrennt in diesem Zusammenhang keine Kohle oder ähnliches. Vielmehr steuert das Programm nur Prozesse, die zu dieser Verbrennung führen. Durch das Programm als solches kommt also nicht zum Ausdruck, dass der Einsatz von fossilen Brennstoffen unterstützt wird. Im Gegensatz dazu bringt ein Lied oder ein Aufsatz, welcher die Notwendigkeit und die Vorteile des Einsatzes fossiler Brennstoffe predigt, eine solche Unterstützung unabhängig von der Nutzung des Werkes zum Ausdruck. Es ist oft der primäre Sinn eines klassischen urheberrechtlichen Werkes, eine bestimmte Überzeugung, sei diese politischer, wissenschaftlicher oder anderer Natur, zum Ausdruck zu bringen. Software hingegen ist üblicherweise wertungsfrei. Sie ermöglicht dem Anwender zwar eine Nutzung, die möglicherweise eine Wertung zum Ausdruck bringt. Das Programm als solches bringt jedoch kaum eine Überzeugung zum Ausdruck. Dies gilt insbesondere, wenn Computerprogramme so gestaltet sind, dass sie nicht bloß eine Nutzungsart ermöglichen.

---

614 *Redeker*, IT-Recht, 7. Aufl., Rn. 42; *Kindermann* in GRUR 1985, 1008, 1012; *Kolle* in GRUR 1985, 1016, 1024.

615 Auch das drastische Beispiel von Nuklearwaffen mag insoweit überzeugen: *Redeker*, IT-Recht, 7. Aufl., Rn. 42.

So kann eine Buchhaltungssoftware zum Bilanzbetrug oder zur Steuerhinterziehung eingesetzt werden, ohne dass dies im Interesse des Urhebers liegt. Sie kann aber auch zur ordnungsgemäßen Buchführung genutzt werden. Ähnliches gilt, wenn ein Programm einen grundsätzlich neutralen Vorgang steuert, wie das Öffnen einer Klappe oder eines Ventils. Ein solches Programm kann für verschiedenste, eben auch schädigende, mit der Überzeugung der meisten Urheber wohl nicht übereinstimmende Zwecke eingesetzt werden. Der Urheber hat mit der Entwicklung eines solchen neutralen Programms keinerlei Überzeugung zum Ausdruck gebracht.

Auch der Blick auf den Werkzeugcharakter von Computerprogrammen[616] verdeutlicht diese Einschätzung. Die bloße Entwicklung eines Hammers macht den Entwickler längst nicht zum Unterstützer eines Mordes, wenn dieser Hammer hierfür eingesetzt wurde, geschweige denn zum Mörder selbst. Regelmäßig wird der Entwickler auch keine spezifische Überzeugung zu Hämmern als solche haben. Das kann sich in Teilen ändern, wenn jemand eine Waffe entwickelt, die speziell zur Tötung von Menschen gestaltet ist. Dieser Fall ist vergleichbar mit Software, die ein ausschließlich schädigendes Einsatzgebiet hat, wie beispielsweise ein Trojaner. Hierbei handelt es sich allerdings gerade im industriellen Softwarebereich um eine Ausnahme. Werkzeuge bringen im Regelfall keine Überzeugung zum Ausdruck.

Es ist also schwer vorstellbar, dass sich im Softwarebereich die Überzeugung des Urhebers tatsächlich in Bezug auf sein Werk ändert. Mit größter Wahrscheinlichkeit wird sich der Überzeugungswandel auf die Nutzung des Programmes und nicht auf das Programm selbst beziehen.

Der Anspruch des § 42 UrhG hat trotz der Geltung im Bereich der Computerprogramme keinen nennenswerten Anwendungsbereich. Dieser Anspruch kann daher nur schwerlich als Argument für den Rechteverbleib beim Urheber auch nach umfassender Rechteeinräumung und damit gegen eine *Übertragung* von Nutzungsrechten angeführt werden.

hh) §§ 69a ff. UrhG

Wie bereits in der Analyse der übrigen den Softwareurheber schützenden Normen festgestellt, ist das klassische Urheberrecht für Computerprogramme modifiziert. Von dem in § 69a Abs. 4 UrhG definierten Grundsatz, dass auf Computerprogramme die für Sprachwerke geltenden Bestimmungen anzuwenden sind, wird im folgenden Absatz durch Ausschluss der §§ 32-32g, 36-36d, 40a und 41 UrhG

---

616 S. hierzu C.I.4.

abgewichen. Durch diese einleitende Modifikation wird schon der Grundtenor des Verhältnisses des klassischen Urheberrechts zu Software deutlich – eine nur schwierige Vereinbarkeit.

Vor dem 7. Juni 2021 fanden weniger Normen, namentlich die §§ 32d, e, 36-36c, 40a, und 95a-95d UrhG keine Anwendung auf Computerprogramme.[617] Noch vor dem 1. März 2017 waren nur die §§ 95a-95d UrhG ausgenommen.[618] Der Gesetzgeber hat also besonders im Laufe der letzten Jahre zunehmend mehr Normen aus dem klassischen Urheberrecht für unanwendbar auf Software erklärt. Dieser Trend stimmt mit der in dieser Arbeit ermittelten zunehmend schwierigen Vereinbarkeit von klassischem Urheberrecht und dem Werktyp Computerprogramm überein. Möglicherweise ist diese Entwicklung auch derart zu interpretieren, dass Vorgänge wie umfassende Nutzungsrechteeinräumungen, welche zum Teil als durch das geltende Urheberrecht eingeschränkt angesehen werden, im Softwarebereich als faktische *Übertragung* gelten. Hierzu bedarf es einer näheren Auseinandersetzung mit den geltenden Normen.

Durch die §§ 69a-69g UrhG wird das Urheberrecht für Computerprogramme weiter modifiziert und näher konkretisiert. Zu ermitteln ist, inwiefern diese Anpassungen den Rechteverbleib beim Urheber auch nach umfassender Einräumung der Nutzungsrechte beeinflussen.

Wie sehr § 69b UrhG den Rechteverbleib beeinflusst und wie er sich von § 43 UrhG unterscheidet, wird gesondert in Abschnitt IV.2 behandelt.

(1) Rechtsinhaber statt Urheber

§ 69c UrhG ist lex specialis zu § 15 UrhG.[619] Beide Normen legen Ausschließlichkeitsrechte in Bezug auf bestimmte das Werk betreffende Handlungen fest. Im Gegensatz zu § 15 UrhG spricht § 69c UrhG allerdings nicht von den ausschließlichen Rechten des Urhebers, sondern des Rechtsinhabers.[620] Die beiden Begriffe werden im deutschen Urheberrecht nicht gleichgesetzt.[621] Auch jemand,

---

617 S. Art. 1 Abs. 10 des Gesetzes zur verbesserten Durchsetzung des Anspruchs der Urheber und ausübenden Künstler auf angemessene Vergütung und zur Regelung von Fragen der Verlegerbeteiligung, BGBl. I 2016, 3037 ff.

618 S. Art.1 Abs. 27 des Gesetzes zu Anpassung des Urheberrechts an die Erfordernisse des digitalen Binnenmarktes, BGBl. I 2021, 1204 ff.

619 *Dreier* in Dreier/Schulze 7. Aufl., § 69c Rn. 1; *Wiebe* in Spindler/Schuster, Elektron. Medien 4. Aufl., UrhG § 69c Rn. 1.

620 *Grützmacher* in Wandtke/Bullinger 6. Aufl., § 69c Rn. 3.

621 *Schulze* in Dreier/Schulze 7. Aufl., § 31a Rn. 63.

der ein Werk nicht selbst geschaffen hat, kann Rechtsinhaber sein. Urheber ist jedoch immer nur der eigentliche Schöpfer.

Die Unterscheidung im Wortlaut legt den Schluss nahe, dass im Softwarebereich auch jemand anderem als dem Urheber Ausschließlichkeitsrechte zustehen können. Das wiederum könnte darauf hindeuten, dass der Urheber nicht nur einzelne Nutzungsrechte, sondern auch ganze, eigentlich ausschließlich ihm zustehende Verwertungsrechte[622] einräumen kann.[623] Damit läge ein Bruch mit dem Schöpferprinzip vor.[624] So wäre jedoch eine vollständige *Übertragung* von Rechten - im Gegensatz zur eigentlichen urheberrechtlichen Einordnung[625] - möglich. Daraus würde sich deutlich ein endgültiger Rechtekauf mit den entsprechenden einkommenssteuerrechtlichen Konsequenzen ergeben.[626]

Der Umstand, dass § 69b UrhG „alle[...] vermögensrechtlichen Befugnisse" dem Arbeitgeber zuweist, könnte allerdings auch dafür sprechen, dass doch dem Urheber alleinig das Verwertungsrecht zusteht.[627] Hätte der Gesetzgeber die Möglichkeit der Übertragung von Verwertungsrechten gesetzlich festlegen wollen, hätte er sie auch als solche bezeichnet und nicht den „Arbeitgeber zur Ausübung aller vermögensrechtlicher Befugnisse an dem Computerprogramm berechtigt" (§ 69b Abs. 1 UrhG) und ihm somit scheinbar „nur" ein umfassendes Nutzungsrecht eingeräumt.[628] Eine andere Bewertung kann sich ergeben, wenn die durch § 69b Abs. 1 UrhG erlangten Befugnisse nicht als Nutzungsrecht, sondern als Verwertungsrecht eingestuft werden[629]. Hierbei handelt es sich jedoch um eine kaum vertretene und im Ergebnis auch, da einen Bruch mit den Grundprinzipien des Urheberrechts provozierende, abwegige Einschätzung.

Ein Bruch mit dem Schöpferprinzip[630] (§ 7 UrhG) scheint somit durch § 69c UrhG, betrachtet im Lichte des § 69b UrhG, nicht vorzuliegen.[631]

---

622 S. einleitende Erklärungen: B.I.2.; *Meinhardt* in Weber, Rechtswörterbuch, 28. Edt.

623 *Grützmacher* in Wandtke/Bullinger 6. Aufl., § 69c Rn. 3; *Junker/Benecke*, Computerrecht 3. Aufl., Rn. 57.

624 *Grützmacher* in Wandtke/Bullinger 6. Aufl., § 69c Rn. 3.

625 S. B.2.a).

626 *Hecht/Lampert* in FR 2010, 68, 70; *Petersen* in IStR 2013, 896, 896 f.

627 *Grützmacher* in Wandtke/Bullinger 6. Aufl., § 69c Rn. 3.

628 Vgl. *BGH* vom 23.10.2001, X ZR 72/98, GRUR 2002, 149, 151; *Spindler* in Schricker/Loewenheim 6. Aufl., § 69b Rn. 11.

629 *Junker/Benecke*, Computerrecht 3. Aufl., Rn. 57.

630 *Dreier* in Dreier/Schulze 7. Aufl., § 43 Rn. 3; *Rojahn* in Schricker/Loewenheim 6. Aufl., § 43 Rn. 5.

631 *Grützmacher* in Wandtke/Bullinger 6. Aufl., § 69c Rn. 3; *Spindler* in Schricker/Loewenheim 6. Aufl., § 69b Rn. 1.

Dennoch hat der Gesetzgeber im § 69c UrhG explizit den Begriff „Rechtsinhaber" und nicht „Urheber" verwendet. Ob der Gesetzgeber dies in der Absicht tat, die Rolle des Softwareurhebers von der des herkömmlichen Urhebers zu differenzieren und die Möglichkeit einer umfassenderen Rechteeinräumung in diesem Bereich zu statuieren, ist unklar.[632] Die Verwendung des Begriffes könnte auch aus der Übernahme der Formulierung des Art. 4 Computerprogramm-RL, dessen Umsetzung der § 69c UrhG darstellt, herrühren. Warum die Umsetzung der Richtlinie jedoch eine Abweichung von den herkömmlichen Begriffen des Urheberrechts bedarf, leuchtet nicht ein.

Die Tatsache, dass eine gesonderte Norm für die Ausschließlichkeitsrechte im Softwareurheberrecht existiert und diese eine abweichende Terminologie verwendet, lässt zumindest auf die Sonderrolle der Software schließen und die Notwendigkeit erkennen, dass die bestehenden Begriffe des Urheberrechts nicht auf den Softwarebereich übertragbar sind.

(2) Ausnahmen der Ausschließlichkeitsrechte

§ 69d UrhG und § 69e UrhG enthalten Ausnahmen von den in § 69c UrhG normierten Ausschließlichkeitsrechten. Auch hier wird der Begriff „Rechtsinhaber" und nicht „Urheber" verwendet. Insofern ist auf die obigen Erwägungen zu verweisen.

Bemerkenswerter ist jedoch der Umstand, dass von der gesonderten, von § 15 UrhG abweichenden Regelung der Ausschließlichkeitsrechte in § 69c UrhG in den folgenden Vorschriften wiederum Ausnahmen gemacht werden. Die Vorschriften erlauben dem zur Nutzung des Computerprogrammes Berechtigten, bestimmte Handlungen vorzunehmen. So kann dieser beispielsweise zwecks Interoperabilität mit anderen Programmen ohne Zustimmung des Rechteinhabers Vervielfältigungen des Codes erstellen (§ 69e Abs. 1 UrhG).

Der ordnungsgemäße Betrieb von Software wäre ohne diese Ausnahmen nicht möglich.[633] Die Arbeitsweise von Computerprogrammen macht Vervielfältigungen und andere Handlungen, die eigentlich dem Ausschließlichkeitsrecht unterliegen, notwendig, um eine reguläre Nutzung zu gewähren.[634] Für die

632 Keine Ausführungen insofern in: BT-Drs. 12/4022, 11.

633 BT-Drs. 12/4022, 12; *Dreier* in Dreier/Schulze 7. Aufl., § 69d Rn. 1 f.; *Grützmacher* in Wandtke/Bullinger 6. Aufl., § 69d Rn. 1.

634 *Dreier* in Dreier/Schulze 7. Aufl., § 69d Rn. 1, zu den Handlungen: § 69c Rn. 8; *Vinje* in Lehmann/Tapper, Hb. Software Law, 39, 50; *Wiebe* in Spindler/Schuster, Elektron. Medien 4. Aufl., UrhG § 69d Rn. 1.

Nutzung bzw. den Genuss eines analogen urheberrechtlichen Werks wie einem Buch oder einem Gemälde ist keine das Ausschließlichkeitsrecht beeinträchtigende Handlung notwendig. Anders verhält es sich bei digitalen Werken, welche beispielsweise eine Vervielfältigung im Arbeitsspeicher notwendig machen. Hierbei geltende Schranken, wie der § 44a UrhG fordern in Teilen ebenfalls die Berechtigung des Nutzers (§ 44a Nr. 2 UrhG).

Auch im regulären Urheberrecht bestehen Abweichungen von den Ausschließlichkeitsrechten in Form der Schrankenregelungen (§§ 44a ff. UrhG).[635] Diese sind den §§ 69d, e UrhG jedoch nicht ohne Weiteres gleichzusetzen.[636] Im Gegensatz zu den herkömmlichen Schrankenregelungen bedürfen die Abweichungen vom Ausschließlichkeitsrecht in § 69d Abs. 1 a. E. UrhG bzw. § 69e Abs. 1 Nr. 1 UrhG stets der vorherigen Berechtigung zur Verwendung der Software („Berechtigten", „berechtigten Person"). Die Abweichungen von den Ausschließlichkeitsrechten des § 15 UrhG in den urheberrechtlichen Schrankenregelungen der §§ 44a ff. UrhG stehen nicht nur den Berechtigten, sondern grundsätzlich jedem zu.[637] Abweichungen ergeben sich durch die Voraussetzung der rechtmäßigen Nutzung (§ 44a Nr. 2 UrhG, § 53a Abs. 1 S. 1 UrhG).[638]

Die Besonderheiten von Software machen es also nicht nur zur Notwendigkeit, separate Ausschließlichkeitsrecht zu formulieren, sondern darüber hinaus auch gesonderte Ausnahmen dieser Ausschließlichkeitsrechte festzulegen. Computerprogramme weisen derartige Unterschiede zu klassischen Werkarten auf, dass die herkömmlichen Regeln des Urheberrechts in Form des § 15 UrhG und den Schrankenregelungen nicht ohne Weiteres anwendbar sind.[639]

Die etablierte zweistufige Sonderregelung (gesonderte Ausschließlichkeitsrechte in § 69c UrhG und Abweichungen hiervon in §§ 69d, e UrhG) abseits der herkömmlichen Schrankenregelungen des Urheberrechts bzw. die Notwendigkeit dieser Sonderregelungen[640] ist weiteres Zeugnis der Sonderrolle von Software im Urheberrecht. Auch die Schwierigkeiten bei der Entstehung der

635 S. zu diesem Vergleich: *Grützmacher* in Wandtke/Bullinger 6. Aufl., § 69d Rn. 1; *Lehmann* in FS Schricker 1995, 549, 549.

636 *Dreier* in Dreier/Schulze 7. Aufl., § 69d Rn. 2 ff.; *Grützmacher* in Wandtke/Bullinger 6. Aufl., § 69d Rn. 1.

637 *Dreier* in Dreier/Schulze 7. Aufl., § 69d Rn. 2.

638 Siehe insofern schon die vorherigen Ausführungen zu digitalen Werken.

639 *Grützmacher* in Wandtke/Bullinger 6. Aufl., § 69d Rn. 1; *Wiebe* in Spindler/Schuster, Elektron. Medien 4. Aufl., UrhG § 69d Rn. 1.

640 S. dazu *Lehmann* in FS Schricker 1995, 549, 553 ff.

Art. 5, 6 Computerprogramm-RL[641] unterstreichen dieses Verständnis. So schienen schon bei der Integration von Software in das Urheberrecht Schwierigkeiten bezüglich der Vereinbarkeit mit herkömmlichen Regelungen vorhanden zu sein.

In Anerkennung dieser Sonderrolle wäre auch ein von den klassischen Regeln abweichender Umgang mit umfassenden Nutzungsrechteeinräumungen denkbar. In anderen Bereichen, wie den Ausschließlichkeitsrechten, hat der EU-Gesetzgeber die technischen Besonderheiten von Software treffend erkannt und in der Richtliniengebung entsprechend berücksichtigt.[642] Die urheberrechtlichen Regeln könnten im Einklang mit der ermittelten tatsächlichen Wirkung der sonstigen Normen, welche eigentlich für einen Rechteverbleib sprechen, derart eindeutig angepasst werden, dass ein Rechteverbleib beim Urheber zumindest für Computerprogramme ausgeschlossen werden kann.

(3) Zwischenergebnis

Die Nutzbarmachung des deutschen Urheberrechts auf Computerprogramme durch die Vorschriften des achten Abschnitts des ersten Teils des Urheberrechtsgesetzes und die steten Änderungen dieses Abschnitts in den letzten Jahren zeigen deutlich die grundlegende Inkompatibilität von Urheberrecht und Software auf. Die dennoch erfolgende Anwendung urheberrechtlicher Regeln führt bei strenger Auslegung zu entsprechend unpassenden Ergebnissen, die es durch eine der Natur der Computerprogramme berücksichtigende Auslegung zu korrigieren gilt.

2. Zwischenergebnis

Während herkömmlichen Urhebern auch nach Einräumung umfassender Nutzungsrechte noch eine Vielzahl an Ansprüchen zur Verfügung stehen, minimieren sich diese Ansprüche in Bezug auf Software durch die Sonderregeln des Softwareurheberrechts besonders seit Umsetzung der DSM-Richtlinie deutlich. Hinzu kommt, dass die Eigenarten von Software den Anwendungsbereich der verbleibenden Normen stark beschränken. Die Sonderrolle von Computerprogrammen ist damit auch eindeutig dogmatisch anknüpfbar.

---

641 *Vinje* in Lehmann/Tapper, Hb. Software Law, 39, 47 ff.; *Lehmann* in FS Schricker 1995, 549, 549.

642 Im vorliegenden Beispiel Art. 5 und 6 Computerprogramm-RL.

IV. Urheberposition im Arbeitsverhältnis

Die bisherigen Ausführungen und Analysen der Normen, die den Rechteverbleib des Urhebers beeinflussen, betreffen solche Urheber, die sich nicht in einem Arbeitsverhältnis befinden. Für angestellte Urheber gelten besondere, durch Rechtsprechung und Gesetzgebung festgelegte Grundsätze, welche sich maßgeblich auf den Rechteverbleib auswirken könnten. Daher sollen sie im Folgenden untersucht werden. Auch hier ist erneut zwischen herkömmlichem Urheber und Softwareurheber zu unterscheiden.

Bei den folgenden Ausführungen ist nicht außer Acht zu lassen, dass die bisher getroffenen Feststellungen zum Anwendungsbereich der Normen und den Auswirkungen auf den Rechteverbleib beim freien Urheber[643] auch im Rahmen des Arbeitsverhältnisses gelten. Die Untersuchung der Situation des angestellten Urhebers ergänzt daher die bisherigen Ergebnisse.

1. Gewöhnliches Werk (43 UrhG)

Der § 43 UrhG konkretisiert die Anwendung des Urheberrechts für klassische Urheber in der Angestelltensituation. Die Regelungen des Urhebervertragsrechts sollen danach auch im Arbeits- oder Dienstverhältnis anwendbar sein, „soweit sich aus dem Inhalt oder dem Wesen des Arbeits- oder Dienstverhältnisses nichts anderes ergibt."

Für den Verbleib der Nutzungsrechte ergibt sich bei klassischen urheberechtlichen Werken somit das Folgende: Grundsätzlich stehen dem Urheber auch in der Angestelltensituation alle Rechte an seinem Werk zu und er kann über diese verfügen.[644] Daran ändert auch der § 43 UrhG nichts. Nur so weit das „Wesen" des Verhältnisses zum Arbeitgeber eine Abweichung notwendig macht, sind die Vorschriften des Urhebervertragsrechts nicht ohne Weiteres anzuwenden. Was das tatsächlich bedeutet, ergibt sich nicht aus dem Gesetz, sondern ist von Rechtsprechung und Literatur entwickelt worden.[645]

---

643 S. C.II., III.

644 *BGH* vom 12.05.2010, I ZR 209/07, GRUR 2011, 59, 60; *Dreier* in Dreier/Schulze 7. Aufl., § 43 Rn. 1.

645 *Lindhorst* in Ahlberg/Götting/Lauber-Rönsberg BeckOK UrhR 33. Edt., § 43 Rn. 1 f.; *Wandtke* in Wandtke/Bullinger 6. Aufl., § 43 Rn. 2.

a) § 31 UrhG

Nach diesen Grundsätzen[646] werden in aller Regel dem Arbeitgeber ohne nähere Auseinandersetzung mit dem Arbeitnehmer umfassende Nutzungsrechte an den Werken eingeräumt, welche in Erfüllung der Arbeitsleistung geschaffen werden.[647] Insofern wird bereits die Anwendung des § 31 UrhG in Frage gestellt. Der Arbeitnehmer kann nicht vollständig frei bestimmen, wem er welche Nutzungsrechte einräumt. Nach h.M. ist mit der „Übergehung" des § 31 UrhG jedoch nicht die Zweckübertragungsregel des § 31 Abs. 5 UrhG aufgehoben.[648] Der Umfang der Einräumung von Nutzungsrechten muss jedoch nicht bloß anhand des Vertragszweck, sondern auch anhand des Betriebszweckes festgestellt werden.[649]

Der § 31 UrhG wird in der Angestelltensituation somit nicht vollends missachtet, findet aber dennoch durch automatischer Einräumung der Nutzungsrechte und Anpassung der Zweckübertragungsregel nur in zugunsten des Arbeitgebers modifizierter Art und Weise Anwendung.

b) §§ 32 ff. UrhG

Besonders relevant für die Feststellung des Rechteverbleibs scheint die Geltung der zusätzlichen Vergütungsansprüche aus §§ 32 ff. UrhG.[650] In der Angestelltensituation ist unklar, ob für diese Ansprüche neben dem Anspruch auf Arbeitslohn noch Raum verbleibt.[651]

Der Arbeitnehmer wird für seine schöpferische Tätigkeit und nicht den Werkerfolg[652] mit dem Arbeitslohn vergütet. Der Arbeitgeber trägt in dieser Konstellation das gesamte Risiko der Werkentstehung und Verwertung.[653] So wäre es

---

646 S. vorheriger Absatz zu § 43 UrhG C.IV.1.

647 *BGH* vom 12.05.2010, I ZR 209/07, GRUR 2011, 59, 60; *OLG Frankfurt a.M.* vom 12.06.2019, 11 U 51/18, GRUR-RR 2019, 457, 459; *Lindhorst* in Ahlberg/Götting/Lauber-Rönsberg BeckOK UrhR 33. Edt., § 43 Rn. 2; *Ottermann*, Der Werkschöpfer im Arbeits- und Auftragsverhältnis, 159.

648 *BGH* vom 12.05.2010, I ZR 209/07, GRUR 2011, 59, 59 f.; *Wandtke* in Wandtke/Bullinger 6. Aufl., § 43 Rn. 54; *Dreier* in Dreier/Schulze 7. Aufl., § 43 Rn. 17; *Klass* in GRUR 2019, 1103, 1108.

649 *Wandtke* in Wandtke/Bullinger 6. Aufl., § 43 Rn. 54; *Klass* in GRUR 2019, 1103, 1107.

650 S. insoweit die Argumentation des BFH: *BFH* vom 24.10.2018, I R 69/16, DStR 2019, 916, 919.

651 *Ulrici*, Arbeitnehmerurheberrecht, 374; *Konertz* in ZUM 2020, 929, 930.

652 S. hierzu: *Bayreuther* in GRUR 2003, 570, 571.

653 *Ulrici*, Arbeitnehmerurheberrecht, 374; *Bayreuther* in GRUR 2003, 570, 571; auch im Umkehrschluss aus: BT-Drs. 18/8625, 26.

nur interessengerecht, wenn dem Arbeitnehmer kein zusätzlicher Anspruch auf Vergütung zustünde.

Das Gesetz verhält sich bezüglich der Frage der Anwendbarkeit der §§ 32 ff. UrhG unter Geltung des § 43 UrhG nicht eindeutig.[654] Zur Einführung der §§ 32 f. UrhG wurde angedacht, den § 43 UrhG insofern zu erweitern, als dass er die Anwendung der Vergütungsansprüche im Arbeitsverhältnis ausdrücklich regelt.[655] Dieser Vorschlag wurde allerdings nicht umgesetzt.[656] Stattdessen wurde auf die Anpassungen in Abs. 4 der §§ 32, 32a UrhG verwiesen.[657] Die Ansprüche aus §§ 32 f. UrhG sind nach § 32 Abs. 4 UrhG und § 32a Abs. 4 UrhG allerdings nur ausgenommen, wenn tarifvertraglich eine Vergütung bestimmt wurde bzw. eine gemeinsame Vergütungsregel besteht (§ 32a Abs. 4 Var. 1 UrhG). Streng an den gesetzlichen Vorgaben orientiert, sind im Umkehrschluss die §§ 32 f. UrhG zumindest in solchen Arbeitsverhältnissen anzuwenden, in denen kein Tarifvertrag oder eine gemeinsame Vergütungsregel gilt.[658] Dennoch hat die Bundesregierung 2016 zum Ausdruck gebracht, dass zumindest der sich aus § 32 UrhG ergebende Anspruch im Arbeitsverhältnis abgegolten ist.[659]

Auch mit der DSM-Richtlinie und der nationalen Umsetzung dieser wurde der § 43 UrhG nicht geändert. Einzig die Erwägungsgründe zur Richtlinie geben eine Stoßrichtung für die Anwendung urheberschützender Normen des Vertragsrechts vor. So spricht Erwägungsgrund 72 davon, dass „im Rahmen bestimmter Arbeitsverträge“ kein besonderes Schutzbedürfnis für Urheber besteht. Auch hieraus lässt sich jedoch keine pauschale Aussage zur Anwendung der Normen des Urhebervertragsrechts entnehmen. Die Literatur ist sich ebenfalls nicht einig darüber, ob der § 32 UrhG im Arbeitsverhältnis Anwendung findet oder nicht.[660] Es erscheint jedoch sehr sinnvoll, eine zusätzliche Vergütung

---

654 S. zur Uneinigkeit des Gesetzgebers: BT-Drs. 14/6433, 5, 18; BT-Drs. 18/8625, 26.

655 BT-Drs. 14/6433, 5, 18; zum damaligen Referentenentwurf: *Konertz* in ZUM 2020, 929, 931.

656 BT-Drs. 14/8058, 21.

657 BT-Drs. 14/8058, 21.

658 *Wandtke* in Wandtke/Bullinger 6. Aufl., § 43 Rn. 134 f.; *Konertz* in ZUM 2020, 929, 931.

659 BT-Drs. 18/10637, 21; BT-Drs. 18/8625, 26.

660 *A. Nordemann* in Fromm/Nordemann 12. Aufl., § 43 Rn. 58; *Lindhorst* in Ahlberg/Götting/Lauber-Rönsberg BeckOK UrhR 33. Edt., § 43 Rn. 22; *Dreier* in Dreier/Schulze 7. Aufl., § 43 Rn. 30 f.; differenzierend: Rojahn in Schricker/Loewenheim 6. Aufl., § 43 Rn. 64; *Berger* in ZUM 2003, 173, 177.

bei Vertragsschluss durch § 32 UrhG neben dem Arbeitslohn als abgegolten zu betrachten. Die Risikoverteilung und der Vergleich zu herkömmlichen Arbeitnehmern, welchen kein zusätzlicher Vergütungsanspruch neben dem Arbeitslohn zusteht, sprechen insofern eine klare Sprache.

Zur effizienten Geltendmachung der zusätzlichen Vergütungsansprüche bedarf es der Auskunftsrechte aus §§ 32d, e UrhG. Auch diese finden ihrem jeweiligen Abs. 3 zufolge keine Anwendung, wenn ein Tarifvertrag oder eine gemeinsame Vergütungsregel besteht. Diese Ausnahme ist mit Blick darauf, dass in diesem Fall auch die §§ 32, 32a UrhG nicht anzuwenden sind, nur konsequent.[661] Ansonsten würde das Auskunftsrecht letztlich nur der Auskunft als solcher dienen und damit keinen wirklichen Zweck verfolgen.

Das Recht aus § 32d UrhG besteht ferner nach § 32d Abs. 2 UrhG dann nicht, wenn der Beitrag des Urhebers nur nachrangig war oder „die Inanspruchnahme des Vertragspartners aus anderen Gründen unverhältnismäßig ist". Je nach Ausgestaltung des Geschäftsmodells und der sich daraus ergebenden Bestimmung des Umfangs des einzelnen Urheberbeitrags wird es sich regelmäßig als unverhältnismäßig darstellen, den angestellten Urheber im Umfang des § 32d Abs. 1, 1a UrhG zu unterrichten.[662]

Die Anwendung der §§ 32d, e UrhG wird durch diese Einschränkungen bereits in Frage gestellt.

Der Gesetzgeber orientiert sich bezüglich der Anwendung der Auskunftsansprüche im Arbeitsverhältnis an der Formulierung des letzten Halbsatzes des § 43 UrhG. Der Auffassung des Gesetzgebers zufolge „ergibt sich regelmäßig aus dem Wesen des Beschäftigungsverhältnisses, dass keine besonderen Auskunftsansprüche bestehen."[663]

Die Literatur scheint im Wesentlichen einig darüber, dass eine Anwendung der Auskunftsrechte im Arbeitsverhältnis eine eher abwegige Ausnahme ist, sich ein genereller Ausschluss aber verbietet.[664]

Einigkeit besteht somit zumindest hinsichtlich des verschwindend geringen Anwendungsbereichs der Auskunftsrechte. Daher scheint es auch abwegig,

---

661 S. hierzu: *Konertz* in NZA 2017, 614, 616.

662 Anhand des Verhältnisses von Arbeitnehmer und -geber orientiert: *Konertz* in NZA 2017, 614, 617.

663 BT-Drs. 18/8625, 22.

664 *Stang* in Wandtke/Bullinger 5. Aufl., § 32d Rn. 16; *Klass* in GRUR 2019, 1103, 1109; *Konertz* in NZA 2017, 614, 616 ff.

einen Rechteverbleib aus einer in aller Regel nicht eintretenden und darüber hinaus unpassenden[665] Eventualität zu konstruieren.

Ein geringer Anwendungsbereich von Auskunftsrechten hat zusätzlich negative Auswirkungen auf die Geltendmachung der Ansprüche aus §§ 32, 32a UrhG.[666] Bestehen die Auskunftsrechte nicht, kann ein Anspruch auf Nachvergütung kaum zielsicher geltend gemacht werden. So ist durch die geringe Relevanz der §§ 32d, e UrhG im Arbeitsverhältnis auch der Anwendungsbereich der Ansprüche aus §§ 32, 32a UrhG erheblich verringert.

Ob die zusätzlichen Vergütungsansprüche der §§ 32 f. UrhG und auch andere Normen des Urhebervertragsrechts im Rahmen des § 43 UrhG schon keine Anwendung finden, lässt sich dogmatisch kaum eindeutig anknüpfen und damit abschließend beantworten. Die derzeitige Formulierung des letzten Halbsatzes des § 43 UrhG erfordert eine Überprüfung jedes einzelnen Arbeitsvertrages dahingehend, ob „sich aus dem Inhalt oder dem Wesen des Arbeits- oder Dienstverhältnisses nichts anderes ergibt" und die eigentlich für anwendbar erklärten Normen des Urhebervertragsrechts doch keine Anwendung finden.[667] Pauschale Einordnungen sind anhand des § 43 UrhG nur schwerlich zulässig.

Dennoch wird deutlich, dass je nach Ausgestaltung des konkreten Arbeits- oder Dienstverhältnisses Normen wie §§ 32 f. UrhG, die ansonsten für einen Rechteverbleib beim Urheber sprechen,[668] nicht anwendbar sein können.

c) §§ 34, 35 UrhG

Sofern sich die Einräumung von Nutzungsrechten an Dritte mit dem Betriebszweck deckt, kann die nach §§ 34 Abs. 1 S. 1, 35 Abs. 1 S. 1 UrhG erforderliche Zustimmung des Urhebers in der Angestelltensituation stillschweigend erfolgen.[669] Darüber hinaus wäre denkbar, dass eine Verweigerung der Zustimmung im Angestelltenverhältnis im Widerspruch zu Treu und Glauben steht und damit mit § 34 Abs. 1 S. 2 UrhG unvereinbar ist. Das könnte beispielsweise dann der Fall sein, wenn das Geschäftskonzept des Arbeitgebers auf dem Vertrieb von Nutzungsrechten an Dritte beruht und dies auch dem Arbeitnehmer bewusst war bzw. Grundlage für den Abschluss des Arbeitsvertrages geworden ist. Die

665 *Klass* in GRUR 2019, 1103, 1109.
666 S. zu dieser Folgerung: C.II.1.b).aa).
667 *Ulrici*, Arbeitnehmerurheberrecht, 101 f.; *Fuchs* in GRUR 2006, 561, 564 f.; *Konertz* in ZUM 2020, 929, 931.
668 So insbesondere: *BFH* vom 24. 10. 2018, I R 69/16, DStR 2019, 916, 919.
669 *Rojahn* in Schricker/Loewenheim 6. Aufl., § 43 Rn. 57; *Klass* in GRUR 2019, 1103, 1107.

Zustimmung dann zu verweigern, würde die Geschäfte des Arbeitgebers blockieren und käme einer Arbeitsverweigerung gleich.

Beide Ansätze zeigen die im Arbeitsverhältnis herrschende verringerte Relevanz der Zustimmungserfordernisse der §§ 34, 35 UrhG.

d) § 40a UrhG

Auf herkömmliche urheberrechtliche Werke ist der § 40a UrhG[670] anwendbar. Voraussetzung für das Zweitverwertungsrecht ist die Einräumung eines ausschließlichen Nutzungsrechts gegen eine pauschale Vergütung. Arbeitslohn kann als eine solche pauschale Vergütung eingeordnet werden.[671] Ferner nennt § 40a Abs. 4 UrhG die Möglichkeit der Abweichung von der Norm durch Tarifvertrag oder gemeinsame Vergütungsregel. Arbeitsverhältnisse sind dementsprechend eindeutig vom Anwendungsbereich des Zweitverwertungsrechtes umfasst.[672]

In der Angestelltensituation scheint die Anwendung des § 40a UrhG jedoch wenig interessengerecht. Hier trägt der Arbeitgeber das volle Risiko der Werkverwertung.[673] Der Arbeitnehmer schuldet lediglich die Arbeitsleistung und profitiert durch seinen Arbeitslohn.[674] Stünde ihm trotzdem nach zehn Jahren ein Zweitverwertungsrecht zu, ginge dies zu Lasten des risikotragenden Arbeitgebers.[675] Außerdem wird der Arbeitnehmer regelmäßig auch nach zehn Jahren noch in den Diensten des Arbeitgebers stehen. Warum dem Arbeitgeber trotzdem plötzlich nicht mehr das ausschließliche Nutzungsrecht an dem unter seiner Regie entstandenen Werkes zustehen soll, ist nicht nachvollziehbar.

Sofern möglich, werden die Parteien des Arbeitsverhältnisses schon konkludent eine der Ausnahmen des § 40a Abs. 2, 3 UrhG vereinbaren.[676] Sollte keine dieser Ausnahmen greifen, verbleiben dem Arbeitgeber dennoch Treuepflichten im Rahmen des Arbeitsverhältnisses und die Möglichkeit eines Wettbewerbsverbots.[677]

---

670 Zur Norm: C.II.1.b)ee).

671 *Klass* in GRUR 2019, 1103, 1109; *Konertz* in NZA 2017, 614, 617.

672 *Konertz* in NZA 2017, 614, 617.

673 *Klass* in GRUR 2019, 1103, 1109.

674 *Konertz* in NZA 2017, 614, 617.

675 Vgl. die Ausführungen zum Rückrufsrecht: *Berger/Freyer* in GRUR 2016, 13, 16; *Klass* in GRUR 2019, 1103, 1109; *Konertz* in NZA 2017, 614, 617 f.

676 S. zu diesen Ausnahmevorschriften: C.II.1.b)ee).

677 S. hierzu: *Konertz* in NZA 2017, 614, 618.

Trotz seiner nicht unumstrittenen Anwendbarkeit in der Angestelltensituation ist der § 40a UrhG, vor allem wegen seines hier herrschenden Ausnahmecharakters, kein besonders starkes Argument für den Rechteverbleib beim Urheber.

e) §§ 41, 42 UrhG

Zu klären gilt es außerdem, ob dem Arbeitnehmer ein Rückrufsrecht verbleibt und wie sich ein solches auswirkt.[678] Nach § 43 UrhG können die Rückrufsrechte nur ausgeschlossen sein, wenn das Wesen des Arbeitsverhältnisses einen solchen Ausschluss erfordert.

Zumindest von § 41 Abs. 1-3 UrhG kann nach § 41 Abs. 4 UrhG aufgrund eines Tarifvertrages oder einer gemeinsamen Vergütungsregel abgewichen werden. Im Umkehrschluss kann streng am Gesetzeswortlaut orientiert in verbleibenden Arbeitsverhältnissen nicht von der Anwendung des § 41 UrhG abgewichen werden, auch nicht durch § 43 UrhG.

Die wirtschaftliche Interessenlage von freischaffenden und angestellten Urhebern in Bezug auf ihr Werk ist in vielen Belangen nur schwer vergleichbar. Den Arbeitnehmer treffen weder unmittelbare wirtschaftliche Risiken der Verwertung, noch steht ihm ein Anspruch auf Nutzung seiner im Rahmen der Arbeitsleistung geschaffenen Werke zu.[679] Darüber hinaus wird der Arbeitgeber in aller Regel ein starkes Interesse daran haben, die Früchte der Arbeit, für welche er einen Lohn auszahlt, ausgiebig zu nutzen.[680] Ein Rückrufsrecht wegen Nichtausübung scheint im Angestelltenverhältnis dementsprechend überflüssig. Geht man im Einklang mit der streng dogmatischen Sicht dennoch von einer Anwendbarkeit im Rahmen des § 43 UrhG aus,[681] wird man doch eingestehen müssen, dass der Anwendungsbereich hier noch weiter verengt ist als sonst[682].

Bei einem Rückrufsrecht wegen gewandelter Überzeugung ist eine vergleichbare Interessenlage gegeben.[683] Sowohl angestellte Urheber als auch Selbstständige können ihre Überzeugung wandeln. § 42 UrhG gewährt dem Urheber aber nur dann ein Rückrufsrecht, wenn ihm die Verwertung seines Werkes

---

678 Zu den Rückrufsrechten bei freien Urhebern: C.II.1.b)ff), gg).

679 *Rojahn/Frank* in Schricker/Loewenheim 6. Aufl., § 43 Rn. 88.

680 *Wandtke* in Wandtke/Bullinger 6. Aufl., § 43 Rn. 116 f.

681 *Rojahn/Frank* in Schricker/Loewenheim 6. Aufl., § 43 Rn. 88 f.; *Wandtke* in Wandtke/Bullinger 6. Aufl., § 43 Rn. 116.

682 S. zu der grundsätzlich verminderten Anwendbarkeit: C.II.1.b)ff).

683 *Rojahn/Frank* in Schricker/Loewenheim 6. Aufl., § 43 Rn. 93.

nicht mehr zuzumuten ist. Damit ist die Geltendmachung bereits erschwert. Im Arbeitsverhältnis ist darüber hinaus zu berücksichtigen, dass hier aufgrund des Näheverhältnisses und bestehender Treuepflichten nicht der gleiche Maßstab des Zumutbaren gelten kann wie in der freien Schaffung eines Werkes.[684] So verengt sich auch hier der Anwendungsbereich zusätzlich.[685] Die verbleibende Relevanz wird regelmäßig durch die den Urheber treffende Entschädigungspflicht[686] geschmälert.

f) Zwischenergebnis

So fördert die Angestelltensituation schon für den klassischen Urheber Umstände zu Tage, die zusätzlich gegen ein verbleibendes Zugriffsrecht beim (angestellten) Schöpfer nach der Nutzungsrechteeinräumung sprechen. Werke, die im Rahmen der Arbeitsleistung geschaffen werden, stehen jedenfalls in ihrer vermögensrechtlichen Verwertung regelmäßig dem Arbeitgeber zu. Der § 43 UrhG lässt zwar offen, ob auch etwas anderes gelten kann, „soweit sich aus dem Inhalt oder dem Wesen des Arbeits- oder Dienstverhältnisses nichts anderes ergibt." Diese schwammige, zu Recht kritisierte und auch bereits im Gesetzgebungsprozess in Ansätzen gestürzte Vorschrift[687] wird in Literatur und Rechtsprechung mittlerweile allerdings häufig zugunsten des Arbeitgebers ausgelegt.[688]

2. Softwareentwicklung (69b UrhG)

In der Softwareentwicklung findet im Rahmen des Angestelltenverhältnisses nicht der § 43 UrhG Anwendung, sondern der § 69b UrhG.[689] Diese Vorschrift geht nicht grundsätzlich davon aus, dass weiterhin die gewöhnlichen Normen des Urhebervertragsrechts anzuwenden sind. Vielmehr stehen, der Angestelltensituation wesentlich angemessener, ausschließlich dem Arbeitgeber nach

---

684 *Rojahn/Frank* in Schricker/Loewenheim 6. Aufl., § 43 Rn. 94; *Vinck*, Die Rechtsstellung des Urhebers im Arbeits- und Dienstverhältnis, 76.

685 *Rojahn/Frank* in Schricker/Loewenheim 6. Aufl., § 43 Rn. 94.

686 S. hierzu: C.II.1.b)gg).

687 BT-Drs. 14/6433, 5, 18; Zum damaligen Referentenentwurf: *Konertz* in ZUM 2020, 929, 930 f.

688 S. insoweit die vorstehenden Betrachtungen; *BGH* vom 12.05.2010, I ZR 209/07, GRUR 2011, 59, 60; *Lindhorst* in Ahlberg/Götting/Lauber-Rönsberg BeckOK UrhR 33. Edt., § 43 Rn. 2; *Wandtke* in Wandtke/Bullinger 6. Aufl., § 43 Rn. 2; in Ansätzen auch durch den Gesetzgeber: BT-Drs. 18/10637, 21; BT-Drs. 18/8625, 26.

689 S. hierzu auch: *Roder-Hießrich* in CR 2021, 374, 375.

§ 69b Abs. 1 UrhG alle vermögensrechtlichen Befugnisse an den Computerprogrammen zu, welche „von einem Arbeitnehmer in Wahrnehmung seiner Aufgaben oder nach den Anweisungen seines Arbeitgebers geschaffen" wurden.

Im Folgenden soll ermittelt werden, wie diese gesetzliche Einräumung der Nutzungsrechte zu interpretieren ist und vor allem, wie sie sich auf dem Rechteverbleib beim Urheber auswirkt. Diesbezüglich muss erneut – zur Einbeziehung von Altverträgen - teilweise zwischen der Gesetzeslage ab dem 7. Juli 2021 und davor unterschieden werden.

§ 69b UrhG stellt das lex specialis zu § 43 UrhG dar.[690] Die Einräumung der Nutzungsrechte vom Arbeitnehmerurheber an den Arbeitgeber findet nach herrschender Ansicht hier bereits ipso iure statt.[691]

a) § 31 UrhG

Das Gesetz schreibt ohne Rückgriff auf die Grundsätze, die durch Rechtsprechung und Literatur im Hinblick auf das Angestelltenverhältnis klassischer Urheber entwickelt wurden,[692] im Rahmen der angestellten Softwareentwicklung durch § 69b UrhG vor, dass der Arbeitgeber die vermögensrechtlichen Befugnisse an den Werken ausübt. Entsprechend deutlicher noch als unter dem Regime des § 43 UrhG wird hier also von den Vorschriften des § 31 UrhG abgewichen. Der Urheber bestimmt gerade nicht, wem er welche Nutzungsrechte einräumt.

Auch der Zweckübertragungsgrundsatz, welcher zumindest unter Berücksichtigung des Betriebszwecks im Rahmen des § 43 UrhG noch Anwendung findet, hat unter Wirkung des § 69b UrhG keinen Einfluss mehr.[693]

---

690 *Grützmacher* in Wandtke/Bullinger 6. Aufl., § 69b Rn. 1.

691 *BGH* vom 24.10.2000, X ZR 72/98, CR 2001, 223, 223 f.; *BGH* vom 23.10.2001, X ZR 72/98, GRUR 2002, 149, 149 ff; *Grützmacher* in Wandtke/Bullinger 6. Aufl., § 69b Rn. 1.

692 S. hierzu: C.IV.1.a).

693 *BGH* vom 24.10.2000, X ZR 72/98, GRUR 2001, 155, 157; BT-Drs. 12, 4022, 10; *Dreier* in Dreier/Schulze 7. Aufl., § 69b Rn. 9; *Spindler* in Schricker/Loewenheim 6. Aufl., § 69b Rn. 12.

b) §§ 32 ff. UrhG

aa) Altverträge

Die Softwareentwicklung im Angestelltenverhältnis, welche auf Verträgen von vor dem 7. Juli 2021 basiert, bringt einige Besonderheiten in Bezug auf den Schutz des angestellten Urhebers mit sich. Hier ist insbesondere unklar, ob § 32 UrhG und § 32a UrhG im Rahmen des § 69b UrhG überhaupt Anwendung finden oder ob diese pauschal ausgeschlossen werden können.[694]

Wie auch die sonstigen besonderen Vorschriften des achten Abschnitts des Urheberrechts im Urheberrechtsgesetz entspringt auch § 69b UrhG der Software-Richtlinie.[695] Der Richtlinie lassen sich jedoch keine weitergehenden Vergütungsansprüche, vergleichbar den §§ 32, 32a UrhG, entnehmen.[696] Die Normen, die eine EU-Richtlinie in nationales Recht umsetzen, sind mit ebendieser Richtlinie konform auszulegen.[697] Eine richtlinienkonforme Auslegung würde im konkreten Fall kaum mit nachträglichen Vergütungsansprüchen zu Gunsten des angestellten Softwareentwicklers vereinbar sein.[698] § 69b UrhG lässt unter Berücksichtigung seines europarechtlichen Ursprungs jedenfalls keine uneingeschränkte Anwendung der §§ 32 f. UrhG zu.

Die §§ 32 und 32a UrhG sollen Kreative vor ungleichen Verhandlungssituationen schützen. Es sollen Ausbeutungen einzelner Kreativer in Verhandlungen verhindert werden, die für sie eine wesentlich entscheidendere Rolle spielen als für den oft in Unternehmen organisierten und in Verhandlungen routinierten Vertragspartner.[699] In der Softwareentwicklung entspricht diese Situation kaum mehr der Realität.[700]

Hinzu kommen die Besonderheiten des Angestelltenverhältnisses. Durch § 69b UrhG werden dem Arbeitgeber sämtliche vermögensrechtlichen Befugnisse

---

694 *Czychowski* in Fromm/Nordemann 12. Aufl., § 69b Rn. 22; *Loewenheim/Spindler* in Schricker/Loewenheim 6. Aufl., § 69b Rn. 17.

695 RL 91/250/EWG, Art. 2 Abs. 3.

696 RL 91/250/EWG; *Czychowski* in Fromm/Nordemann 12. Aufl., § 69b Rn. 22; *Wimmers/Rode* in CR 2003, 399, 403.

697 *EuGH* vom 16.12.1993, C 334/92, NJW 1994, 921, 922; *EuGH* vom 17.09.1997, C 54/96, NJW 1997, 3365, 3365; *Czychowski* in FS Nordemann II, 157, 161.

698 *Wimmers/Rode* in CR 2003, 399, 403.

699 *BVerfG* vom 23.10.2013, 1 BvR 1842/11, 1 BvR 1843/11, NJW 2014, 46, 47; BT-Drs. 14/8058, 1; schon im Namen des Gesetzes angelegt: BGBl. I 2002, 1155; *Schulze* in Dreier/Schulze 7. Aufl., § 32a Rn. 2.

700 S. hierzu ausführlich: C.III.1.

übertragen. Verhandlungen obliegen damit nunmehr ihm und nicht dem eigentlichen Urheber des Computerprogramms. Der Vertrieb von Nutzungsrechten stellt eine selbstverständliche Aufgabe für einen Arbeitgeber in der Softwareentwicklung dar. Regelmäßig werden Unternehmen, welche Software vertreiben, geschultes Personal für Vertragsverhandlungen angestellt haben. Verhandlungen sind somit auch auf Seiten des Nutzungsrechteeinräumenden Routine. Eine ungleiche Verhandlungsposition besteht nicht. Das Bild des einsamen, brotlosen Kreativen ohne Verhandlungsgeschick entspricht nicht der Angestelltensituation in der Softwareentwicklung.[701] Vertragspartner des Urhebers ist vielmehr sein Arbeitgeber, sodass vertragliche Differenzen oder unpassende Vergütungsregelungen auf arbeitsrechtlicher Ebene zu klären sind.[702]

Der Schutz von Urhebern vor Ausbeutungen durch Vertragspartner in Verhandlungssituationen ist in der Angestelltensituation also weitestgehend hinfällig. Nachträgliche Anpassungen der Vergütungen beziehungsweise der vertraglichen Regelungen zur Paritätswahrung nach Maßgabe der §§ 32, 32a UrhG sind somit nicht mehr nötig. § 69b UrhG beabsichtigt demnach gerade keinen Urheberschutz, sondern bezweckt vielmehr eine bessere wirtschaftliche Gangbarmachung von urheberrechtlich geschützten Werken.[703]

Der Anwendung des § 32a UrhG steht ferner der Vorwurf entgegen, sie würde mit dem Grundprinzip des Zivilrechts „pacta sunt servanda" brechen.[704] Durch richtlinienkonforme Nichtanwendung der §§ 32 und 32a UrhG in der Angestelltensituation ließe sich dieser Vorwurf beseitigen.

Auch das Angestelltenverhältnis als solches bietet Aufschluss über die Anwendung von nachträglichen Vergütungsansprüchen in der industriellen Softwareentwicklung. Für das Schöpfen von Werken, im Speziellen Computerprogrammen, erhält der angestellte Urheber, im Speziellen der Softwareentwickler, sein Gehalt. Abseits dieses Gehalts ist das Erfordernis eines nachträglichen Anspruchs auf weitere Zahlung nicht nachvollziehbar.[705] Es ist schon nicht klar,

701 vgl. *Schulze* in Dreier/Schulze 7. Aufl., § 32a Rn. 2; *Wimmers/Rode* in CR 2003, 399, 403 f.

702 *BGH* vom 23.10.2001, X ZR 72/98, GRUR 2002, 149, 150 f.; *Wimmers/Rode* in CR 2003, 399, 405.

703 *Dreier* in GRUR 1993, 781, 784 f.

704 So *Schulze* in Dreier/Schulze 7. Aufl., § 32a Rn. 2; ausführliche Auseinandersetzung: C. II.1.a)aa)(3).

705 Sog. Abgeltungstheorie: *BGH* vom 24.10.2000, X ZR 72/98, CR 2001, 223, 224; *Czychowski* in Fromm/Nordemann 12. Aufl., § 69b Rn. 23 ff; *Wimmers/Rode* in CR 2003, 399, 401.

warum einem schöpferisch tätigen Angestellten ein zusätzlicher Vergütungsanspruch zustehen soll und jedem anderweitig tätigen Angestellten nicht.

Zwar lässt sich zwischen einem arbeitsrechtlichen und einem urheberrechtlichen Anspruch auf Vergütung differenzieren.[706] Dieser Ansatz erklärt aber nicht, warum gerade dem angestellten Urheber mehr zustehen soll als einem „gewöhnlichen", keine schöpferische Tätigkeit ausübenden Angestellten. Die Differenzierung der Ansprüche und damit einhergehende Besserstellung eines schöpferisch tätigen Arbeitnehmers gegenüber sonstigen Arbeitnehmern stellt sich als realitätsfern dar.[707]

Der Alltag eines angestellten Softwareprogrammierers ist geprägt von der Schaffung neuer Werke. Sollten die Vergütungsansprüche der §§ 32 und 32a UrhG uneingeschränkt auf ihn anwendbar sein, würde ihm nebst seinem gewöhnlichen Arbeitslohn fortwährend ein potenzieller weiterer Anspruch auf Zahlung zustehen.

Ohne Abgeltung der Ansprüche des Arbeitnehmers durch Zahlung des Werklohnes würde die Softwareerstellung für den Arbeitgeber ein unüberschaubares finanzielles Risiko darstellen. Es wäre nicht absehbar, ob dem angestellten Programmierer nachträglich weitere Vergütungsansprüche zustehen oder nicht. Das entsprechende Investitionsrisiko würde einen bedeutenden Attraktivitätsverlust der Softwareindustrie bedeuten.

Wie bereits eingangs erfolgt,[708] sind auch die Eigenheiten der Software, ihre Entwicklung und tatsächliche Nutzung für eine vollständige Einordnung der Angestelltensituation zu betrachten. Computerprogramme werden in aller Regel von mehreren angestellten Entwicklern in einem gemeinsamen Prozess geschaffen.[709] In Teilen erfolgt auch nur die Programmierung von einzelnen Programmteilen, die anderenorts zu einem Gesamtwerk zusammengeführt werden. Trotz der Programmierung auf Entwicklerseite obliegt die wirtschaftliche Verwertung des Programmes zentralisiert nach § 69b Abs. 1 UrhG dem Arbeitgeber. Das Zugeständnis von nachträglichen Vergütungsansprüchen eines jeden angestellten Softwareentwicklers über den Arbeitslohn hinaus[710] macht die industrielle

706 Sog. Trennungstheorie: *BVerfG* vom 23.10.2013, 1 BvR 1842/11, 1 BvR 1843/11, NJW 2014, 46, 50; *Wandtke* in Wandtke/Bullinger 6. Aufl., § 43 Rn. 136 ff.

707 *Rojahn* in Schricker/Loewenheim 6. Aufl., § 43 Rn, 64; *Wimmers/Rode* in CR 2003, 399, 401.

708 S. hierzu: C.I.

709 *Czychowski* in FS Nordemann II, 157, 161; *Redeker*, IT-Recht, 7. Aufl., Rn. 18.

710 Wie es bei der Trennungstheorie erfolgt: *BVerfG* vom 23.10.2013, 1 BvR 1842/11, 1 BvR 1843/11, NJW 2014, 46, 50; *Wandtke* in Wandtke/Bullinger 6. Aufl., § 43 Rn. 136 ff.

Programmierung finanziell unübersichtlich und für Investitionen unattraktiv.[711] Gerade der Umstand, dass Software regelmäßig ein durch viele Entwickler erstelltes Großprojekt ist, führt die finanzielle Unberechenbarkeit und die latente Insolvenzgefahr auf Arbeitgeberseite bei der Anwendung weitergehender Vergütungsansprüche vor Augen. Darüber hinaus bedeutet eine geringere Investitionssicherheit und -attraktivität auch die Lähmung des Fortschritts im Bereich der Softwareentwicklung.[712]

Allerdings bringt der grundsätzliche Schutz von Computerprogrammen durch das Urheberrecht gerade auch gesicherte Investitionsmöglichkeiten mit sich.[713] Geldgeber können sich sicher sein, dass Aufwendungen in Entwicklungen nicht durch simple Kopien bzw. ungestrafte Plagiate zerstört werden. Die vorherige Kritik hat jedoch auch nicht den Anspruch, die Anwendung des Urheberrechts oder eines individuellen Leistungsschutzrechtes auf Computerprogramme auszuschließen, sondern fordert nur eine adäquate Anwendung der Schutzregelungen. Zur Steigerung der Attraktivität von Investitionen ist also ein Ausgleich zwischen freien Vertriebsmöglichkeiten und ausreichendem Schutz anzustreben. Diesen Ausgleich scheint das Urheberrecht derzeit im Bereich der Software nicht zu leisten.

Die Relevanz von Computerprogrammen und deren Weiterentwicklung für den gesamten technischen Fortschritt wurde bereits dargelegt.[714] Folge einer uneingeschränkten Anwendung von nachträglichen Vergütungsansprüchen auf die Angestelltensituation in der Softwareentwicklung bedeutet dementsprechend potenziell auch eine Hemmung des gesamten technischen Fortschritts.

(1) Differenzierung zwischen § 32 UrhG und § 32a UrhG

Trotz der allgemeinen Kritik gegenüber weitergehenden Vergütungsansprüchen in der industriellen Softwareentwicklung durch Arbeitnehmer ist eine Differenzierung zwischen der Anwendung der Ansprüche des § 32 UrhG und § 32a UrhG angebracht.

§ 32 UrhG sichert dem Urheber die Angemessenheit der grundsätzlichen Vergütung. Es geht hierbei weniger um einen zeitlich nachgelagerten, sondern vielmehr um einen inhaltlich weitergehenden Anspruch auf Vergütung für den Fall, dass die vertraglich vereinbarte Vergütung unangemessen ist.[715]

---

711 Vgl. *Czychowski* in FS Nordemann II, 157, 161.

712 S. dazu schon und weitergehend: Technische Aspekte C.I.4.a).

713 *Marly*, Urheberrechtsschutz für Computersoftware in der Europäischen Union, S. 10.

714 S. C.I.4.a); *Hoeren* in Copyright Software Protection in the EC, S. 96.

715 *Schulze* in Dreier/Schulze 7. Aufl., § 32 Rn. 1.

Durch § 32a UrhG werden auch zukünftige Nutzungen des Werkes und die tatsächlich erzielten Erträge in die Beurteilung der Verhältnismäßigkeit der Vergütung miteinbezogen. Hierbei geht es also gerade um eine zeitlich nachgelagerte Anpassung der Vergütung.[716]

Wie erörtert, wird die grundsätzlich angemessene Vergütung des Programmierers bereits durch den Arbeitslohn abgegolten. Ein Anspruch aus § 32 UrhG dürfte im Angestelltenverhältnis daher entbehrlich sein. Jedoch kann die Vergütung durch Arbeitslohn wohl kaum ein potenziell auffälliges Missverhältnis zwischen Vergütung und den tatsächlich erzielten Erträgen, bzw. den Umstand, dass sich die Gegenleistung als unverhältnismäßig niedrig erweist, erfassen.[717] Die tatsächlichen Erträge sind schließlich bei Vertragsschluss noch nicht bekannt. Eine Anwendung des § 32a UrhG neben den arbeitsrechtlichen Lohnansprüchen dürfte, trotz seiner geringen praktischen Relevanz,[718] angebracht sein.

Für die in § 69b UrhG geregelte Angestelltensituation bietet sich nach diesen Überlegungen eine Differenzierung dahingehend an, den § 32 UrhG nicht anzuwenden und den § 32a UrhG zumindest in beschränkten Ausnahmefällen anzuwenden.[719]

Bei diesen Ausnahmefällen ist jedoch zu berücksichtigen, dass auch der § 32a UrhG der Angestelltensituation nicht vollumfänglich gerecht wird. Der § 32a Abs. 1 S. 2 UrhG beispielweise hat hier keine Relevanz. Dieser erklärt es für unerheblich, ob die Vertragsparteien die Erträge vorhergesehen haben oder dies hätten können. Für den Fall, dass die Vertragsparteien bereits bei Vertragsschluss das Missverhältnis bzw. die Unverhältnismäßigkeit zwischen der Höhe der zu erzielenden Erträge und der vereinbarten Vergütung erkennen, hat der Urheber einen Anspruch auf Vertragsanpassung aus § 32 Abs. 1 S. 3 UrhG.[720] Im Bereich der angestellten Softwareentwicklung ist für die Anwendung des § 32 UrhG neben dem § 69b UrhG aber kein Raum mehr. Für eine anfängliche Anpassung der Vergütung ist insofern auf die arbeitsrechtlichen Vorschriften zu verweisen.

---

716 *Schulze* in Dreier/Schulze 7. Aufl., § 32a Rn. 7.

717 *BGH* vom 23.10.2001, X ZR 72/98, GRUR 2002, 149, 152 f.; so für einen Kameramann: *OLG Stuttgart* vom 24.09.2018, 4 U 2/18, ZUM-RD 2019, 20, 48; *Loewneheim/Spindler* in Schricker/Loewenheim 6. Aufl., § 69b Rn. 19.

718 Anm. *Pohl* zu BFH vom 24.10.2018, I R 69/16, IStR 2019, 425, 428 f.

719 § 32 UrhG ablehnend: im Regelfall *Czychowski* in Fromm/Nordemann 12. Aufl., § 69b Rn. 22; *Wimmers/Rode* in CR 2003, 399, 405; § 32a bejahend: *Loewneheim/Spindler* in Schricker/Loewenheim 6. Aufl., § 69b Rn. 19; *Dreier* in Dreier/Schulze 7. Aufl., § 69b Rn.10; *Kotthoff* in Dreyer/Kotthoff/Meckel/Hentsch 4. Aufl., § 69b Rn. 12.

720 *Schulze* in Dreier/Schulze 7. Aufl., § 32a Rn. 40; *Schaub* in ZUM 2005, 212, 218.

Somit ergibt sich kein Anwendungsbereich des § 32a Abs. 1 S. 1 UrhG abseits von tatsächlich unerwarteten Erträgen. Der § 32a Abs. 1 S. 2 UrhG ist in der angestellten Softwareentwicklung mithin obsolet. Es wird deutlich, dass der § 32a UrhG ein anderes Einsatzgebiet als das Arbeitsverhältnis der Softwareentwicklung hat.

(2) Stellungnahme des BGH

Auch der BGH hat sich zu der Anwendung des § 32a UrhG im Angestelltenverhältnis der Programmentwicklung geäußert. Noch unter Geltung der Vorgängerregelung des § 36 UrhG a.F. verneinte der BGH weitergehende Vergütungsansprüche eines angestellten Softwareprogrammierers mit der Begründung, dass für diese Ansprüche im Rahmen des § 69b UrhG kein Raum mehr sei.[721] In einer späteren Entscheidung revidierte er diese Aussage ohne nähere Begründung.[722] Im gleichen Zuge stellte der BGH jedoch auch fest, dass im Angestelltenverhältnis nach § 69b UrhG für eine weitergehende Vergütung neben dem Lohn „regelmäßig kein Platz mehr" ist.[723] Bejaht man die Vergleichbarkeit des § 32a UrhG mit dem § 36 UrhG a.F.[724] und damit die Anwendung der bisherigen Rechtsprechung zum § 36 UrhG a.F. auf den § 32a UrhG, so stimmt die Ansicht des BGH mit der eben erörterten Ausnahmeanwendung des § 32a UrhG im Angestelltenverhältnis überein.

Problematisch könnte in diesem Verhältnis jedoch der erweiterte Anwendungsbereich des § 32a UrhG sein. Der Wortlaut des § 32a UrhG verlangt im Gegensatz zum § 36 UrhG a.F. nunmehr kein grobes Missverhältnis, sondern, dass sich die Gegenleistung als unverhältnismäßig niedrig erweist.[725] Möglicherweise sind die beiden Normen damit nicht mehr vergleichbar und die Rechtsprechung und entwickelten Methoden zum § 36 UrhG a.F. nicht auf § 32a UrhG anzuwenden. Die Struktur der beiden Normen ist jedoch gleich. Eine fehlende Vergleichbarkeit kann sich kaum aus einem nur geringfügig veränderten Anwendungsbereich ergeben, der durch eine vergleichsweise marginale und uneindeutige Unterscheidung im Wortlaut der Normen entstanden ist.

Zum Teil wird als Argument für die fehlende Vergleichbarkeit der Regelungen angebracht, dass § 32a UrhG anders als die Vorgängerregelung des § 36 UrhG a.F. keinen Sonderfall des Wegfalls der Geschäftsgrundlage gem. § 313 BGB

721 *BGH* vom 24.10.2000, X ZR 72/98, CR 2001, 223, 223 f.

722 *BGH* vom 23.10.2001, X ZR 72/98, GRUR 2002, 149, 149 ff.

723 *BGH* vom 23.10.2001, X ZR 72/98, GRUR 2002, 149, 152.

724 S. C.II.1.a)bb)(4).

725 *Schulze* in Dreier/Schulze 7. Aufl., § 32a Rn. 1.

darstelle.[726] Abgesehen davon, dass bereits angezweifelt werden kann, dass § 32a UrhG keinen solchen Sonderfall darstellt,[727] legen die Beschlussempfehlungen zum § 32a UrhG fest, dass die bisherige Rechtsprechung zum § 36 UrhG a.F. aufgrund der gleichen Grundstruktur auch auf diese Norm anzuwenden ist.[728] Diese Einschätzung wird auch durch Stimmen in der Literatur unterstützt.[729] Die Rolle des § 32a UrhG als Sonderfall des Wegfalls der Geschäftsgrundlage wurde bereits in einem vorherigen Kapitel erörtert.[730] Die Beschlussempfehlungen sind ausreichend deutlich, um die grundlegende Anwendung der Rechtsprechung des § 36 UrhG a.F. auf den § 32a UrhG nicht von der Frage der Einordnung als Sonderfall des Wegfalls der Geschäftsgrundlage abhängig zu machen. Der Streit um diese Sonderrolle kann insofern dahinstehen.[731]

Der § 32a UrhG in der Angestelltensituation der Softwareentwicklung ist somit im Einklang mit der früheren Einschätzung des BGH zum § 36 UrhG a.F. in Ausnahmefällen vorerst als anwendbar zu sehen. Wichtig ist hierbei den Ausnahmecharakter[732] der Anwendung zu berücksichtigen. Die komplizierte Handhabe des § 32a UrhG[733] in der praktischen Anwendung macht diesen Charakter überaus deutlich.

(3) Auskunftsansprüche

Schon seit längerer Zeit finden die Auskunftsansprüche aus §§ 32d, 32e UrhG nach § 69a Abs. 5 UrhG keine Anwendung auf Computerprogramme.[734] Diese Nichtanwendbarkeit gilt unabhängig von der Angestelltensituation.[735] Ohne diese Ansprüche ist es auch dem angestellten Softwareurheber nur schwer möglich, einen Anspruch auf Anpassung der Vergütung in zutreffender Höhe geltend

---

726 Zu diesem Streit: C.II.1.a)bb)(4); *Berger* in ZUM 2003, 173, 178 f.; *Wimmers/Rode* in CR 2003, 399, 404.

727 S. C.II.1.a)bb)(4).

728 BT-Drs. 14/8058, 19.

729 *Dreier* in Dreier/Schulze 7. Aufl., § 32a Rn. 6.

730 C.II.1.a)bb)(4).

731 S. zu dem Streit: C.II.1.a)bb)(4).

732 S. zu dem Ausnahmecharakter schon: *Scholz*, Stellung des Computerprogramme erstellenden Arbeitnehmers, 61 f.

733 Ein Fragenkatalog zum Umgang mit der Norm: *Czychowski* in FS Nordemann II, 157, 164 f.

734 BGBl. I 2016, 3037.

735 S. zu den Auskunftsansprüchen und den Auswirkungen dieser Ausnahme: C.III.1.b) a).

zu machen. Der Anwendungsbereich des § 32a UrhG wird somit durch das Fehlen eines Auskunftsanspruchs weiter verringert.[736]

(4) Zwischenergebnis

Die Vergütungsansprüche des § 32 UrhG und § 32a UrhG sind im Rahmen von Altverträgen nicht ohne Weiteres unter den Einschränkungen des § 69b UrhG anwendbar. Die Angestelltensituation in der Softwareentwicklung bringt für Altverträge einige Besonderheiten mit sich. Insbesondere werden die Ansprüche des Arbeitnehmers durch die Zahlung des Arbeitslohnes in gewissem Maße abgegolten. Im Ergebnis bietet sich eine Unterscheidung der beiden weitergehenden Vergütungsansprüche an. Während die Ansprüche auf angemessene Vergütung aus § 32 UrhG bereits durch die Zahlung des Arbeitslohnes abgegolten sind, vermag diese Zahlung, den nachträglichen Anspruch des § 32a UrhG auf Anpassung der Vergütung in Ausnahmefällen nicht auszuschließen.

bb) Neuverträge

Auf Neuverträge finden die §§ 32 ff. UrhG schon unabhängig vom Arbeitsverhältnis nach § 69a Abs. 5 UrhG keine Anwendung. Die zu Altverträgen geführten Erörterungen erübrigen sich daher. Auch für angestellte Softwareurheber können keine zusätzlichen Vergütungsansprüche als Argument für einen Rechteverbleib angeführt werden.

c) §§ 34, 35 UrhG

Eine weitere Norm, deren Anwendung unter § 69b UrhG, also im Angestelltenverhältnis, nicht ganz unproblematisch ist, ist der § 34 UrhG. Durch § 34 Abs. 1 UrhG wird festgelegt, dass die Weiterübertragung von Nutzungsrechten die Zustimmung des Urhebers erfordert. Der angestellte Softwareprogrammierer überträgt nach § 69b Abs. 1 UrhG alle vermögensrechtlichen Befugnisse an seinem Werk bereits ipso iure auf den Arbeitgeber. Fraglich ist, ob die Einräumung von Nutzungsrechten durch den Arbeitgeber an einen Dritten noch der Zustimmung des angestellten Softwareprogrammierers im Sinne des § 34 UrhG bedarf.

§ 69b UrhG soll die Position des Arbeitgebers stärken.[737] Eine strenge Anwendung des Zustimmungserfordernisses des § 34 UrhG auch im Rahmen

---

736 S. hierzu: C.III.1.b)aa).

737 *Dreier* in Dreier/Schulze 7. Aufl., § 69b Rn. 2.

der Angestelltensituation in der Softwareentwicklung würde einer effizienten Durchsetzung der Zielrichtung des § 69b UrhG im Wege stehen.[738]

Auch der Sinn und Zweck des § 34 UrhG spricht für eine eingeschränkte Anwendbarkeit im Rahmen des § 69b UrhG. Die Vorschrift des § 34 UrhG dient nicht nur dem Persönlichkeitsschutz des Urhebers, sondern eben auch der wirtschaftlichen Nutzbarmachung von Werken.[739] Die Beachtung der Grundsätze von Treu und Glauben in § 34 Abs. 1 S. 2 UrhG verankern die nötige Verkehrsfähigkeit von Nutzungsrechten auch gesetzlich.[740] Die spärliche Rechtsprechung des BGH zu der Anwendung des § 34 UrhG im Arbeitsverhältnis geht ohne überzeugende Argumente von einem Zustimmungserfordernis aus.[741] Da die Entscheidung zudem aus dem Jahre 2005 stammt, ist nicht von einer Übertragbarkeit auf die sich bis heute stark entwickelte Softwarelandschaft und Gesetzgebung auszugehen. Mithin ist eine Anwendung des Zustimmungserfordernisses unter Anwendung des § 69b UrhG nicht angebracht.

Die Bedenken hinsichtlich der Anwendbarkeit eines Zustimmungserfordernisses gelten auch für den § 35 UrhG, der die Einräumung weiterer Nutzungsrechte durch den Rechteinhaber von der Zustimmung des Urhebers abhängig macht.[742] Die insoweit für § 34 UrhG angeführten Argumente sind auf § 35 UrhG übertragbar.[743]

d) § 40a UrhG

Der § 40a UrhG, der ein Recht zur anderweitigen Verwertung nach zehn Jahren bei pauschaler Vergütung statuiert, ist auf Computerprogramme nicht anwendbar. Für die nähere Auseinandersetzung mit der Nichtanwendbarkeit dieser Norm wird auf obige Ausführungen verwiesen.[744]

---

738 *OLG Frankfurt* vom 09.09.1997, 11 U 6/97, CR 1998, 525, 526; *Czychowski* in Fromm/Nordemann 12. Aufl., § 69b Rn. 14; *Grützmacher* in Wandtke/Bullinger 6. Aufl., § 69b Rn. 18 f.

739 *OLG Frankfurt* vom 09.09.1997, 11 U 6/97, CR 1998, 525, 525; *Schulze* in Dreier/Schulze 7. Aufl., § 34 Rn. 1.

740 *Grützmacher* in CR 2007, 549, 554; *Zech* in ZGE 2013, 368, 378.

741 *BGH* vom 03.03.2005, I ZR 111/02, GRUR 2005, 860, 861 f.; *Klass* in GRUR 2019, 1103, 1111.

742 *Dreier* in Dreier/Schulze 7. Aufl., § 69b Rn. 9.

743 S. auch: *Klass* in GRUR 2019, 1103, 1111.

744 S. hierzu: C.III.1.b)ee)

e) § 41 UrhG

aa) Altverträge

Das Rückrufsrecht wegen Nichtausübung ist erst seit dem 07. Juni 2021 auf Computerprogramme unanwendbar. Für Altverträge ist somit auch eine Untersuchung des Verhältnisses von § 69b UrhG und § 41 UrhG erforderlich.

Für Erörterungen zum grundsätzlich verminderten Anwendungsbereich des Rückrufsrechtes im Softwareurheberrecht wird auf die obigen Ausführungen verwiesen.[745] Die gelieferten Argumente lassen sich auch auf die Angestelltensituation übertragen. Hinzu kommt, dass das Wesen des § 41 UrhG mit dem Arbeitsverhältnis schwer vereinbar ist.[746] Auch die Ausführungen im Rahmen des § 43 UrhG gelten insofern.[747]

Zusätzlich ist die sowohl wirtschaftliche als auch persönlichkeitsrechtliche Prägung[748] des Rückrufsrechtes wegen Nichtausübung zu berücksichtigen. Die persönlichkeitsrechtliche Prägung stellt schon eine pauschale Anwendung im Softwareurheberrecht in Frage.[749] In der angestellten Programmentwicklung kommt hinzu, dass nunmehr die vermögensrechtlichen Befugnisse nach § 69b UrhG dem Arbeitgeber zustehen. Die vermögensrechtlich geprägten Teile eines Anspruchs liegen demnach nicht mehr in der Hand des eigentlichen Urhebers. Dem angestellten Softwareurheber das Rückrufsrecht aus § 41 UrhG pauschal zuzugestehen, ist dementsprechend nicht nachvollziehbar.

Möchte man dieser Argumentation nicht folgen, so wird der Anwendungsbereich durch die Ausnahmen des § 41 Abs. 4 UrhG, die Entschädigungspflicht aus § 41 Abs. 6 UrhG und die sonstigen angeführten Argumente[750] derart gering sein, dass eine Argumentation des Rechteverbleibs nicht auf § 41 UrhG gestützt werden kann.

bb) Neuverträge

Für Neuverträge entfällt nach § 69a Abs. 5 UrhG die Anwendbarkeit des § 41 UrhG.

---

745 S. hierzu: C.III.1.b)ff).

746 S. hierzu: C.IV.1.d).

747 S. hierzu: C.IV.1.d).

748 *Peukert* in Schricker/Loewenheim, 6. Aufl., § 41 Rn. 2; *Wiebe* in Spindler/Schuster, Elektron. Medien 4. Aufl., UrhG § 41 Rn. 1.

749 S. hierzu: C.III.1.b)ff).

750 S. sowohl C.III.b)ff). als auch C.IV.1.d).

f) § 42 UrhG

Das Rückrufsrecht wegen gewandelter Überzeugung bleibt sowohl durch den § 69a UrhG als auch § 69b UrhG unberührt. Die Anwendung auf Computerprogramme ist dennoch abwegig.[751] Für eine detaillierte Begründung dessen wird auf die hierzu getätigten Ausführungen verwiesen.[752]

In der Angestelltensituation kommen weitere Argumente hinzu.[753] Durch den erhöhten Maßstab der Zumutbarkeit im Sinne des § 42 Abs. 1 S. 1 UrhG[754] und die Entschädigungspflicht aus § 42 Abs. 3 UrhG wird selbst bei einer Befürwortung der Anwendung des Rückrufsrechtes im Softwareurheberrecht der praktische Anwendungsbereich auf null reduziert.

g) Zwischenergebnis

Das Arbeitsverhältnis in der Softwareentwicklung verengt den Anwendungsbereich der Normen, die für einen Rechteverbleib beim Urheber sprechen, noch weiter als es die Softwareentwicklung als solche oder die Angestelltensituation für klassische urheberrechtliche Werke bereits tun. Entweder durch gesetzliche Ausnahme oder faktische Verengung des Anwendungsbereiches bleiben dem angestellten Urheber in der Programmentwicklung zumindest seit Umsetzung des DSM-Richtlinie praktisch keine Ansprüche, die eine Einräumung von Nutzungsrechten in dem Maße beschränken würden, dass man nur von einer zeitweisen Überlassung sprechen kann.

V. Auswirkungen des urheberrechtlichen Schutzes auf den Rechteverbleib beim Urheber

Bereits die Betrachtung der Historie und der Strukturelemente[755] von Software hat gezeigt, dass eine pauschale Anwendung der urheberrechtlichen Regelungen und die sich daraus ergebenden Konsequenzen im Softwarebereich zu inadäquaten Ergebnissen führen. Computerprogramme waren kein originärer Schutzgegenstand des Urheberrechts. Durch einen Flickenteppich an Rechtsprechung

---

751 Dazu schon: *Redeker*, IT-Recht, 7. Aufl., Rn. 42; *Kindermann* in GRUR 1985, 1008, 1012; *Kolle* in GRUR 1985, 1016, 1024.

752 C.III.1.b)gg).

753 S. hierzu: C.IV.1.d).

754 S. hierzu C.IV.1.d).

755 S. hierzu: C.I.

und Normen hat sich der gesetzliche Rahmen für die Behandlung von Nutzungsrechten im Softwarebereich bis heute ergeben.

Die schwere Vergleichbarkeit von gewöhnlichen Werken des Urheberrechts und Software wird vor allem mit Blick auf den Werkzeugcharakter, die geringe persönlichkeitsrechtliche, mithin künstlerische Prägung und die wirtschaftliche Relevanz von Computerprogrammen bewusst. Auch die geringe Nutzungsdauer, enorme Vervielfältigung, internationale Relevanz und die Verbreitung von Open Source Software unterstreichen diese Einschätzung.[756] So ist schon ohne Betrachtung der konkreten Normen klar, dass für Programme und die hieran eingeräumten Nutzungsrechte nicht die gleichen Regeln wie für herkömmliche Werke gelten können. Dies gilt auch für den Rechteverbleib.

Einen genauen Aufschluss über die Auswirkungen des urheberrechtlichen Schutzes auf den Rechteverbleib, der zentrales Argument gegen die Möglichkeit einer vollständigen *Übertragung* von Nutzungsrechten ist, kann im Ergebnis aber nur die Analyse der hierzu relevanten Normen liefern. Die vom Gesetz ausgehende Beeinflussung, die in C.II., III., IV. analysiert wurde, wird im Folgenden wiederum im Rahmen eines Vergleichs von gewöhnlichen Werken und Software zusammengetragen.

1. Gewöhnliches Werk

a) Freier Urheber

aa) Vergütungsregelungen

Die Vergütungsansprüche aus §§ 32, 32a UrhG[757] geben dem Urheber die Möglichkeit, seine Vergütung sowohl bei als auch nach Vertragsschluss anzupassen. Sie sind nicht abdingbar und auch im internationalen Kontext durch § 32b UrhG gesichert. Die Ansprüche sehen sich dem Vorwurf ausgesetzt, einen nicht immer zu rechtfertigenden Bruch mit der Vertragsfreiheit herbeizuführen. Für den Fall, dass die Verhandlungssituation von Urheber und Erwerber eines Nutzungsrechtes entgegen der pauschalen Einschätzung des Gesetzgebers ausgeglichen ist, dürfte für die Anwendung der §§ 32 ff. UrhG kein Raum mehr sein. Eine Anpassung der Regelungen an diesen Umstand ist jedoch nicht ersichtlich. Die Vergütungsansprüche werden für den Urheber klassischer Werke, welcher nicht unter eine gemeinsame Vergütungsregel oder einen Tarifvertrag fällt, nicht eingeschränkt.

756 Zu diesen Punkten im Detail: C.I.4.
757 S. hierzu: C.II.1.a).

Insbesondere der § 32a UrhG kann als Argument dafür angebracht werden, dass der Urheber auch nach umfassender Einräumung von Nutzungsrechten wirtschaftlich mit seinem Werk verflochten bleibt. Sieht man allerdings die Verwandtschaft zu dem Anspruch auf Vertragsanpassung aus § 313 BGB, ist unklar, warum sich hieraus ein Rechteverbleib ergeben soll, der die vollständige *Übertragung* eines Rechts verhindert. Die grundsätzliche Verbindung zwischen Urheber und Werk auch nach Nutzungsrechteeinräumung soll damit nicht bestritten werden. Lediglich der Umstand, dass dies eine *Übertragung* verhindern soll, soll in Frage gestellt werden.

Für das Werk eines Drehbuchs hat der BFH in seiner Entscheidung vom 24.10.2018 den Anspruch des Urhebers aus § 32a UrhG als auschlaggebend für einen Rechteverbleib beim Urheber und somit für die nur beschränkte Überlassung von Rechten gesehen.[758] Durch die nicht abdingbare ständige Beteiligungsmöglichkeit des Urhebers im Sinne des § 32a UrhG soll ein vollständiger Übergang der wirtschaftlichen Rechte unmöglich sein.[759] Diese Ansicht kann jedenfalls nicht vollumfänglich geteilt werden. Sie lässt außer Acht, dass § 32a UrhG dem Urheber lediglich einen weitergehenden Vergütungsanspruch gewährt. Dadurch steht ihm nur eine wirtschaftliche Teilhabe, nicht aber eine wirtschaftliche Handhabe in Form einer Nutzungsbestimmung oder Ähnlichem zu. Es erfolgt weder eine zeitliche noch räumliche Begrenzung des Nutzungsrechtes durch diesen Vergütungsanspruch.

bb) Auskunftsansprüche

Zwar ermöglichen die Auskunftsrechte aus §§ 32d, e UrhG[760] erst eine effiziente Geltendmachung eines nachträglichen Vergütungsanspruches und sprechen so für eine zusätzliche Verbindung des Urhebers mit seinem Werk. Aber auch die Auskunftsansprüche vermögen nicht nachvollziehbar die Verhinderung einer vollständigen *Rechteübertragung* zu argumentieren. Erneut steht im allgemeinen Zivilrecht ein vergleichbarer Anspruch zur Verfügung,[761] der nicht zu so drastischen Ergebnissen, wie sie beispielsweise der BFH sieht, führt.[762]

---

758 *BFH* vom 24.10.2018, I R 69/16, BFHE 263, 146 Rn. 20.

759 *BFH* vom 24.10.2018, I R 69/16, BFHE 263, 146 Rn. 20.

760 S. hierzu: C.II.1.b)aa).

761 Zum Auskunftsanspruch aus § 242 BGB: *OLG Hamburg* vom 01.06.2011, 5 U 113/09, GRUR-R 2011, 2011, 293, 297 f.; *Hoeren* in FS Wandtke, 159, 169.

762 *BFH* vom 24.10. 2018, I R 69/16, BFHE 263, 146 Rn. 20 ff.

cc) Grundlagen des Vertragsrechts

§ 29 UrhG erklärt das gesamte Urheberrecht im herkömmlichen Geschäftsverkehr für unübertragbar.[763] Damit ist in Hinblick auf das gesamte Urheberrecht der Rechteverbleib beim Urheber gesichert. Die monistische Theorie verbietet außerdem die vollständige *Übertragung* des gesamten vermögensrechtlichen Teils des Urheberrechts.[764] Vertretbar scheint aber, dass Nutzungsrechte vollständig übertragen werden können. Diese können nach § 31 UrhG ausschließlich und unbeschränkt eingeräumt werden. [765] Sieht man das urheberrechtliche Verpflichtungsgeschäft als Kaufvertrag, bietet § 31 UrhG die verfügungsgeschäftliche Möglichkeit einer *Übertragung*. So schafft § 31 UrhG die Grundlage dafür, Nutzungsrechte als vollständig übertragbar anzusehen und deren Einräumungen nicht bloß als Überlassung zu interpretieren. Auch der Zweckübertragungsgrundsatz steht diesem Argument gegen den Rechteverbleib beim Urheber nicht entgegen. Im Einklang mit der Vertragsfreiheit ist dieser Grundsatz schließlich durch vertragliche Gestaltung zu umgehen. Im Ergebnis liefern §§ 29, 31 UrhG somit keine stichhaltigen Argumente für einen Rechteverbleib bei der Einräumung von Nutzungsrechten, sondern schaffen die rechtliche Grundlage für eine *Übertragung* von Nutzungsrechten.

Das Zustimmungserfordernis der §§ 34, 35 UrhG[766] gewährt dem Urheber auch nach Nutzungsrechteeinräumung eine Einflussnahme auf die Nutzung seines Werkes. Insofern scheinen die Normen für einen Rechteverbleib zu sprechen. Es darf hierbei jedoch zum einen nicht außer Acht gelassen werden, dass die Zustimmung nicht wider Treu und Glaube verwehrt werden kann. Zum anderen besteht die Möglichkeit, das Zustimmungserfordernis vertraglich abzubedingen. Die tatsächlichen Auswirkungen der §§ 34, 35 UrhG auf den Rechteverbleib sind damit eher gering. Ferner ins Auge fällt die Wortwahl des Gesetzgebers in § 34 UrhG: „Nutzungsrechte […] übertragen". Auch das Gesetz scheint die hier vertretene Ansicht zur Möglichkeit einer *Nutzungsrechteübertragung* zu teilen.

dd) Zweitverwertungsrecht und Rückrufsrechte

Im Rahmen der übrigen vertragsrechtlichen Normen, die dem Schutz des Urhebers dienen, sind auch das Zweitverwertungsrecht und die Rückrufsrechte von besonderer Relevanz.

763 S. hierzu: C.II.1.b)bb).

764 S. hierzu: B.I.2.

765 S. hierzu: C.II.1.b)cc).

766 S. hierzu: C.II.1.b)dd).

Die Vorschrift des § 40a UrhG[767] ist zwar berechtigterweise einiger Kritik ausgesetzt, liefert im Kern dennoch Argumente für einen Rechteverbleib beim Urheber. Es bleibt abzuwarten, ob die Auswirkungen des Zweitverwertungsrechtes in Zukunft regelmäßig abbedingt werden und so die Argumente für den Rechteverbleib wegfallen. Vorerst spricht § 40a UrhG jedoch für den Rechteverbleib beim Urheber.

Die grundsätzliche Existenz von Rückrufsrechten spricht für eine verbleibende Teilhabe des Urhebers und damit für einen Rechteverbleib. Ohne nähere Betrachtung der Voraussetzungen bleibt der Urheber auch nach umfassender Einräumung von Nutzungsrechten durch den Anspruch, diese zurückfordern zu können, mit dem Werk und den Rechten hieran verbunden. In der konkreten Anwendung der Rückrufsrechte muss diese Einschätzung allerdings jedenfalls teilweise revidiert werden.

Der Eintritt der Voraussetzungen des § 41 UrhG[768] liegt fast ausnahmslos in den Händen des Verwerters. Mithin ist es seine Entscheidung, ob der Anspruch geltend gemacht werden kann oder nicht. Weiterhin kann den Urheber eine Entschädigungspflicht treffen, welche den Anwendungsbereich zusätzlich schmälert. Diese Argumente werden erst dann relevant, wenn der § 41 UrhG nicht schon abbedungen wurde. Interessant in diesem Zusammenhang ist auch, dass der BFH die Auswirkungen des Rückrufsrechtes wegen Nichtausübung auf den Rechteverbleib nicht näher thematisiert.[769] Scheinbar sieht er die Effekte hier nicht als so ausschlaggebend an, als dass sie thematisiert werden müssten.

Von dem § 42 UrhG kann vertraglich nicht abgewichen werden und der Eintritt der Voraussetzungen liegt auch nicht in den Händen des Verwerters. Dennoch sprechen die Entschädigungspflicht und die durch mangelnde Rechtsprechung belegte geringe praktische Relevanz ebenfalls für einen schmalen Anwendungsbereich.

Die Rückrufsrechte geben damit zwar Argumentationsstoff für einen Rechteverbleib, ihr schmaler praktischer Anwendungsbereich verdeutlicht jedoch die geringe Aussagekraft dieser Argumente.

ee) Zwischenergebnis

Im Ergebnis lässt sich festhalten, dass dem freien Urheber gewöhnlicher Werke einige Ansprüche und Rechte zur Verfügung stehen, die auch nach umfassender

767 S. hierzu: C.II.1.b)ee).

768 S. hierzu: C.II.1.b)ff).

769 *BFH* vom 24.10.2018, I R 69/16, DStR 2019, 916, 919.

Nutzungsrechteeinräumung geltend gemacht werden können. Hieraus ergibt sich auch nach dieser Einräumung eine nicht nur durch das Urheberpersönlichkeitsrecht diktierte, sondern eben auch wirtschaftliche Verknüpfung zwischen Urheber und Werk. Zwar lassen sich viele dieser verbleibenden Rechte, je nach vertraglicher Ausgestaltung, selbst nicht als Argumente für einen solchen Rechteverbleib anführen, der eine *Übertragung* von Nutzungsrechten ausschließt. Die Kombination dieser Ansprüche kann jedoch zu einer Beeinträchtigung von Rechteeinräumungen in der Form führen, dass die vollständige Erlangung des Nutzungsrechtes zumindest angezweifelt werden kann. Die nachträglichen Vergütungsansprüche scheinen hierbei jedoch im Gegensatz zur weitverbreiteten Einschätzung nicht den entscheidenden Argumentationsstoff zu liefern.

b) Arbeitnehmer

Die den Urheber schützenden Normen werden bei herkömmlichen Werken im Arbeitsverhältnis durch § 43 UrhG modifiziert.[770] Das wirkt sich auch auf den Rechteverbleib aus. Hierbei ist jedoch zu berücksichtigen, dass der § 43 UrhG pauschale Einordnungen verbietet und eine konkrete Auswirkung auf den Rechteverbleib nur unter Berücksichtigung des einzelnen Arbeitsverhältnisses stattfinden kann. Es folgen dennoch einige allgemeine Feststellungen.

Zunächst ist der § 31 UrhG im Arbeitsverhältnis an dessen Wesen anzupassen. Die Anwendung der Zweckübertragungsregel, die als Argument für einen Rechteverbleib beim Urheber angeführt wird, muss sich am Betriebs- und nicht bloß am Vertragszweck messen lassen und ist entsprechend verengt.

Neben den Vergütungsansprüchen der §§ 32, 32a UrhG kann auch von den §§ 32d, 32e, 40a, 41 UrhG durch Tarifvertrag oder eine gemeinsame Vergütungsregel abgewichen werden. In einer Vielzahl von Arbeitsverhältnissen sind diese Ansprüche demnach schon nicht anwendbar. Wo das nicht der Fall ist, wird darüber diskutiert, ob nicht die Zahlung eines festen Lohnes für die Abgeltung der Ansprüche sorgt. Unabhängig davon, ob man sich für oder gegen eine solche Abgeltung entscheidet, kann nicht verneint werden, dass die den Urheber schützenden Normen im Rahmen des § 43 UrhG einen verengten Anwendungsbereich haben. Sofern diese Vorschriften also für einen Rechteverbleib und gegen eine *Übertragung* von Nutzungsrechten sprechen, muss berücksichtigt werden, dass dies im Arbeitsverhältnis nur bedingt gilt. Auch die in dieser Beziehung herrschenden Treuepflichten und die Möglichkeit eines

---

770 S. im Detail zu den einzelnen Vorschriften: C.IV.1.

Wettbewerbsverbots verengen die Anwendungsbereiche und mithin die Auswirkung der Normen. Wird durch Gesetz der Grundsatz von Treu und Glauben (bspw. § 34 Abs. 1 S. 2 UrhG) oder die Zumutbarkeit (bspw. § 42 Abs. 1 UrhG) in die Anspruchsstellung einbezogen, ist in der Sondersituation des Angestelltenverhältnisses ein anderer Maßstab anzulegen, der regelmäßig eine Anwendung der Norm verhindert.

Es ist festzuhalten, dass schon bei klassischen Werken die Anwendung der Vorschriften, welche für einen Rechteverbleib sprechen, zuungunsten des angestellten Urhebers modifiziert sind. Bestanden bisher keine Zweifel daran, dass beim Urheber auch nach umfassender Einräumung von Nutzungsrechten stets ein solches Bündel von Rechten verbleibt, dass nicht von einer *Übertragung* der Nutzungsrechte gesprochen werden kann, so sollten diese Zweifel doch spätestens bei Einbeziehung der Angestelltensituation aufkommen.

2. Software

a) Freier Urheber

aa) Besonderheiten für Altverträge

Für Altverträge sind einige Normen des Urheberrechts, die inzwischen nach §69a Abs. 5 UrhG keine Anwendung mehr auf Computerprogramme finden, noch anwendbar. Die Auswirkungen dieser noch anwendbaren Normen werden gesondert in diesem Abschnitt behandelt. Sind Normen sowohl auf Alt- als auch auf Neuverträge anzuwenden, finden sich die Ausführungen zu den Auswirkungen auf den Rechteverbleib im nächsten Abschnitt.

Die Vergütungsansprüche der §§ 32, 32a UrhG sind im Softwarebereich für Verträge, die vor dem 7. Juni 2021 geschlossen wurden, anwendbar. Es wurde bereits festgestellt, dass sich aus der Anwendung dieser Normen nicht der Rechteverbleib ergibt, der teilweise auf sie gestützt wird[771].[772] In der Programmentwicklung[773] kommt erschwerend hinzu, dass in aller Regel eine ausgeglichene oder sogar zu Gunsten der Urheber verschobenen Verhandlungssituation besteht. Die Notwendigkeit zur Anpassung der Vergütung besteht mithin regelmäßig nicht. Vielmehr stellen Ansprüche, die eine solche Anpassung gewähren, einen nicht zu rechtfertigenden Verstoß gegen Grundrechte dar.

---

771 *BFH* vom 24.10.2018, I R 69/16, BFHE 263, 146 Rn. 20 ff.

772 S. hierzu zusammenfassend: C.V.1.a.

773 S. hierzu: C.III.1.a).

Ferner muss die Nichtanwendbarkeit der Auskunftsansprüche berücksichtigt werden. Selbst für Verträge von vor dem 7. Juni 2021 sind die Auskunftsrechte nach §§ 32d, 32e UrhG nicht anwendbar.[774] Der Softwareurheber kann daher keine Kenntnis darüber erlangen, welche Erträge mit der Verwertung seines Werkes erzielt wurden. Einen Anspruch auf nachträgliche Vergütung geltend zu machen, ist demnach wenig erfolgsversprechend. Die Nichtanwendung der §§ 32d, 32e UrhG wirkt sich somit auch auf den Anwendungsbereich des § 32a UrhG aus.

So ergibt es sich, dass im Softwarebereich der Anwendungsbereich der §§ 32, 32a UrhG zusätzlich deutlich verengt ist. In Kombination mit der Verwandtschaft zum Wegfall der Geschäftsgrundlage ist nicht nachvollziehbar, warum Ansprüche, die einen so schmalen Anwendungsbereich haben, als ausschlaggebendes Argument dafür gesehen werden, dass ein die *Rechtsübertragung* verhindernder Rechteverbleib beim Urheber bestehen soll. Dieser Rechteverbleib ergibt sich nach Analyse der Normen im Softwarebereich schlichtweg nicht.

Auch der § 41 UrhG ist auf Altverträge noch anwendbar.[775] Doch auch dieses Rückrufsrecht vermag keinen Rechteverbleib von der entsprechenden Stärke zu liefern. Das Entstehen des Anspruchs hängt maßgeblich von Entscheidungen des Verwerters ab, ist abdingbar, bringt in bestimmten Fällen eine Entschädigungspflicht mit sich und zeichnet sich durch für Software unpassende Fristen aus. Der verschwindend geringe Anwendungsbereich, der für Altverträge verbleibt, kann nicht als Argument für einen nennenswerten Rechteverbleib beim Urheber angeführt werden.

bb) Übrige Normen und Besonderheiten für Neuverträge

Die §§ 32, 32a, 41 UrhG sind im Rahmen von Neuverträgen nicht mehr anwendbar.[776] Die insofern verbleibenden Argumente für einen Rechteverbleib entfallen nunmehr vollständig.

Auch § 40a UrhG ist auf Software nicht anwendbar. Die ermittelten Auswirkungen dieser Norm [777] entfallen damit in Bezug auf Computerprogramme. Die Nichtanwendung zeigt allerdings, dass im Softwareurheberrecht bereits durch das Gesetz die Einflussnahme des Urhebers und damit der Rechteverbleib erheblich beschränkt ist.

---

774 Im Detail hierzu: C.III.1.b)aa).

775 S. hierzu: C.III.1.b)ff).

776 S. zur Bedeutung dieser Ausnahme genauer: C.III.1.a), C.III.1.b)ff).

777 S. C.V.1.a)dd).

Auch in der Programmentwicklung bieten die §§ 29, 31 UrhG die argumentative Grundlage dafür, dass zwar nicht der gesamte vermögensrechtliche Teil des Urheberrechts *übertragbar* ist, einzelne und auch umfassende Nutzungsrechte jedoch schon.[778]

§ 34 und § 35 UrhG sind zwar auch auf Software anwendbar. Zu den Ausführungen, die gegen einen Rechteverbleib schon bei klassischen Werken sprechen,[779] kommen im Softwarebereich allerdings weitere Argumente hinzu. Die Zustimmungserfordernisse sind persönlichkeitsrechtlich geprägt und so nur schwerlich ohne Weiteres auf vorwiegend materiellrechtlich[780] geprägte Computerprogramme anzuwenden. Entsprechend passend ist für Software als Massenware durch AGB auf die §§ 34, 35 UrhG zu verzichten. So ergibt sich, dass auch die Zustimmungserfordernisse keinen relevanten Beitrag zur Begründung eines Rechteverbleibs liefern.

Als Argument für einen Rechteverbleib lässt sich auf den ersten Blick noch § 42 UrhG anführen. Auch in Bezug auf dieses Rückrufsrecht ist allerdings festzuhalten, dass neben den Ausführungen zu den Auswirkungen im Bereich der klassischen Werke[781] zusätzliche Argumente gegen einen Rechteverbleib im Softwarebereich sprechen.

So ist auch der § 42 UrhG vorwiegend persönlichkeitsrechtlich geprägt und entsprechend ungeeignet für die Anwendung auf die „Werkzeuge", die Computerprogramme darstellen. Außerdem ist die Begründung einer gewandelten Überzeugung im Sinne des § 42 UrhG im Rahmen der Programmentwicklung nahezu unvorstellbar.[782] Es verbleibt damit kein Anwendungsbereich dieser Norm. Voraussetzung für den Anspruch aus § 42 UrhG ist ein Wandel der Überzeugung des Urhebers in Bezug auf sein Werk. Hierdurch soll dem Urheber ermöglicht werden, auf den Wandel im politischen, religiösen, künstlerischen und wissenschaftlichen Bereich zu reagieren, sofern sich dieser auf seine Überzeugung auswirkt.[783] Solche Wandlungen werden die Softwareentwicklung und die Überzeugung der Urheber in Bezug auf ihre Programmwerke regelmäßig nicht betreffen.[784] Im Gegensatz zu klassischen Sprachwerken beispielsweise

778 S. hierzu C.V.1.a)cc).

779 S C.V.1.a)cc).

780 S. hierzu C.I.

781 S. C.V.1.a)dd).

782 Hierzu im Detail: C.III.1.b)gg).

783 *Nordemann* in Fromm/Nordemann 12. Aufl., § 42 Rn. 1 ff.; *Wandtke* in Wandtke/Bullinger 6. Aufl., § 42 Rn. 1.

784 *Redeker*, IT-Recht 7. Aufl., Rn. 42.

wird mit Software nur in seltensten Ausnahmefällen eine religiöse oder politische Stellung bezogen. Programme sind, wie erwähnt, vielmehr neutrale Werkzeuge.[785] In aller Regel wird für Programmierer das Rückrufsrecht aus § 42 UrhG also nicht bestehen.

Ferner ist in der Gesamtbetrachtung der tatsächlichen Auswirkung der verbleibenden Ansprüche auch die Entschädigungspflicht aus § 42 Abs. 3 UrhG mit einzubeziehen. Ein Softwareentwickler wird wohl nur in Ausnahmefällen über die Mittel verfügen, seinem Vertragspartner eine entsprechende Entschädigung zu leisten. Das gilt umso mehr vor dem Hintergrund, dass es sich in der Programmentwicklung aufgrund der aufgezeigten Eigenschaften,[786] wie der enormen Vervielfältigung und internationalen Relevanz, zumeist um sehr hohe Beträge handeln wird. § 42 Abs. 3 S. 3 UrhG verlangt für die Wirksamkeit des Rückrufs allerdings den vollständigen Ersatz der Aufwendungen oder die Leistung einer äquivalenten Sicherheit.[787]

Damit ist das Rückrufsrecht aus § 42 UrhG in der Softwareentwicklung quasi ausgeschlossen.[788] Ein Rechteverbleib auf den § 42 UrhG zu stützen, ist somit abwegig.[789]

cc) Zwischenergebnis

Dem freien Urheber in der Programmentwicklung stehen nach umfassender Einräumung der Nutzungsrechte weniger Ansprüche als dem klassischen Urheber zu, die ihn nachträglich mit seinem Werk und den Rechten hieran verknüpfen. Dieser Zustand hat sich kürzlich mit Umsetzung der DSM-Richtlinie nur weiter verstärkt. Die verbleibenden Ansprüche haben aufgrund der Sondersituation, die Software mit sich bringt, einen verengten Anwendungsbereich. Wird ein relevanter Rechteverbleib richtigerweise schon bei klassischen Werken angezweifelt, müssen diese Zweifel erst recht für Softwarewerke gelten. Nach eingängiger Analyse der Normen gewährt keiner der Ansprüche die Grundlage dafür, eine umfassende Nutzungsrechteeinräumung in der Weise zu beeinträchtigen, dass diese Einräumung nur als *Überlassung* zu sehen wäre.

---

785 S. C.I.4.a); *Becker* in ZGE 2016, 239, 277; *Hilty* in GRUR 2018, 865, 869; *ders.* in MMR 2003, 3, 10.

786 S. hierzu: C.I.4.

787 *Schulze* in Dreier/Schulze 7. Aufl., § 42 Rn. 25; *Nordemann* in Fromm/Nordemann 12. Aufl., § 32a Rn. 24.

788 *Redeker*, IT-Recht 7. Aufl., Rn. 42; *Witte* in ITRB 2011, 93, 95.

789 So im Ergebnis auch: *Petersen/Herbst* in IStR 2021, 745, 752.

b) Arbeitnehmer

In der Angestelltensituation der Softwareentwicklung sind die Regeln des § 69b UrhG zu beachten.

aa) Besonderheiten für Altverträge (Anwendung der §§ 32, 32a, 41 UrhG)

Für Altverträge ist erneut die gesonderte Anwendung einiger Normen zu beachten.

Die stringente Einordnung des § 69b UrhG in das System des Urheberrechts führt nach hier vertretener Ansicht zu einer Nichtanwendung des § 32 UrhG und einer Anwendung des § 32a UrhG in Ausnahmefällen.[790] Dabei stellt sich die Frage, wie sich der Schutz des § 32a UrhG und der weitere verbleibende urheberrechtliche Schutz des Arbeitnehmers auf den tatsächlichen Verbleib der Vermögens- und Persönlichkeitsrechte bei diesem auswirken.

Insbesondere fraglich ist, ob bei der *Übertragung* von umfassenden Nutzungsrechten die Anwendung des § 32a UrhG in Ausnahmefällen der kompletten wirtschaftlichen Rechteloslösung vom angestellten Softwareurheber entgegensteht.[791] § 69b UrhG überträgt dem Arbeitgeber alle vermögensrechtlichen Befugnisse. Diesem stehen also ipso iure die wirtschaftlichen Rechte an der Software zu.[792] Zwar ist das erlangte Nutzungsrecht sachlich, räumlich und zeitlich nicht weiter beschränkt. [793] Dennoch stehen dem eigentlichen Urheber, also dem angestellten Programmierer, die Persönlichkeitsrechte an seinem Werk zu.[794] Der § 69b führt also nicht zu einer vollständigen Rechteaufgabe auf Urheberseite. Die wirtschaftlichen Nutzungsrechte, welche nunmehr dem Arbeitgeber zustehen, vermag der Urheber aber durch seine verbleibenden Persönlichkeitsrechte kaum einzuschränken.[795]

Insbesondere in der Situation der angestellten Softwareentwicklung wird die Regelung des § 69b UrhG nicht durch einen Anspruch auf nachträgliche Vergütungsanpassung aus § 32a UrhG eingeschränkt. Dem Arbeitgeber stehen alle

---

790 S. hierzu: C.IV.2.b)aa).

791 So der BFH zu einem Drehbuch: *BFH* vom 24.10.2018, I R 69/16, BFHE 263, 146 Rn. 20.

792 *Hoeren* in Copyright Software Protection in the EC, S. 86.

793 *Redeker*, IT-Recht 7. Aufl., Rn. 30.

794 *Hoeren* in Copyright Software Protection in the EC, S. 87.

795 *Redeker*, IT-Recht 7. Aufl., Rn. 30.

vermögensrechtlichen Befugnisse zu. Auch ein nachträglicher Vergütungsanspruch vermag dies nicht zu ändern.

Dass sich einzelne rechtsgeschäftliche oder gesetzliche Erwerber von Nutzungsrechten durch einen drohenden Anspruch aus § 32a UrhG genötigt sehen, die Verwertung der Nutzungsrechte zu beschränken, um so unerwartete Erträge und einen entsprechenden Anspruch aus § 32a UrhG zu vermeiden, mag zwar möglich sein, führt aber nicht zu einer tatsächlichen Beschränkung der Nutzungsrechte. Die Verwandtschaft zum Wegfall der Geschäftsgrundlage verstärkt diese Einschätzung nur noch.[796]

Neben § 32a UrhG müssen für Altverträge die Auswirkungen des § 41 UrhG auf einen Rechteverbleib beim Urheber untersucht werden.[797]

Durch den § 41 UrhG wird dem Urheber ein Rückrufsrecht für den Fall zugesprochen, dass das an einen Dritten übertragene Nutzungsrecht nicht ausreichend genutzt wird.[798] Dieses Recht kann durch Tarifvertrag oder eine Vergütungsregelung nach § 36 UrhG abgegolten werden.[799] Sollte der Anspruch nicht abgegolten sein, ist eine unzureichenden Rechtenutzung durch den Rechteinhaber allerdings Voraussetzung dafür, dass der Anspruch besteht. Derjenige, dem vom Urheber ein ausschließliches Nutzungsrecht eingeräumt wurde, hat es also in der Hand, den Anspruch aus § 41 UrhG entstehen zu lassen oder nicht. Im Ergebnis führt § 41 UrhG also vielmehr nur dazu, dass der Rechteinhaber angehalten ist, die eingeräumten Nutzungsrechte ausreichend zu nutzen. Der Urheber kann dabei nach § 41 Abs. 1 S. 2 UrhG die Nichtausübung nicht begünstigen oder erzwingen, ohne dabei seinen Anspruch zu verlieren.[800] § 41 UrhG verbessert demnach nicht die wirtschaftliche Handhabe des Urhebers. Diese obliegt vielmehr weiterhin demjenigen, dem ein ausschließliches Nutzungsrecht durch Vertrag oder Gesetz eingeräumt wurde.

---

796 S. hierzu: C.V.1.a)aa) bzw. C.II.1.a)bb)(4).

797 Zu § 41 UrhG: *BFH* vom 01.12.1982, I B 11/82, BFHE 137, 178; *FG Köln* vom 28.09.2016, 3 K 2206/13, juris Rn. 57 = EFG 2017, 298, 298 ff.; Zu § 29 UrhG: *BFH* vom 24. 10. 2018, I R 69/16, BFHE 263, 146 Rn. 18 ff.; *FG Köln* vom 28.09.2016, 3 K 2206/13, juris Rn. 50 = EFG 2017, 298, 298 ff.

798 *FG Köln* vom 28.09.2016, 3 K 2206/13, juris Rn. 57 = EFG 2017, 298, 298 ff.; *Wandtke* in Wandtke/Bullinger 6. Aufl., § 41 Rn. 1 f.

799 *FG Köln* vom 28.09.2016, 3 K 2206/13, juris Rn. 57 = EFG 2017, 298, 298 ff.; *Wandtke* in Wandtke/Bullinger 6. Aufl., § 41 Rn. 1 f.

800 *Schulze* in Dreier/Schulze 7. Aufl., § 41 Rn. 20; *Wandtke* in Wandtke/Bullinger 6. Aufl., § 41 Rn. 16.

bb) Übrige Normen und Besonderheiten für Neuverträge

Die Debatte zu den Auswirkungen des § 32a UrhG auf Altverträge ist als zusätzliches Argument für einen fehlenden relevanten Rechteverbleib bei Neuverträgen zu werten. Denn die Vergütungsansprüche sind in diesem Fall nicht anwendbar und die Argumentation, dass sich daraus ein Rechteverbleib ergebe, wird damit entwertet.

Kommt man bereits bezüglich Altverträgen zu dem Ergebnis, dass die untersuchten Regelungen keinen ausreichenden Rechteverbleib normieren, so muss das erst recht dann gelten, wenn diese Normen nicht anwendbar sind.

Die Möglichkeit, Nutzungsrechte unter Berücksichtigung der §§ 29, 31 UrhG in dem Maße einzuräumen, dass von einer *Übertragung* gesprochen werden kann,[801] wird in der angestellten Softwareentwicklung nicht geschmälert. Vielmehr ist hier im Einklang mit der gesetzlich festgelegten Einräumung der vermögensrechtlichen Befugnisse an den Arbeitgeber nach § 69b UrhG davon auszugehen, dass die Nutzungsrechte eine noch losgelöstere Beziehung zum eigentlichen Urheber – dem Arbeitnehmer – aufweisen und damit umso eher an Dritte *übertragen* werden können.

Die Anwendung der Zustimmungserfordernisse aus §§ 34, 35 UrhG ist im Lichte des § 69b UrhG nicht anzunehmen.[802] Aus diesen Normen einen Rechteverbleib zu konstruieren, ergibt folglich wenig Sinn.

§ 40a UrhG ist nicht auf Software anwendbar.[803] Aus dieser Nichtanwendbarkeit ergibt sich ein weiteres Argument gegen den Rechteverbleib. Softwareurhebern ist die Möglichkeit der Zweitverwertung durch die Nichtanwendbarkeit des § 40a UrhG genommen. Sieht man diesen Anspruch als Argument für einen Rechteverbleib, unterstreicht die gesetzliche Ausnahme, dass ein solcher Verbleib in der Programmentwicklung gerade nicht gilt.

Das Rückrufsrecht aus § 42 UrhG[804] ist zwar auch auf Neuverträge anwendbar, einen Rechteverbleib vermag dieses Recht allerdings kaum zu begründen. Die Anwendbarkeit ist auch in der Angestelltensituation der Softwareentwicklung fast vollständig ausgeschlossen.[805]

---

801 S. hierzu C.V.I.a)cc).

802 S. hierzu: C.IV.2.c).

803 S. hierzu: C.IV.2.d) bzw. C.III.1.b)ee).

804 S. hierzu: C.V.2.a)bb) bzw. C.IV.2.f).

805 S. C.V.2.a)bb) bzw. C.IV.2.f) bzw. C.III.1.b)gg); *Redeker*, IT-Recht, 7. Aufl., Rn. 42; *Kindermann* in GRUR 1985, 1008, 1012; *Kolle* in GRUR 1985, 1016, 1024.

3. Zwischenergebnis

Im Ergebnis zeigt sich, dass die Argumentation eines starken Rechteverbleibs beim Urheber stufenweise schwieriger fällt. Schon für freie Urheber klassischer Werke gilt, dass die nach einer umfassenden Nutzungsrechteeinräumung verbleibenden Ansprüche nur mit erheblichem Argumentationsaufwand ausreichen, um von einem starken Rechteverbleib zu sprechen. Diese Einschätzung wird für Arbeitnehmerurheber klassischer Werke derart verstärkt, dass, je nach Ausgestaltung des Arbeitsverhältnisses, der Rechteverbleib durchaus angezweifelt werden kann.

Die Anpassung der urheberrechtlichen Regeln für Computerprogramme verknappt das Anspruchsportfolio zusätzlich. Hier ist bei nicht angestellten Urhebern insbesondere für Verträge, die nach dem 7. Juni 2021 geschlossen wurden, davon auszugehen, dass kein Rechteverbleib vorliegt, der eine *Übertragung* von Nutzungsrechten verhindert. In der angestellten Softwareentwicklung wird diese Einschätzung durch die zwangsweise Übertragung der vermögensrechtlichen Befugnisse auf den Arbeitnehmer noch weiter unterstrichen.

D. Einkommensteuerrechtliche Neubewertung der Nutzungsrechteeinräumung

Nachdem nunmehr die Auswirkungen des Urheberrechts auf den Rechteverbleib beim Urheber in den verschiedenen Konstellationen erörtert wurden, kann jetzt eine Neubewertung des eingangs aufgeworfenen einkommensteuerrechtlichen Sachverhalts auf Grundlage dieser Erörterungen erfolgen.

I. Das Verhältnis von Urheber- und Steuerrecht im Licht der Einheit der Rechtsordnung

Einleitend ist das Verhältnis von Urheberrecht und Steuerrecht zu beleuchten. Erst nachdem geklärt worden ist, welches Verhältnis hier besteht und ob die Einheit der Rechtsordnung[806] eine Gleichbewertung innerhalb der verschiedenen Rechtsgebieten ermöglicht bzw. diktiert, ist eine steuerrechtliche Neubewertung im[807] konkreten Fall möglich.

Wenn sich die steuerrechtliche Einordnung vollständig nach dem Zivilrecht richtet und sich damit eine von den zivilrechtlichen Sachverhalten abweichende Bewertung verbietet, kann für diese Neubewertung auf die Ausführungen zum Rechteverbleib[808] verwiesen werden. Erlaubt die Einheit der Rechtsordnung jedoch eine auch nur in Teilen abweichende Einschätzung zwischen Urheber- und Steuerrecht, ist zu ermitteln, inwieweit die getroffene Bewertung des Rechteverbleibs Auswirkungen auf das Steuerrecht hat und welche Erwägungen zusätzlich durchzuführen sind.

Von dem Begriff der Urheberrechte in § 50a Abs. 1 Nr. 3 EStG sind nach § 73a Abs. 2 EStDV solche Rechte umfasst, „die nach Maßgabe des Urheberrechtsgesetzes geschützt sind“. Diese gesetzliche Definition legt den Schluss nahe, dass zumindest für die vorliegend entscheidende Bewertung nach § 50a Abs. 1 Nr. 3 EStG eine Ausrichtung nach den zivilrechtlichen Vorgaben des Urheberrechts erfolgt – unabhängig davon, ob abstrakt die Einheit der Rechtsordnung ein anderes Vorgehen erlaubt.

---

806 S. hierzu bspw.: *BVerfG* vom 26.03.1969, 1 BvR 512/66, BVerfGE 25, 309, 313.

807 S. hierzu auch: *Roder-Hießrich* in CR 2021, 374, 375 f.

808 S. hierzu: C.V.

Zum Verhältnis von Zivilrecht und Steuerrecht wurden mehrere Ansätze vertreten. Die Abhängigkeit der steuerrechtlichen Bewertung von den zivilrechtlichen Vorgaben wurde dabei unterschiedlich beurteilt. In den 1960er-Jahren vertrat der BFH,[809] dass das Steuerrecht im Einklang mit der Ordnungsstruktur des Zivilrechts[810] und der Einheit der Rechtsordnung[811] streng anhand der zivilrechtlichen Gestaltungen auszulegen sei.[812] Von dieser Auffassung hat sich der BFH mittlerweile distanziert.[813] *Crezelius* sah die zivilrechtlichen Auslegungsergebnisse ebenfalls als entscheidend für die steuerrechtliche Bewertung an.[814] *Flume* sah das Verhältnis ähnlich eng, ließ den eigenen Einschätzungen des Steuerrechts allerdings größeren Spielraum.[815] *Tipke* hingegen ging von nahezu keiner Prävalenz des Zivilrechts für das Steuerrechts aus.[816] Schon *Ball* als auch *Becker* sahen das Steuerrecht als vollständig vom Zivilrecht losgelöst.[817]

Aus den soeben skizzierten Ansätzen hat sich die folgende, vom BVerfG[818] und dem überwiegenden Teil der Literatur[819] vertretene, auch als allgemeiner methodologischer Ansatz bezeichnete Ansicht entwickelt.

Das Steuerrecht bewertet wirtschaftliche Vorgänge bzw. deren Ergebnisse, die zuvor vor allem durch das Zivilrecht in rechtliche Form gegossen worden sind.[820] Zivilrecht und Steuerrecht sind dabei „nebengeordnete, gleichrangige

---

809 Hierzu mit einem geschichtlichen Überblick: *Felix*, Einheit der Rechtsordnung, S. 113 ff.

810 *BFH* vom 27.07.1967, IV 300/64, BStBl. III 1967, 690, 695.

811 *BFH* vom 14.10.1966, IV 61/64, BStBl. III 1967, 175, 177.

812 *Meyer*, Steuerliches Leistungsfähigkeitssystem und zivilrechtliches Ausgleichsystem, 2013, S. 19.

813 *BFH* vom 05.02.1992, II R 110/88, BFHE 166, 402, 406; *BFH* vom 14.11.1974, I V R3/70, BStBl. II 1975, 281, 283; hierzu: *Felix*, Einheit der Rechtsordnung, S. 112.

814 Czerelius, Steuerrechtliche Rechtsanwendung und allgemeine Rechtsordnung, 1983.

815 *Seer* in Tipke/Lang, 24. Aufl. Kap.1 Rn. 1.31; *Flume*, Steuerwesen und Rechtsordnung, 1952 (Nachdruck 1986), S. 23 f.

816 *Seer* in Tipke/Lang, 24. Aufl. Kap.1 Rn. 1.31; *Tipke*, Die Steuerrechtsordnung Band I, S. 43 ff.

817 *Ball*, Steuerrecht und Privatrecht, 1924, S. 19 ff.; *Becker*, Reichsabgabenordnung 6.Aufl., 1928, § 4.

818 *BVerfG* vom 27.12.1991, 2 BvR 72/90, DStR 1992, 106, 107.

819 Treffend zusammenfassend: *Hüttemann* in Eigenständigkeit des Steuerrechts, S. 115 ff.; schon von Tipke vertreten: *Tipke*, Die Steuerrechtsordnung Band I, S. 43 ff.; *Felix*, Einheit der Rechtsordnung, S. 120.

820 „Vorherigkeit“: *BVerfG* vom 27.12.1991, 2 BvR 72/90, DStR 1992, 106, 107; *Seer* in Tipke/Lang, 24. Aufl. Kap.1 Rn. 1.32 ff.; *Felix*, Einheit der Rechtsordnung, S. 110.

Rechtsgebiete".[821] Sie treffen rechtliche Einordnungen gleicher Sachverhalte aus verschiedenen Blickwinkeln. Teilweise beziehen sich die Steuergesetze explizit auf zivilrechtliche Vorgänge. Dies gilt aufgrund von § 73a Abs. 2 EStDV auch im Rahmen des § 50a Abs. 1 Nr. 3 EStG. Die der zivilrechtlichen Definition folgenden Begriffe haben dennoch im Steuerrecht eine dort eigene teleologische Bedeutung und müssen dementsprechend selbstständig ausgelegt werden.[822] Das kann zu einer vom Zivilrecht abweichenden, aber auch zu einer übereinstimmenden Bewertung führen. Wichtig aber ist, dass das Steuerrecht kein Annex des Zivilrechts ist.[823] Der allgemeine methodologische Ansatz führt im Steuerrecht vor allem dazu, dass die relevanten zivilrechtlichen Vorgänge und Ergebnisse einer für die steuerrechtliche Bewertung entscheidenden, wirtschaftlichen Betrachtungsweise zu unterziehen sind.[824]

Auch wenn damit keine Prävalenz der Zivilrechtsordnung angenommen werden kann, so diktiert die Einheit der Rechtsordnung dennoch, dass Grundwertungen anderer Rechtsgebiete im Steuerrecht nur dann durchkreuzt werden dürfen, wenn dies im Rahmen einer Werteabwägung von Gemeinwohlinteressen gerechtfertigt ist.[825]

Im Urheberrecht wird man zu diesen Grundwertungen die monistische Theorie zählen müssen.[826] Würde man im Einkommenssteuerrecht annehmen, dass das gesamte Urheberrecht im Widerspruch zur monistischen Theorie übertragen werden kann, würde gegen ein solches Grundprinzip verstoßen werden. Fehlt dann ein überragendes Argument des Gemeinwohls[827], verbietet die Einheit der Rechtsordnung eine abweichende Auslegung im Steuerrecht.

Damit sind die erlangten urheberrechtlichen Erkenntnisse zwar ein Punkt der Orientierung in der steuerrechtlichen Neubewertung und können mit dieser sogar übereinstimmen. Eine gezwungene vollständige Übereinstimmung der Bewertung ist jedoch abzulehnen. Nur Grundprinzipien des Urheberrechts dürfen bei der folgenden Einschätzung nicht ungerechtfertigt missachtet werden.

---

821 *BVerfG* vom 27.12.1991, 2 BvR 72/90, DStR 1992, 106, 107.

822 *BVerfG* vom 27.12.1991, 2 BvR 72/90, DStR 1992, 106, 107; *Seer* in Tipke/Lang, 24. Aufl. Kap.1 Rn. 1.34 f.; *Hüttemann* in Eigenständigkeit des Steuerrechts, S. 115 ff.

823 *Tipke*, Die Steuerrechtsordnung Band I, S. 46 ff.

824 *Seer* in Tipke/Lang, 24. Aufl. Kap.1 Rn. 1.34.

825 Unter Verwendung des Begriffes „Grundsatz der Einheit des (wirtschaftsrechtlichen) ordre public": *Walz*, Steuergerechtigkeit und Rechtsanwendung 1980, S. 199 und *Walz* in StuW 1984, 170, 173; *Tipke*, Die Steuerrechtsordnung Band I, S. 57 f.

826 Vgl. hierzu: *Tipke*, Die Steuerrechtsordnung Band I, S. 58 ff.

827 *Tipke*, Die Steuerrechtsordnung Band I, S. 58.

Die vorstehende Ermittlung des Rechteverbleibs[828] enthält in weiten Teilen auch faktische Erwägungen, welche die durchzuführende wirtschaftliche Betrachtung ergänzen.

II. Überlassung oder Übertragung

Es gilt zu bewerten, ob die grenzüberschreitende umfassende Einräumung von Nutzungsrechten an Software im einkommenssteuerrechtlichen Sinne eine dauerhafte *Übertragung* von Rechten darstellen kann oder ob es sich hierbei zwangsläufig immer nur um eine zeitweise und damit beschränkte *Überlassung* handelt.[829] Nur so lässt sich feststellen, ob der § 50a Abs. 1 Nr. 3 EStG bei einer grenzüberschreitenden, umfassenden Nutzungsrechteeinräumung tatsächlich einen Steuerabzug auslöst oder nicht.

Die ausführliche Betrachtung der Normen des Urheberrechts, welche als Argumente für einen Rechteverbleib beim Urheber auch nach umfassender Nutzungsrechteeinräumung und damit gegen die Möglichkeit einer *Übertragung* angeführt werden,[830] hat gezeigt, dass insbesondere im Softwarebereich kaum Begründungen für die Zwangsläufigkeit einer beschränkten *Überlassung* existieren. Auch wenn viele Rechte des Urhebers auf den ersten Blick eine *Übertragung* von Nutzungsrechten zu verhindern scheinen, so ist doch bei näherer Betrachtung festzustellen, dass die Ansprüche entweder schon gar keine Anwendung finden bzw. abbedungen werden können oder letztlich keine wirkliche Handhabe des Urhebers mehr über die Software ermöglichen und damit die eingeräumten Nutzungsrechte nicht beeinträchtigen.[831]

Die Bewertung der Einräumung von Nutzungsrechten im Einkommenssteuerrecht kann sich, wie ermittelt, an der urheberrechtlichen Einschätzung orientieren, bedarf jedoch auch einer Begutachtung der Vorgänge im eigenen Regelungsumfeld. Hierfür entscheidend ist auch die wirtschaftliche Betrachtung der umfassenden Einräumung von Nutzungsrechten.

Die grundlegende rechtliche Einordnung der Einräumung von urheberrechtlichen Nutzungsrechten erfolgt nach den Maßstäben des Urheberrechts. Die Rechte, die nach einer umfassenden Einräumung verbleiben, ergeben sich aus dem Urheberrecht.[832] Der hierbei entstehende Rechteverbleib ist

828 Zusammenfassend in: C.V.
829 S. hierzu: A. und B.
830 S. hierzu: A., B.
831 S. hierzu: C.
832 Hierzu ausführlich: C.II. ff.

Ausgangspunkt für eine wirtschaftliche Zuordnung der Rechte. Auf der Grundlage der so verbleibenden Rechte ist eine ertragssteuerliche Betrachtung durchzuführen. Nur wenn die dem Urheber auch nach umfassender Einräumung zustehenden Rechte die Argumentation einer *Übertragung* nach entsprechender Betrachtung auch im steuerrechtlichen Sinne zulassen, ist eine Umgehung des Steuerabzugstatbestandes nach § 50a Abs. 1 Nr. 3 EStG möglich. Insofern ergibt sich für den konkreten Sachverhalt doch eine gewisse Prävalenz des Zivilrechts für das Steuerrecht. Zwar muss der zivilrechtlichen Einschätzung zum Rechteverbleib im Steuerrecht nicht zwangsläufig gefolgt werden.[833] Allerdings haben die dem Urheber nach dem Zivilrecht verbleibenden Rechte Auswirkungen auf die Bestimmung einer wirtschaftlichen Zuordnung im steuerrechtlichen Sinne. Damit entsteht ein eigener Auslegungsbereich für das Einkommenssteuerrecht, der sich dennoch an den urheberrechtlichen Vorgaben orientiert.

1. Bruch mit der monistischen Theorie

Es wird angeführt, dass eine *Übertragung* von Rechten, die keinen Steuerabzug nach § 50a Abs. 1 Nr. 3 EStG auslöst, einen Bruch mit der monistischen Theorie und damit einem Grundprinzip des deutschen Urheberrechts provoziert.[834] Ein solcher Verstoß gegen Grundprinzipien wäre auch im Hinblick auf die Einheit der Rechtsordnung nicht ohne stichhaltige Rechtfertigung hinnehmbar.[835] Ein solcher Eingriff findet jedoch überhaupt nicht statt. Werden Nutzungsrecht *übertragen*, wird dadurch nicht der Stamm des Urheberrechts[836] verletzt. Vielmehr werden nur die „Äste" *übertragen*. Der materiellrechtliche Kern bleibt mit dem persönlichkeitsrechtlichen Kern stets verwoben. Es ist schon keine Orientierung an der international verbreiteteren dualistischen Theorie notwendig.[837] Die monistische Theorie kann auch in der steuerrechtlichen Interpretation gewahrt werden. Die Annahme des BFH, dass eine solche „Aufspaltung von Urheber- und Nutzungsrecht" nicht möglich ist,[838] ist nicht nachvollziehbar. Wie dargelegt wurde und im steuerrechtlichen Zusammenhang darzulegen ist, wird das tatsächlich *übertragene* Nutzungsrecht nicht mehr derart vom

833 S. hierzu: C.
834 S. hierzu: B.I.2.
835 *Tipke*, Die Steuerrechtsordnung Band I, S. 58.
836 Zur Analogie des Baumes: BI.2.a); *Ulmer*, Urheber- und Verlagsrecht 3. Aufl., S. 113 ff.
837 Vgl.: Anm. *Pohl* zu BFH vom 24.10.2018, I R 69/16, IStR 2019, 425, 428 f.
838 *BFH* vom 24.10.2018, I R 69/16, DStR 2019, 916, 919.

verbleibenden Urheberrecht bestimmt, dass dies eine Abtrennung des Nutzungsrechts verhindern würde.

2. Die wirtschaftliche Betrachtungsweise

Die Auslegung im Steuerrecht erfolgt mangels gesonderter Regelungen nach den Vorgaben der allgemeinen juristischen Methodenlehre.[839] In der Regel werden im Steuerrecht ökonomische Vorgänge bewertet. Hierzu bietet sich unter Rückgriff auf Systematik und Telos einer Norm eine diese beiden Methoden verbindende wirtschaftliche Betrachtungsweise an.[840] Diese interpretiert Vorgänge unabhängig davon, ob sie mit der zivilrechtlichen Einordnung übereinstimmt, nach ihren wirtschaftlichen Auswirkungen.[841] So kann sich beispielsweise eine „Veräußerung" im Sinne des § 23 EStG nach wirtschaftlicher Betrachtung ergeben, obwohl es an den zivilrechtlichen Voraussetzungen einer Veräußerung oder der Wirksamkeit des dinglichen Rechtsgeschäftes mangelt.[842] Die wirtschaftliche Betrachtungsweise findet ihre gesetzliche Anknüpfung in den §§ 39-42 AO.[843]

3. Die Rechteeinräumung im Lichte des § 39 Abs. 2 Nr. 1 AO

Durch § 39 AO wird die Zuordnung von Wirtschaftsgütern im Steuerrecht geregelt. Kann jemand im Rahmen seiner tatsächlichen Herrschaft andere und insbesondere auch den Eigentümer regelmäßig für die gewöhnliche Nutzungsdauer von der Einwirkung auf das Wirtschaftsgut wirtschaftlich ausschließen, so ist ihm nach § 39 Abs. 2 Nr. 1 AO das Wirtschaftsgut zuzurechnen.[844] Die Zuordnung eines Wirtschaftsgutes im Sinne des § 39 AO lässt sich auch auf Nutzungsrechte an einem urheberrechtlich geschützten Werk anwenden.[845]

---

839 Hierzu im Detail: *Englisch* in Tipke/Lang, 24. Aufl. Kap.5 Abschnitt B.

840 *Englisch* in Tipke/Lang, 24. Aufl. Kap.5 Rn. 5.70; *Tipke*, Die Steuerrechtsordnung Band III, S. 1630 f.

841 *Ratschow* in Brandis/Heuermann EStR, EStG § 2 Rn. 50.

842 So das Beispiel in: *Englisch* in Tipke/Lang, 24. Aufl. Kap.5 Rn. 5.73; *Ratschow* in Brandis/Heuermann EStR, EStG § 2 Rn. 51.

843 *Ratschow* in Brandis/Heuermann EStR, EStG § 2 Rn. 51.

844 Anm. *Pohl* zu BFH vom 24.10.2018, I R 69/16, IStR 2019, 425, 428 f.; *BFH* vom 01.10.1997, X R 91/94, DStRE 1998, 231, 231; *FG Köln* vom 25.08.2016, 13 K 2205/13, DStRE 2018, 350, 355; *Gosch* in Kirchhof/Seer, EStG 21. Aufl., § 50a EStG Rn. 15; *Manthey/Zettl* in IStR 2021, 449, 450 f.

845 Anm. *Pohl* zu BFH vom 24.10. 2018, I R 69/16, IStR 2019, 425, 429; *FG Köln* vom 25.08.2016, 13 K 2205/13, DStRE 2018, 350, 355 f.; *Gosch* in Kirchhof/Seer, EStG 21.

Zu klären ist daher, ob und welche dem Urheber verbleibenden Rechte Auswirkungen auf die Zuordnung des Wirtschaftsgutes haben. Hierzu ist wegen des unterschiedlichen Rechteverbleibs zwischen den Szenarien freier herkömmlicher Urheber, angestellter herkömmlicher Urheber, freier Softwareurheber und angestellter Softwareurheber zu unterscheiden.[846]

Das folgende, einleitende Beispiel soll der Verdeutlichung dienen:

Wenn ein Urheber das unbeschränkte, ausschließliche Nutzungsrecht freiwillig nach § 31 Abs. 1 UrhG oder, wie es bei der Softwareerstellung in der Angestelltensituation der Fall ist, kraft Gesetzes nach § 69b UrhG einräumt, kann der jeweilige Inhaber dieses Rechtes das Werk entsprechend der Vereinbarung im Grunde wirtschaftlich nutzen, ohne dass der Urheber ihn darin beschränken könnte oder anderweitig Zugriff hätte.[847] Auch ein nachträglicher Vergütungsanspruch aus § 32a UrhG, soweit er überhaupt besteht,[848] vermag den Inhaber der Nutzungsrechte nicht in seiner wirtschaftlichen Herrschaft zu beeinträchtigen.[849] Der Urheber als ursprünglicher „Eigentümer des Wirtschaftsgutes Nutzungsrecht" ist von der wirtschaftlichen Einwirkung auf das Wirtschaftsgut ausgeschlossen. Ein Mehr an Vergütung allein schafft keine wirtschaftliche Handhabe. In Kombination mit weiteren Ansprüchen wie dem Zweitverwertungsrecht und den Rückrufsrechten kann der Übergang des wirtschaftlichen Eigentums und eine *Übertragung* von Nutzungsrechten aber durchaus angezweifelt werden.

Die stufenweise Abnahme der verbleibenden Rechte des Urhebers, die bei schrittweiser Betrachtung eines gewöhnlichen freien Urhebers bis hin zu einem angestellten Softwareurheber ins Auge fällt,[850] zeigt, dass in diesen Stufen auch eine Abnahme der wirtschaftlichen Einwirkungsmöglichkeit des Urhebers zu verzeichnen ist. Stehen dem freien Urheber eines klassischen Werkes noch einige Ansprüche auch zur nachträglichen Einflussnahme auf eingeräumte Nutzungsrechte zu, verringert sich die Anzahl und Stärke dieser Ansprüche in der Arbeitnehmersituation und insbesondere im Softwarebereich auf ein Minimum. Im Einklang mit der obigen Einschätzung des urheberrechtlichen Rechteverbleibs[851]

Aufl., § 50a EStG Rn. 15; *Ratschow* in Klein AO 15. Aufl., § 39 Rn. 8; *Manthey/Zettl* in IStR 2021, 449, 450 f.

846 S. zusammenfassend: C.V.

847 Anm. *Pohl* zu BFH vom 24.10.2018, I R 69/16, IStR 2019, 425, 428 f.

848 S. hierzu: C.III.1.a)bb).

849 So aber der BFH: *BFH* vom 24.10.2018, I R 69/16, DStR 2019, 916, 919.

850 S. zu diesen Stufen: C.II.-C.V.

851 S. hierzu: C.V.

lässt sich auch unter wirtschaftlicher Betrachtung der verschiedenen Szenarien einordnen, wann Nutzungsrechte im Sinne des § 50a Abs. 1 Nr. 3 EStG übertragen und wann überlassen werden.

a) Freier herkömmlicher Urheber

Die Vielzahl von Ansprüchen, die einem freien Urheber herkömmlicher Werke zusteht, scheint Argument genug zu sein, um eine dauerhafte wirtschaftliche Zuordnung der Nutzungsrechte zum Verwerter zu verneinen. Allein den Anspruch auf eine nachträgliche Vergütung als ausschlaggebend für diesen Umstand zu sehen,[852] wirkt nach dem zum Urheberrecht Ermittelten[853] jedoch verfehlt. Vielmehr ist es erst der Strauß an Ansprüchen, der eine *Übertragung* zum Wanken bringt. Dies ergibt sich insbesondere aufgrund der Rückrufsrechte, der Zustimmungserfordernisse und des Zweitverwertungsrechts. Dem Verwerter umfassender Nutzungsrechte eines freien herkömmlichen Urhebers kann daher nur schwerlich pauschal das wirtschaftliche Eigentum an diesen Nutzungsrechten zugesprochen werden. Faktische Umstände wie das Ausbleiben der Geltendmachung der nachträglichen Ansprüche können zu einem anderen Ergebnis führen. Solange die Ansprüche in ihrem Potential verbleiben, ist ein Rechteverbleib jedoch zu stark, um nicht von einer *Überlassung* im Sinne des § 50a Abs. 1 Nr. 3 EStG auszugehen.

b) Angestellter herkömmlicher Urheber

Im Angestelltenverhältnis herkömmlicher Urheber muss im Einzelfall darüber entschieden werden, ob die dem Urheber verbleibenden Rechte für eine Verhinderung der *Übertragung* sorgen können. Jedenfalls wird man bei Vorliegen entsprechender Tarifverträge, arbeitsvertraglicher Gestaltung und einem damit einhergehenden Ausschluss diverser nachträglicher Ansprüche des Urhebers[854] davon ausgehen können, dass schon hier eine Zuordnung des wirtschaftlichen Eigentums zum Verwerter möglich ist.

c) Freier Softwareurheber

In der Softwareentwicklung diktiert schon die Ausnahme des § 69a Abs. 5 UrhG und die Natur von Software als urheberrechtlich geschütztem Werk,[855] dass,

852 So: *BFH* vom 24.10.2018, I R 69/16, DStR 2019, 916, 919.

853 S. hierzu: C.II.1.a).

854 S. hierzu C.IV.1.

855 S. hierzu C.I.

unerheblich ob Neu- oder Altvertrag, die dem Urheber verbleibenden Rechte keine wirtschaftliche Zuordnung der Nutzungsrechte beim Verwerter verhindern. Mithin ist hier auch im steuerrechtlichen Sinne bei einer umfassenden Einräumung von Nutzungsrechten von einer *Übertragung* auszugehen.[856]

d) Angestellter Softwareurheber

In der angestellten Entwicklung von Software verstärkt sich dieser Umstand nur noch weiter durch die gesetzliche Einräumung von Nutzungsrechten nach § 69b UrhG. Der Urheber hat keine Wahl, als seinem Arbeitgeber die vermögensrechtlichen Befugnisse an seinem Werk zu überlassen. Der Rechteverbleib beim Schöpfer, der eine wirtschaftliche Einflussnahme bedeuten würde, ist aus diesem Grunde und wegen der Besonderheiten, die mit dem Werk Computerprogrammen einhergehen, kaum mehr vorhanden. Auch hier wird man dem Empfänger der Rechte somit das Wirtschaftsgut Nutzungsrecht nach § 39 Abs. 2 Nr. 1 AO zusprechen müssen.

e) Zwischenergebnis

Bei einer wirtschaftlichen Betrachtung der Einräumung von zeitlich und inhaltlich unbeschränkten urheberrechtlichen Nutzungsrechten im Lichte der Regeln des § 39 AO ist den Inhabern dieser Nutzungsrechte zumindest im Bereich von Computerprogrammen das Wirtschaftsgut Nutzungsrecht zuzuordnen.[857]

Selbst wenn angenommen wird, dass ein Urheber durch Normen wie dem nachträglichen Vergütungsanspruch des § 32a UrhG oder die Rückrufsrechte eine wirtschaftlich relevante Einwirkung auf eingeräumte Nutzungsrechte hat, so ist die Anwendung dieser Ansprüche entweder schon ausgeschlossen oder doch gerade die Ausnahme und nicht die Regel.[858] Der Wortlaut des § 39 Abs. 2 Nr. 1 AO verlangt eine Ausschlussmöglichkeit nur im Regelfall. Im Bereich von Software und gerade in der Angestelltensituation können die relevanten Rechte aus verschiedenen Gründen im Regelfall nicht geltend gemacht werden.[859] Der Ausnahmecharakter der behandelten Normen im Rahmen

---

856 So im Ergebnis auch: *Petersen/Herbst* in IStR 2021, 745, 752 f.; *Schaal/Gebhardt* in IstR 2021, 887, 893.

857 Vgl. Anm. *Pohl* zu BFH vom 24.10.2018, I R 69/16, IstR 2019, 425, 428 f.

858 S. hierzu: C.V.; so auch: Anm. *Pohl* zu BFH vom 24.10.2018, I R 69/16, IStR 2019, 425, 428 f.

859 Zu den einzelnen Normen im Detail: C.III., C.IV.

des § 69b UrhG[860] unterstreicht die regelmäßige Ausschlussfähigkeit, die dem Inhaber der Nutzungsrechte, also bei § 69b UrhG zuvorderst dem Arbeitgeber, zusteht.

Das gleiche Ergebnis wird sich bei einer mit der gesetzlichen Übertragung nach § 69b UrhG vergleichbaren vertraglichen Einräumung von umfassenden Nutzungsrechten zumindest im Softwarebereich ergeben. Die Geltung des § 69a Abs. 5 UrhG und damit die Nichtanwendbarkeit[861] entscheidender Einflussnormen des Urhebers sprechen im Softwarebereich deutlich für dieses Ergebnis. Diese Schlussfolgerung hat sich durch weitere Ausnahme in Umsetzung der DSM-Richtlinie nur noch weiter verstärkt.

Für den Bereich herkömmlicher Werke ist, abseits des Arbeitsverhältnisses, der Rechteverbleib beim Urheber zu stark, um generell von einer wirtschaftlichen Zuordnung auszugehen.

Im Lichte des § 39 Abs. 2 Nr. 1 AO sind umfassend eingeräumte Nutzungsrechte dem Inhaber also in bestimmten Szenarien als eigenes Wirtschaftsgut zuzurechnen. Die Einräumung eines ausschließlichen Nutzungsrechtes, unerheblich ob freiwillig oder kraft Gesetzes, wird durch die dem Urheber verbleibenden Rechte damit nicht zwangsläufig nur zu einer beschränkten Überlassung (§ 50a Abs. 1 Nr. 3 EStG).

III. Zwischenergebnis

Geht das wirtschaftliche Eigentum an einem Recht über und kommt es nicht zu einer nur zeitweisen Überlassung von Rechten nach § 50a Abs. 1 Nr. 3 EStG, entfällt die Quellensteuerabzugsverpflichtung.[862]

Für den Fall, dass grenzüberschreitend umfassende Nutzungsrechte an Software ins Inland *übertragen* werden, trifft den Vergütungsschuldner somit nach hier vertretener Einschätzung keine Pflicht zur Einbehaltung und Abführung der Abzugsteuer gem. § 50a Abs. 5 EStG.[863] Damit entfällt nicht nur lästiger Mehraufwand in Form von Steuerentlastungsverfahren und ähnlichen

860 S. dazu: C.IV.2.

861 S. hierzu: C.III.1.b)hh).

862 So im Ergebnis auch: *BMF* vom 25.11.2010, IV C 3 – S 2303/09/10002, BStBl. I 2010, 1350, Rn. 24.

863 S. hierzu auch: *Hecht/Lampert* in FR 2010, 68, 70; *Petersen* in IStR 2013, 896, 896 f.

Verwaltungstätigkeiten.[864] Auch die gestörte Vertragsparität in der Softwareentwicklung[865] kann in Teilen ausgeglichen werden.

Im Falle der Steuerabzugsverpflichtung haftet der Vergütungsschuldner für die Einbehaltung und die Abfuhr der Steuer nach § 50a Abs. 5 S. 5, 7 EStG. Damit wird die Grundlage für vertragliche Steuerübernahmeverpflichtungen geschaffen.[866] Bei Wegfall der Abzugspflicht wird die Hürde für eine solche Inanspruchnahme des Vergütungsschuldners höher gesetzt. Eine vertragliche Übernahmeverpflichtung des Quellensteuerabzugs ist so nicht gesetzlich indiziert. Die ungerechtfertigte und aus einem Verhandlungsungleichgewicht geborene Übernahme der Steuer durch den Vergütungsschuldner wird zumindest erschwert.

Bei der Einräumung von Nutzungsrechten an herkömmlichen Werken gilt es im Einzelfall abzugrenzen, ob eine *Übertragung* argumentiert werden kann oder nicht.[867] Je nach Ergebnis kann auch in solchen Fällen die Abzugsteuerverpflichtung entfallen.

---

864 S. schon A.; ferner hierzu: Anm. *Pohl* zu BFH vom 24.10.2018, I R 69/16, IStR 2019, 425, 428 f.; *Backu* in ITRB 2012, 188, 189; *Klomp* in EFG 2017, 303, 304; *Reiter* in IstR 2017, 572, 573; *Salomon/Riegler* in IStR 2009, 785, 787 f.

865 S. dazu: BT-Drs. 18/8625, 27; ebenso: BT-Drs. 19/27426, 67 f.

866 *Petersen* in IStR 2013, 896, 896.

867 S. hierzu die Erwägungen in D.II.

E. IPR

Weder BFH noch BMF teilen bisher die ermittelte Einschätzung zum Steuerabzug nach § 50a Abs. 1 Nr. 3 EStG.[868] Um dennoch zum gewünschten Ergebnis zu kommen, wird teilweise vorgeschlagen, den Auswirkungen des deutschen Urheberrechts auf das Steuerrecht durch Rechtswahl hin zu einem abweichenden Urheberrecht zu entgehen.[869] Durch Anwendung der in anderen Rechtsordnungen herrschenden dualistischen Theorie würde ein total-buy-out und damit eine vollständige *Rechtsübertragung* schon ohne immensen Argumentationsaufwand möglich.

Unabhängig davon, dass nach hier vertretener Meinung eine solche Rechtswahl nicht notwendig ist, um dem Quellensteuerabzug zu entgehen, ist dennoch ein kurzer Blick auf das Internationale Privatrecht und die Möglichkeit des Abweichens vom deutschen Urheberrecht und dessen Auswirkungen auf den Rechteverbleib zu werfen. Ferner ist das IPR auch insofern relevant, als dass die obigen Ausführungen[870] nur dann entsprechenden Argumentationsstoff liefern, wenn in dem beschriebenen grenzüberschreitenden Sachverhalt tatsächlich auch deutsches Urheberrecht Anwendung findet. Für diese Betrachtung wird vorausgesetzt, dass Nutzungshandlungen des Werkes im Inland stattfinden.

I. Urhebervertragsrecht

Eine Rechtswahl ist im Urhebervertragsrecht im Rahmen des Art. 3 Rom I-VO durchaus möglich.[871] Jedenfalls bei Nutzungshandlungen im Inland lässt sich aber gem. § 32b UrhG nicht von den §§ 32, 32a, 32d-32f, 38 Abs. 4 UrhG abweichen.[872] Hierbei handelt es sich um sog. Eingriffsnormen im Sinne des Art. 9 Rom I-VO.[873] Damit sind diese Normen Vorschriften, „deren Einhaltung

---

868 S. hierzu: B.

869 S. bspw.: Anm. *Pohl* zu BFH vom 24.10.2018, I R 69/16, IStR 2019, 425, 429.

870 S. hierzu: Teil C.

871 *Nordemann/Czychowski* in MAH GewRS 5. Aufl., § 44 Rn. 47; *Paul* in Hoeren/Sieber/Holznagel Hdb. MMR, 57. EL, 7.4 Rn. 147 f.

872 Hierzu auch: Anm. *Pohl* zu BFH vom 24.10.2018, I R 69/16, IStR 2019, 425, 428 f.; *v. Welser* in Wandtke/Bullinger 6. Aufl., § 32b Rn. 1; *Metzger* in Basedow/ Drexl/Kur/ Metzger, Intellectual Property in the Conflict of Laws, 2005 S. 71.

873 Im Ergebnis so *Katzenberger* in Schricker/Loewenheim 6. Aufl., § 32b Rn. 7 ff.; *v. Welser* in Wandtke/Bullinger 6. Aufl., § 32b Rn. 1; kritisch, mit Umsetzung der DSM-Richtlinie aber zustimmend: *Drexl* in MüKo BGB 8.Aufl., Art. 8 Rom-II-VO Rn. 260.

von einem Staat als so entscheidend für die Wahrung seines öffentlichen Interesses […] angesehen wird, dass sie ungeachtet des nach Maßgabe dieser Verordnung [Rom I-VO] auf den Vertrag anzuwendenden Rechts auf alle Sachverhalte anzuwenden [sind], die in ihren Anwendungsbereich fallen".

Die Anwendung des § 32b UrhG kann nur dann ausgeschlossen sein, wenn Gegenstand des Vertrages keine maßgeblichen Nutzungshandlungen im räumlichen Geltungsbereich des deutschen Urheberrechtsgesetzes sind.[874] Für die einschlägige Thematik der Einräumung von umfassenden Nutzungsrechten ins Inland werden sich der Sache nach in aller Regel relevante Nutzungshandlungen im Inland ergeben.

Selbst wenn also mittels Rechtswahl die Auswirkungen des Rechteverbleibs umgangen werden sollen, so verbleibt dennoch die Anwendung der für den BFH bisher zentralen Normen der §§ 32, 32a UrhG.[875] Eine *Übertragung* zu argumentieren, bedarf also sehr wohl auch im Falle der abweichenden Rechtswahl einer Auseinandersetzung mit – zumindest den in einem solchen Fall verbleibenden – urheberschützenden Normen. Wie sich aber in der dogmatischen Analyse dieser und weiterer Normen ergeben hat,[876] sind auch zusätzliche Vergütungsansprüche kein ausschlaggebendes Argument für eine bloß beschränkte Überlassung von Nutzungsrechten.

Wird zwischen den Parteien eines grenzüberschreitenden Vertrages keine Rechtswahl getroffen, findet der Art. 4 Rom I-VO Anwendung.[877] Art. 4 Abs. 1 Rom I-VO enthält einen Katalog an spezifizierten Vertragsverhältnissen und das darauf anzuwendende Recht.[878] Mangels passender Untergruppe scheidet dieser zur Abgrenzung im Urheberrecht jedoch aus.[879] Entscheidend für das Urheberrecht sind somit die Art. 4 Abs. 2-4 Rom I-VO.[880]

Gem. Art. 4 Abs. 2 Rom I-VO unterliegt der Vertrag, sofern er nicht dem Abs. 1 unterfällt, dem Recht des Staates, in dem die Partei, welche die für den Vertrag charakteristische Leistung zu erbringen hat, ihren gewöhnlichen Aufenthalt

874 Vgl. § 32b Nr. 2 UrhG; *Schulze* in Dreier/Schulze 7. Aufl., § 32b Rn. 2.

875 *BFH* vom 24.10.2018, I R 69/16, DStR 2019, 916, 919.

876 S. hierzu: C.

877 S. zu der Anwendung bspw.: *de Misguel Asensio* in Kono, Intellectual Property and Private International Law, S. 1016.

878 Vgl. *Martiny* in MüKo BGB 8. Aufl., Art. 4 ROM I-VO Rn. 6.

879 *Nordemann/Czychowski* in MAH GewRS 5. Aufl., § 44 Rn. 48; vgl. *v. Welser* in Wandtke/Bullinger 6. Aufl., Vor. §§ 120 Rn. 24.

880 *Nordemann/Czychowski* in MAH GewRS 5. Aufl., § 44 Rn. 48; vgl. *v. Welser* in Wandtke/Bullinger 6. Aufl., Vor. §§ 120 Rn. 24.

hat. Hiernach ergibt sich grundsätzlich eine Anwendbarkeit von ausländischem Urheberrecht, da in der dieser Arbeit zugrundeliegenden Problematik der Urheber im Ausland sitzt und die für den Vertrag charakteristische Leistung in der Regel die Einräumung von Nutzungsrechten ist.[881] Von Art. 4 Abs. 2 Rom I-VO kann unter den Voraussetzungen des Art. 4 Abs. 3 Rom I-VO allerdings abgewichen werden. Hierfür müsste sich aus der Gesamtheit der Umstände ergeben, „dass der Vertrag eine offensichtlich engere Verbindung zu einem anderen als dem nach Absatz 1 oder 2 bestimmten Staat aufweist". Trifft dies zu, ist das Recht des Staates anzuwenden, zu dem im konkreten Fall eine engere Verbindung besteht. Im Urhebervertragsrecht wird ein Abweichen i.S.d. Art. 4 Abs. 3 Rom I-VO beispielsweise dann angenommen, wenn den Lizenznehmer eine Pflicht zur Verwertung der eingeräumten Nutzungsrechte trifft.[882] Dann soll das Recht des Landes des Lizenznehmers anzuwenden sein. Je nach vertraglicher Ausgestaltung besteht eine solche Verpflichtung auch für die in dieser Arbeit untersuchten Fälle.

Möglicherweise sind bei diesen aber auch nicht die Normen der Rom I-VO anzuwenden.

II. Schutzlandprinzip

Entscheidend für die steuerrechtliche Bewertung ist nach der in dieser Arbeit vertretenen Auffassung die Untersuchung des urheberrechtlichen Rechteverbleibs. Unklar ist allerdings, ob sich das für diese Ermittlung anzuwendende Recht nach den für das Vertragsrecht relevanten Normen (Rom I-VO) oder nach den für außervertragliche Schuldverhältnisse relevanten Normen (Rom II-VO) bewertet. Vorliegend könnte auch das eigentlich nur im außervertraglichen Bereich geltende Schutzlandprinzip (Art. 8 Abs. 1 Rom II-VO) ausschlaggebend für die Entscheidung des anzuwendenden Rechts sein. Das Schutzlandprinzip besagt, dass „das Recht des Staates anzuwenden [ist], für den der Schutz beansprucht wird".

Auf der einen Seite kann, wie eingangs in diesem Abschnitt dargelegt, das Vertragsrecht und damit die Rom I-VO als ausschlaggebend angesehen werden.

---

881 Zur Abgrenzung: *de Misguel Asensio* in Kono, Intellectual Property and Private International Law, 2012, S. 1016 f.

882 *Katzenberger/Metzger* in Schricker/Loewenheim 6. Aufl., Vor. § 120 ff. Rn. 156; *Nordemann/Czychowski* in MAH GewRS 5. Aufl., § 44 Rn. 48; *Ulmer*, Die Immaterialgüterrechte im internationalen Privatrecht, S. 103.

Die Normen, die den Rechteverbleib, wie er hier verstanden wird, ausmachen, sind schließlich vertragsrechtlicher Natur.

Auf der anderen Seite kann die Bewertung des Rechteverbleibs jedoch auch als verwandt mit anderen auch durch den BGH eingeordneten Konstellationen[883] beurteilt werden, die in der Entscheidung über das anzuwendende Recht dem Schutzlandprinzip und damit den Vorgaben der Rom II-VO zugeordnet wurden.[884] Zu diesen Konstellationen gehört auch die Frage nach der Übertragbarkeit von urheberrechtlichen Befugnissen.[885] Diese steht der Bewertung der „Schutzwirkung des Urheberrechts" entsprechend nahe, welche nach dem Schutzlandprinzip durchzuführen ist, sodass sich auch bzgl. der Übertragbarkeit kein anderes Kriterium der Rechtszuordnung ergibt.[886]

Die Bewertung des für diese Arbeit zentralen Rechteverbleibs beantwortet im Kern die Möglichkeit der *Übertragung* von Nutzungsrechten. Je nachdem, wie stark das Gesetz einen Rechteverbleib vorgibt, kann nach hier vertretener Ansicht durchaus eine Übertragbarkeit von Nutzungsrechten argumentiert werden. So betrifft die Bewertung des Rechteverbleibs die Übertragbarkeit von urheberrechtlichen Befugnissen und ist - im Einklang mit dem BGH[887] - im internationalen Kontext nach dem Schutzlandprinzip zu bewerten.[888] Wird der Schutz also im Inland beansprucht, ergibt sich somit eine Anwendung des deutschen Urheberrechts.

III. Zwischenergebnis

Die Möglichkeit einer Rechtswahl besteht so zwar für die Festlegung der relevanten vertraglichen Normen, nicht aber für die Bewertung der Übertragbarkeit

883 *BGH* vom 02.10.1997, I ZR 88/95, GRUR 1999, 152, 152 ff.; *BGH* vom 17.06.1992, I ZR 182/90, GRUR 1992, 697, 698; BGH vom 15.10.1987, I ZR 96/85, GRUR 1988, 196, 298; *OLG München* vom 17.9.2009, 29 U 2579/09, GRUR-RR 2010, 161, 161.

884 S. hierzu: *Drexl* in MüKo BGB 8.Aufl., Art. 8 Rom-II-VO Rn. 222; *Katzenberger/Metzger* in Schricker/Loewenheim 6. Aufl., Vor. § 120 ff. Rn. 125.

885 *BGH* vom 02.10.1997, I ZR 88/95, GRUR 1999, 152, 152 ff; *OLG München* vom 17.9.2009, 29 U 2579/09, GRUR-RR 2010, 161, 161; *Drexl* in MüKo BGB 8.Aufl., Art. 8 Rom-II-VO Rn. 222; *Katzenberger/Metzger* in Schricker/Loewenheim 6. Aufl., Vor. § 120 ff. Rn. 125; *Katzenberger* in FS Schricker, 225, 258; *Metzger* in Basedow/Drexl/Kur/Metzger, Intellectual Property in the Conflict of Laws, 2005 S. 72 f.

886 *BGH* vom 02.10.1997, I ZR 88/95, GRUR 1999, 152, 153 f.

887 *BGH* vom 02.10.1997, I ZR 88/95, GRUR 1999, 152, 152 ff.

888 So auch: *Metzger* in Basedow/ Drexl/Kur/Metzger, Intellectual Property in the Conflict of Laws, 2005 S. 72 f.

von Nutzungsrechten und damit auch für die Bewertung des Rechteverbleibs. Hier ist das Schutzlandprinzip anwendbar und somit je nach Ort der Schutzbeanspruchung auch deutsches Recht. Da für diese Arbeit vorausgesetzt wurde, dass Nutzungshandlungen des Werkes im Inland stattfinden, wird auch hier der Schutz beansprucht. Damit ist für die Bewertung des Rechteverbleibs deutsches Urheberrecht anwendbar und die erfolgte dogmatische Analyse der einzelnen Normen durchaus relevant.

F. Fazit

Es zeigt sich, dass entgegen der Annahme von Rechtsprechung und Verwaltung bei der grenzüberschreitenden Einräumung umfassender Nutzungsrechte nicht zwangsläufig nur eine *Überlassung* von Rechten vorliegt. Diese Einräumung kann durchaus als *Übertragung* gewertet werden. Insbesondere gilt dies im Zusammenhang mit Nutzungsrechten an Software. Die dogmatische Analyse der einzelnen dem Urheber verbleibenden Rechte hat verdeutlicht, dass nicht in jeder Situation ein solcher Rechteverbleib in Form von Ansprüchen und Teilhaberechten besteht, dass dem Verwerter der Nutzungsrechte deren unbeschränkte Zuteilung abzusprechen ist.

Diese Einsicht ist auch in das Einkommensteuerrecht zu übertragen. Die wirtschaftliche Betrachtung der Nutzungsrechte unterstreicht die im Urheberrecht ermittelte Bewertung. Der Ausschluss der Einwirkungsmöglichkeit des Urhebers auf die Nutzungsrechte für den Regelfall reicht aus, um nicht bloß von einer *Überlassung*, sondern von einer *Übertragung* zu sprechen.

Im Ergebnis bedeutet das, dass für die so bestätigten Fälle,[889] also insbesondere in der angestellten Softwareentwicklung, keine durch § 50a Abs. 1 Nr. 3 EStG hervorgerufene Notwendigkeit zum Quellensteuerabzug besteht. Damit entfällt eine in der Praxis nur mit hohem Complianceaufwand zu bewältigende Verwaltungstätigkeit, die keine erhöhten Steuereinnahmen für den Fiskus verspricht. Zwar bleibt der im Ausland ansässige Vergütungsgläubiger beschränkt steuerpflichtig und eventuelle Doppelbesteuerungsabkommen bedeuten nach wie vor Verwaltungsaufwand. Eine aus einem Machtgefälle in Vertragsverhandlungen geborene Steuerübernahmeverpflichtung des Vergütungsschuldners wird so jedoch erschwert und die nicht vollständig nachvollziehbare Inanspruchnahme des inländischen Schuldners durch den Quellensteuerabzug abgeschafft.[890]

Darüber hinaus hat die vertiefte und vergleichende Auseinandersetzung mit den Normen des Urheberrechts gezeigt, dass eine Anwendung der herkömmlichen Normen im Softwarebereich regelmäßig nicht stattfindet - allerdings auch unangebracht ist.

Computerprogramme weichen schon ihrer Natur nach derart von herkömmlichen urheberrechtlich geschützten Werken ab, dass eine Anwendung des

889 S. hierzu: D.II.3.
890 S. hierzu: A.

Urheberrechts ohne Anpassungen kaum möglich ist. So wird eine Vielzahl von Normen modifiziert oder für nicht anwendbar erklärt. Der so entstandene und keineswegs vollständig befriedigende Flickenteppich an Regelungen macht eine Tatsache immer deutlicher: Computerprogramme sind im Urheberrecht falsch verortet. Ihre Eigenart als Werkzeug und die Notwendigkeit der Verkehrsfähigkeit wehrt sich vehement gegen das Korsett des Urheberrechts. Schon die Gesetzeshistorie zeigt, dass die Einordnung seit jeher Schwierigkeiten bereitet. Hinzu kommen die rasanten Entwicklungen der letzten Jahre und die zunehmende Verstärkung der angeführten Charakteristika. Dies äußert sich auch auf dogmatischer Ebene in der zunehmenden Anpassung der Gesetzgebung. Computerprogramme scheinen sich zunehmend vom Urheberrecht zu emanzipieren.

Das von den anderen Werken des Urheberrechts stark abweichende, oft ins Gegenteil verkehrte Machtgefälle in Verhandlungssituationen im Softwarebereich unterstreicht diesen Umstand nur weiter. Die trotzdem existierende Einordnung als urheberrechtliches Werk führt im Ergebnis zu solch ungerechtfertigten Bewertungen wie der behandelten einkommenssteuerrechtlichen Problematik.

Vor diesem Hintergrund soll Software keineswegs der rechtliche Schutz als solcher abgesprochen werden. Um Computerprogrammen aber gerecht zu werden, bedarf es anderer, speziellerer Regelungen. So ist eine teilweise bereits existierende Verschiebung ins Patentrecht denkbar. Vor allem dem Werkzeugcharakter würde durch diesen Schritt Rechnung getragen. Final drängt sich aber dennoch die Entwicklung eines eigenen, nach Möglichkeit europäisierten und dem internationalen Kontext angepassten Leistungsschutzrechtes auf. Ein solcher Schritt würde es ermöglichen, auch unterschiedlichen Ausprägungen von Software gerecht zu werden. So wäre ein solches Gesetz nicht nur an Industriesoftware und deren Verkehrsfähigkeit auszurichten, sondern durch Unterscheidungskriterien auch an kleinerer Individualsoftware, die eines anderen Schutzes bedarf.

G. Ausblick

Ausgehend vom Ergebnis dieser Arbeit ist auf zwei Entwicklungen zu hoffen. Zum einen wäre erforderlich, dass die Finanzverwaltung und -rechtsprechung die Realität umfassender grenzüberschreitender Nutzungsrechteeinräumungen zumindest im Softwarebereich anerkennt und einen entsprechenden Steuerabzug entfallen lässt. Zum anderen besteht die Hoffnung, dass der Gesetzgeber die Notwendigkeit klarer und passender Regelungen zum Schutz von Computerprogrammen erkennt und diesem Umstand nachkommt.

Seit Umsetzung der DSM-Richtlinie scheint das Schrifttum eine *Übertragung* von Nutzungsrechten an Software durchaus als möglich anzusehen.[891] Ein höchstrichterliches Urteil oder eine bestätigende Verwaltungsanweisung stehen leider noch aus. Die Unanwendbarkeit der §§ 32a und 41 UrhG auf Computerprogramme, die als zentrales Argument für einen Rechteverbleib angesehen wurden, lässt jedoch hoffen, dass Rechtsprechung und Verwaltung der Einschätzung der Literatur alsbald folgen werden. Die tatsächliche Bewertung bleibt abzuwarten.

Die Entwicklung eines eigenen Leistungsschutzrechtes für Software ist mehr als unklar und wird, sollte sie denn angegangen werden, ein größeres Unterfangen darstellen. Die umständliche Modifikation der bestehenden urheberrechtlichen Regelungen und die immer weiter zunehmende Relevanz von Programmen machen dennoch klar, dass eine solches Bedürfnis besteht.

Ziel sollte dabei sein, ein Gesetz zu entwickeln, das auch mit Blick in die Zukunft in der Lage ist, Computerprogramme und ihre Schöpfer angemessen zu schützen und dabei trotzdem eine passende Verkehrsfähigkeit zu ermöglichen. Dabei könnte auch dem Umstand Rechnung getragen werden, dass Software zeitnah regelmäßig nicht mehr ausschließlich durch menschliches Tun erschaffen werden wird. Eine europäische Lösung würde außerdem grenzüberschreitende Konflikte zumindest innerhalb der EU lösen.

---

891 *Petersen/Herbst* in IStR 2021, 745, 752; *Roder-Hießrich* in CR 2021, 374, 377; *Schaal/Gebhardt* in IStR 2021, 887, 892 f.

Literaturverzeichnis

Acker, Ludwig/Thum, Kai, Zulässigkeit der Vereinbarung der freien Weiterübertragbarkeit von urheberrechtlichen Nutzungsrechten durch AGB, GRUR 2008, 671 ff.

Ackermann, Monika, Software: Beschränkte Steuerpflicht der grenzüberschreitenden Überlassung von Software, ISR 2016, 258 ff.

Ahlberg, Hartwig/Götting, Horst-Peter/Lauber-Rönsberg, Anne (Hrsg.), Beck'-scher Online-Kommentar Urheberrecht, 33. Edition, München 2022.

Ann, Christoph, Die idealistische Wurzel des Schutzes geistiger Leistungen, GRUR Int. 2004, 597 ff.

Auer-Reinsdorff, Astrid/Conrad, Isabell, Handbuch IT- und Datenschutzrecht, 3. Auflage, München 2019.

Backu, Frieder, Quellensteuern bei internationalen Softwareüberlassungs- und Distributionsverträgen, ITRB 2012, 188 ff.

Ball-Kaduri, Kurt Jacob, Steuerrecht und Privatrecht – Theorie des selbstständigen Steuerrechtssystems; eine verwaltungsrechtliche Studie, Mannheim 1924.

Basedow, Jürgen/Drexl, Josef/Kur, Anette/Metzger, Axel (Hrsg.),

Intellectual Property in the Conflict of Laws, Tübingen 2005.

Bayreuther, Frank, Zum Verhältnis zwischen Arbeits-, Urheber- und Arbeitnehmererfindungsrecht – Unter besonderer Berücksichtigung der Sondervergütungsansprüche des angestellten Softwareerstellers, GRUR 2003, 570 ff.

Becker, Enno, Die Reichsabgabenordnung, 6. Auflage, Berlin 1928.

Becker, Maximilian, Ein modernes Urheberrecht. Von der Nutzungshandlung zum digitalen Lebensbereich, ZGE 2016, 239 ff.

Benkard, Georg (Hrsg.), Patentgesetz, 11. Auflage, München 2015.

Berger, Christian, Zum Anspruch auf angemessene Vergütung (§ 32 UrhG) und weitere Beteiligung (§ 32a UrhG) bei Arbeitnehmer-Urhebern, ZUM 2003, 173 ff.

Berger, Christian/Freyer, Simon, „Rückrufsrecht wegen anderweitiger Überzeugung" – Zum Vorschlag eines neuen § 40a UrhG, GRUR 2016, 13 ff.

Bisges, Marcel, Ökonomische Analyse des Urheberrechts, ZUM 2014, 930 ff.

Brandis, Peter/Heuermann, Bernd (Hrsg.), Ertragssteuerrecht, 161. Auflage, München 2022.

Brüggemann, Sebastian, Urheberrechtlicher Schutz von Computer- und Videospielen, CR 2015, 697 ff.

Bullinger, Winfried/Czychowski, Christian, Digitale Inhalte: Werk und/oder Software? Ein Gedankenspiel am Beispiel von Computerspielen, GRUR 2011, 19 ff.

Büchmann, Georg, Geflügelte Worte – Der Zitatenschatz des deutschen Volks, Berlin 1876.

Clapes, Anthony L./Lynch, Patrick/Steinberg, Mark R., Das Epos von Silicon und die Barden des Binären – Zur Bestimmung der korrekten Reichweite des urheberrechtlichen Schutzes für Computer-Software, JurPC 1989, 230 ff.

Czerelius, Georg, Steuerrechtliche Rechtsanwendung und allgemeine Rechtsordnung – Grundlagen für eine liberale Besteuerungspraxis, Berlin 1983.

Czychowski, Christian, Die angemessene Vergütung im Spannungsfeld zwischen Urheber-vertrags- und Arbeitnehmererfindungsrecht - ein Beitrag zur Praxis desneuen Urhebervertragsrechts im Bereich der angestellten Computerprogrammierer, in: Loewenheim, Ulrich (Hrsg.), Urheberrecht im Informationszeitalter - Festschrift für Wilhelm Nordemann zum 70. Geburtstag am 8. Januar 2004, München 2004, 157-167.

Dauner-Lieb, Barbara/Langen, Werner (Hrsg.), Bürgerliches Gesetzbuch: BGB, Band 2: Schuldrecht, 4. Auflage, Baden-Baden 2021.

Deutsche Vereinigung für gewerblichen Rechtsschutz und Urheberrecht, Denkschrift über den Rechtsschutz der Datenverarbeitungssoftware, GRUR 1979, 300 ff.

Dreier, Thomas, Verletzung urheberrechtlich geschützter Software nach der Umsetzung der EG-Richtlinie, GRUR 1993, 781 ff.

Dreier, Thomas/Schulze, Gernot (Hrsg.), Urheberrechtsgesetz - Urheberrechts-Diensteanbieter-Gesetz, Verwertungsgesellschaftengesetz, Nebenurheberrecht, Kunsturhebergesetz: Kommentar, 7. Auflage, München 2022.

Dreier, Thomas/Vogel, Rupert, Software und Computerrecht, Frankfurt am Main 2008.

Drexl, Josef, What is protected in a Computer Program? – Copyright protection in the United States and Europe, Weinheim 1994.

Dreyer, Gunda/Kotthoff, Jost/Meckel, Astrid/Hentsch, Christian-Henner (Hrsg.), Urheberrecht – Urheberrechtsgesetz, Urheberrechtswahrnehmungsgesetz, Kunsturhebergesetz, 4. Auflage, Heidelberg 2018.

Eichelberger, Jan/Wirth, Thomas/Seifert, Fedor (Hrsg.), UrhG – Urheberrechtsgesetz UrhG, UrhDaG, VGG: Handkommentar, 4. Auflage, Baden-Baden 2022.

Elster, Alexander, Gewerblicher Rechtsschutz – Umfassend: Urheber- u. Verlagsrecht, Patent- und Musterschutzrecht, Warenzeichenrecht und Wettbewerbsrecht, Berlin 1921.

Engel, Friedrich-Wilhelm, Über „Computerprogramme als solche", GRUR 1993, 194 ff.

Felix, Dagmar, Einheit der Rechtsordnung – zur verfassungsrechtlichen Relevanz einer juristischen Argumentationsfigur, Tübingen 1998.

Flume, Werner, Steuerwesen und Rechtsordnung, Köln 1986.

Forkel, Hans, Lizenzen an Persönlichkeitsrechten durch gebundene Rechtsübertragung, GRUR 1988, 491 ff.

Frase, Henning, Grenzüberschreitende Lizenzverträge – ertragsteuerliche Optimierungsansätze, KöSdi 2017, 20341 ff.

Fromm, Friedrich K./Nordemann, Wilhelm (Begr.), Urheberrecht. Kommentar zum Urheberrechtsgesetz, Verlagsgesetz, Einigungsvertrag (Urheberrecht), neu: zur EU-Portabilitätsordnung, 12. Auflage, Stuttgart 2018.

Fuchs, Thomas, Der Arbeitnehmerurheber im System des § 43 UrhG, GRUR 2006, 561 ff.

Gielen, Nico, Am Anfang war alle Software frei – Rechtliche Fallstricke im Umgang mit freier und Open Source Software, DFN-Infobrief Recht 09/2020, 5 ff.

Grosche, Nils, Die Kontrolle des gesetzgeberischen Zugriffs auf die Vertragsfreiheit, DÖV 2014, 382 ff.

Grzeszick, Bernd, Freie Software: Eine Widerlegung der Urheberrechtstheorie?, MMR 2000, 412 ff.

Grützmacher, Malte, Anmerkung zu LG Mannheim vom 27.06.2003, 7 O 127/03: Erlöschen von Zinsen bei Insolvenz, CR 2004, 811 ff.

Grützmacher, Malte, Gebrauchtsoftware und Übertragbarkeit von Lizenzen – Zu den Rechtsfragen auch jenseits der Erschöpfungslehre, CR 2007, 549 ff.

Grützmacher, Malte/Lejeune, Mathias/Schneider-Brodtmann, Jörg/Stögmüller, Thomas, Stellungnahme der DGRI zum Referentenentwurf eines Gesetzes zur verbesserten Durchsetzung des Anspruchs der Urheber und der ausübenden Künstler auf angemessene Vergütung – Für Softwareindustrie weder Problemanalyse noch Zielsetzung überzeugend, CR 2016, 138 ff.

Haberstumpf, Helmut, Der urheberrechtliche Schutz von Computerprogrammen, in: Lehmann, Michael (Hrsg.), Rechtsschutz und Verwertung von Computerprogrammen - Urheberrecht, Patentrecht, Warenzeichenrecht, Wettbewerbsrecht, Kartellrecht, Vertrags- und Lizenzrecht, Arbeitsrecht, Strafrecht, Insolvenz- und Vollstreckungsrecht, Prozeßrecht, Produzentenhaftung, Recht der Datenbanken, Steuerrecht, 2. Auflage, Köln 1993, 69-169.

Haberstumpf, Helmut, Zur urheberrechtlichen Beurteilung von Programmen für Datenverarbeitungsanlagen, GRUR 1982, 142 ff.

Hasselblatt, Gordian N. (Hrsg.), Münchener Anwalts Handbuch Gewerblicher Rechtsschutz, 5. Auflage, München 2017.

Hau, Wolfgang/Poseck, Roman (Hrsg.), Beck'scher Online-Kommentar BGB, 62. Edition, München 2022.

Hecht, Stephen A./Lampert, Steffen, Die einkommenssteuerrechtliche Behandlung der Überlassung von Software (Teil I), FR 2009, 1127 ff.

Hecht, Stephen A./Lampert, Steffen, Die einkommenssteuerrechtliche Behandlung der Überlassung von Software (Teil II), FR 2010, 68 ff.

Herrmann, Carl/Heuer, Gerhard/Raupach, Arndt (Hrsg.), EstG KStG Kommentar - Großkommentar zum Einkommens- und Körperschaftssteuergesetz, 312. Lieferung 07/2022, Köln 2022.

Herzog, Ralf, Anmerkung zu OLG München vom 03.07.2008, 6 U 2759/07: Handel mit „gebrauchten" Softwarelizenzen, ZUM 2009, 70 ff.

Hilty, Reto M., Der Softwarevertrag – ein Blick in die Zukunft – Konsequenzen der trägerlosen Nutzung und des patentrechtlichen Schutzes von Software, MMR 2003, 3 ff.

Hilty, Reto M., Die Rechtsnatur des Softwarevertrages – Erkenntnisse aus der Entscheidung des EuGH UsedSoft vs. Oracle, CR 2012, 625 ff.

Hilty, Reto M., Kontrolle der digitalen Werknutzung zwischen Vertrag und Erschöpfung, GRUR 2018, 865 ff.

Hoeren, Thomas, Die Kündigung von Softwareerstellungsverträgen und deren urheberrechtliche Auswirkungen, CR 2005, 773 ff.

Hoeren, Thomas, Die Online-Erschöpfung im Softwarebereich - Fallgruppen und Beweislast, MMR 2010, 447 ff.

Hoeren, Thomas, Germany, in: Jongen, Herald D.J./Meijboom, Alfred P. (Hrsg.), Copyright Software Protection in the EC, Deventer 1993.

Hoeren, Thomas, IT-Vertragsrecht – Praxis Lehrbuch, 2. Auflage, Köln 2012.

Hoeren, Thomas, Konzernklauseln – an der Schnittstelle von Urheber-, Gesellschafts- und AGB-Recht – Die Zulässigkeit von AGB-Klauseln zur urheberrechtlichen Übertragbarkeit von (Software-)Nutzungsrechten innerhalb einer Unternehmensgruppe, CR 2013, 345 ff.

Hoeren, Thomas, Was bleibt von §§ 32, 32a, 36 UrhG? Überlegungen zur Zukunft des Urhebervertragsrechts, in: Wöhrn, Kirsten-Inger/Bullinger, Winfried/Grunert, Eike W./Ohst, Claudia (Hrsg.), Festschrift für Artur-Axel Wandtke zum 70. Geburtstag am 26. März 2013, Berlin 2013, 159-187.

Hoeren, Thomas/Sieber, Ulrich/Holznagel, Bernd (Hrsg.), Handbuch Multimedia-Recht – Rechtsfragen des elektronischen Geschäftsverkehrs, 58. Auflage, München 2022.

Hoeren, Thomas/Wehkamp, Nils, Individualität im Quellcode? Softwareschutz und Urheberrecht, CR 2018, 1 ff.

Holthaus, Jörg, Besteuerung von Rechteüberlassungen ins Inland und Steuerabzug gemäß § 50a Abs. 1 Nr. 3 EStG vor dem Hintergrund des geplanten BMF-Schreibens, IStR 2017, 729 ff.

Horns, Axel H., Anmerkungen zu begrifflichen Fragen des Softwareschutzes, GRUR 2001, 1 ff.

Houareau, Renè, Reform des Urhebervertragsrecht aus Sicht der Musikproduzenten – Keine „einfachen" Lösungen für komplexe Wirtschaftsfragen, ZUM 2015, 469 ff.

Hucko, Elmar Matthias, Das neue Urhebervertragsrecht: angemessene Vergütung – neuer Bestsellerparagraf – gemeinsame Vergütungsregeln, Halle (Saale) 2002.

Hüttemann, Rainer, Steuerrechtliche Rechtsanwendung zwischen Eigenständigkeit und Maßgeblichkeit des Zivilrechts, in: Droege, Michael/Seiler, Christian (Hrsg.), Eigenständigkeit des Steuerrechts, Tübingen 2019, 115-127.

Internationales Büro der Weltorganisation für geistiges Eigentum, Mustervorschriften für den Schutz von Computersoftware, GRUR Int. 1978, 286 ff.

Jaeger, Till/Metzger, Axel, Open Source Software – rechtliche Rahmenbedingungen der freien Software, 5. Auflage, München 2020.

Jani, Ole, Der Buy-out-Vertrag im Urheberrecht, Berlin 2003.

Junker, Abbo/Benecke, Martina, Computerrecht, 3. Auflage, Baden-Baden 2003.

Karl, Christof, Der urheberrechtliche Schutzbereich von Computerprogrammen, München 2009.

Katko, Peter/Maier, Tobias, Computerspiele – die Filmwerke des 21. Jahrhunderts?, MMR 2009, 306 ff.

Katzenberger, Paul, Beteiligung des Urhebers an Ertrag und Ausmaß der Werkverwertung – Altverträge, Drittwirkung und Reform des § 36 UrhG, GRUR Int. 1983, 410 ff.

Katzenberger, Paul, Urheberrechtsverträge im Internationalen Privatrecht und Konventionsrecht, in: Beier, Friedrich-Karl/Götting, Horst-Peter/Lehmann, Michael/Moufang, Rainer (Hrsg.), Urhebervertragsrecht - Festgabe für Gerhard Schricker zum 60. Geburtstag, München 1995, 225-263.

Kindermann, Manfred, Der angestellte Programmierer – urheberrechtliche Beurteilung und Vertragspraxis, GRUR 1985, 1008 ff.

Kirchhof, Paul/Seer, Roman (Hrsg.), Einkommensteuergesetz - Kommentar, 21. Auflage, Köln 2022.

Klass, Nadine, Das Urheberrecht in Arbeits- und Dienstverhältnissen – Eine Analyse der deutschen Rechtslage im Vergleich mit Systemen angloamerikanischer Prägung, GRUR 2019, 1103 ff.

Klein, Franz (Begr.), Abgabenordnung – einschließlich Steuerstrafrecht, 15. Auflage, München 2020.

Klomp, Stefanie, Anmerkung zu FG Köln vom 28.09.2016, 3 K 2206/13: Steuerabzugspflicht nach § 50a Abs. 1 Nr. 3 EStG bei Buy-out-Verträgen, EFG 2017, 303 ff.

Kolle, Gert, Der angestellte Programmierer – Zur rechtlichen Zuordnung von in Arbeitsverhältnissen geschaffenen, insbesondere urheberrechtlich geschützten Softwareprodukten, GRUR 1985, 1016 ff.

Kolle, Gert, Der Rechtsschutz von Computerprogrammen aus nationaler und internationaler Sicht, GRUR 1974, 7 ff.

Konertz, Roman, Die Sondervergütung des Urhebers im Arbeitsverhältnis – Unter Berücksichtigung der DSM-RL und ihrer nationalen Umsetzung, ZUM 2020, 929 ff.

Konertz, Roman, Die Sondervergütung und das Recht auf Zweitverwertung im Arbeitnehmerurheberrecht – Folgen der jüngsten Urheberrechtsreform, NZA 2017, 614 ff.

Kurosu, Masaaki/Kashimura, Kaori, Apparent Usability vs. Inherent Usability Experimental analysis on the determinants of the apparent usability, CHI `95, 292 ff.

König, Michael, Computerprogramme sind keine Sprachwerke Teil 2, JurPC 1991, 1122 ff.

Lehmann, Michael, Das Urhebervertragsrecht der Softwareüberlassungen, in: Beier, Friedrich-Karl/Götting, Horst-Peter/Lehmann, Michael/Moufang, Rainer (Hrsg.), Urhebervertragsrecht - Festgabe für Gerhard Schricker zum 60. Geburtstag, München 1995, 543-571.

Lehmann, Michael, Der Rechtsschutz von Computerprogrammen in Deutschland, NJW 1988, 2419 ff.

Lessing, Gotthold Ephraim, Emilia Galotti, Braunschweig 1772.

Loewenheim, Ulrich, (Hrsg.), Handbuch des Urheberrechts, 3. Auflage, 2021.

Lucas-Schloetter, Agnès, Das neue Urhebervertragsrecht, GRUR 2017, 235 ff.

Manthey, Johannes/Zettl, Lukas, Wirtschaftliches Eigentum an Rechten – Vertragsüberlassung oder Übertragung, IStR 2021, 449 ff.

Marly, Jochen, Der Schutzgegenstand des urheberrechtlichen Softwareschutzes – Zugleich Besprechung zu EuGH, Urt. v. 2.5.2012 - C-406/10 – SAS Institute, GRUR 2012, 773 ff.

Marly, Jochen, Urheberrechtsschutz für Computersoftware in der Europäischen Union – Abschied vom überkommenen Urheberrechtsverständnis, München 1995.

Melullis, Klaus-J., Zur Patentfähigkeit von Programmen für Datenverarbeitungsanlagen, GRUR 1998, 843 ff.

Metzger, Axel, Urheberrecht, in: Basedow, Jürgen/Hopt, Klaus J./Zimmermann, Reinhard (Hrsg.), Handwörterbuch des europäischen Privatrechts, Tübingen 2009 unveränderte Studienausgabe 2011, abrufbar unter: https://hwb-eup2009.mpipriv.de/index.php/Urheberrecht; zuletzt abgerufen am: 29.07.2022, 11 Uhr.

Metzger, Axel/Jaeger, Till, Open Source Software und deutsches Urheberrecht, GRUR Int. 1999, 839 ff.

Meyer, André, Steuerliches Leistungsfähigkeitsprinzip und zivilrechtliches Ausgleichungssystem – Zum zivilrechtlichen Ausgleich Von Steuerfolgen, Köln 2013.

Meyer, Stephan, Miturheberschaft und Aktivlegitimation bei freier Software, CR 2011, 560 ff.

de Misguel Asensio, Pedro A., Spain, in: Kono, Intellectual property and private international law – comparative perspectives, Oxford 2012, 975-1022.

Moshagen, Morten/Thielsch, Meinald T., Facets of visual aesthetics, International Journal of Human-Computer Studies, 68 (2010), 689 ff.

Möhring, Philipp/Nicolini, Käte (Begr.), Urheberrecht – UrhG, KUG, VerlG, VGG: Kommentar, 4. Auflage, München 2018.

Nordemann, Jan Bernd, Der neue § 40a UrhG: Das Recht zur anderweitigen Verwertungnach zehn Jahren bei pauschaler Vergütung, in: Dreier, Thomas/Pfeifer, Karl-Nikolaus/Specht-Riemenschneider, Louisa (Hrsg.), Anwalt des Urheberrechts – Festschrift für Gernot Schulze zum 70. Geburtstag, München 2017, 265-275.

Ohly, Ansgar, Anmerkungen zu EuGH vom 19.12.2019, C-263/18: „Öffentliche Wiedergabe" durch Verkauf „gebrauchter" E-Books – NUV ua/Tom Kabinet, GRUR 2020, 179 ff.

Ory, Stephan, Neues Recht für Verträge mit Kreativen, NJW 2017, 753 ff.

Ottermann, Maria, Der Werkschöpfer im Arbeits- und Auftragsverhältnis - die originäre Inhaberschaft des Urheberrechts unter Berücksichtigung des Urheberpersönlichkeitsrechts und des Urheberkollisionsrechts in Deutschland, England und den Niederlanden, Baden-Baden 2019.

Pahlow, Louis, Das einfache Nutzungsrecht als schuldrechtliche Lizenz, Zur Auslegung § 31 Abs. 2 UrhG, ZUM 2005, 865 ff.

Petersen, Sven, Quellensteuer bei Überlassung von Standardsoftware, IStR 2013, 896 ff.

Petersen, Sven/Herbst, Christian, Grundlegendes zur beschränkten Steuerpflicht und Quellensteuerabzugverpflichtung bei Rechteüberlassungen unter Berücksichtigung jüngster (zivilrechtlicher) Gesetzesänderungen, IStR 2021, 745 ff.

Pinkernell, Reimar, EuGH-Urteil im Fall UsedSoft gegen Oracle klärt steuerlichen Teilaspekt des grenzüberschreitenden Online-Softwarebetriebs, ISR 2012, 82 ff.

Pohl, Dirk, Anmerkung zu BFH vom 24.10.2018, I R 69/16: Steuerabzug nach § 50a Abs. 1 Nr. 3 EStG bei „total-buy-out"-Vertrag, IStR 2019, 425 ff.

Poll, Günter/Brauneck, Anja, Rechtliche Aspekte des Gaming-Markts, GRUR 2001, 389 ff.

Pres, Andreas, Gestaltungsformen urheberrechtlicher Softwarelizenzverträge - eine juristische und ökonomische Untersuchung unter besonderer Berücksichtigung des Zweiten Gesetzes zur Änderung des Urheberrechtsgesetzes vom 9. Juni 1993, Köln 1994.

Preuss, Inge Nora, Der Rechtsschutz von Computerprogrammen – unter besonderer Berücksichtigung der Systematik des Immaterialgüterrechts, Erlangen-Nürnberg 1987.

Rauda, Christian, Der Rückruf wegen gewandelter Überzeugung nach § 42 UrhG - Von Web 2.0 aus dem Dornröschenschlaf geweckt?, GRUR 2010, 22 ff.

Rauda, Christian, Recht der Computerspiele, München 2013.

Redeker, Helmut, IT-Recht, 7. Auflage, München 2020.

Reiter, Peter, Steuerabzug auf grenzüberschreitende Vergütungen für die Überlassung von Urheberrechten – Besonderheiten bei gemeinschaftlich entwickelten Produkten und Auftragsentwicklungen, IStR 2017, 572 ff.

Riesenhuber, Karl, Die Auslegung des Wahrnehmungsvertrages, GRUR 2005, 712 ff.

Roder-Hießrich, Verena, Manchmal ist weniger mehr! – Verträge über Software-Entwicklung mit ausländischen Kapitalgesellschaften, CR 2021, 374 ff.

Roder-Hießrich, Verena, Quellensteuerabzug nach § 50a EStG für die Entwicklung von Software im Ausland – ein urheberrechtlicher Diskussionsbeitrag, in: Flick Gocke Schaumburg (Hrsg.), Vielfalt in der steuerzentrierten Rechtsberatung - frauen@fgs, Köln 2021, 403-427.

Salomon, Klaus/Riegler, Fabian, Die Entlastung ausländischer Kapitalanleger von Abzugsteuern, insbesondere nach den DBA, IStR 2009, 785 ff.

Schaal, Jan-Dierk/Gebhardt, Ronald, Zur praktischen (Ir)relevanz der „Total Buy Out"-Rechtsprechung des BFH für den Steuerabzug nach § 50a EStG, IStR 2021, 887 ff.

Schack, Haimo, Neuregelung des Urhebervertragsrechts – Kritische Anmerkungen zum Professorenentwurf, ZUM 2001, 453 ff.

Schack, Haimo, Urheber- und Urhebervertragsrecht, 10. Auflage, Tübingen 2021.

Schaub, Renate, Der „Fairnessausgleich" nach § 32a UrhG im System des Zivilrechts, ZUM 2005, 212 ff.

Schierenberg, Giso, § 31 Abs. 5 UrhG im Kontext des neuen Urhebervertragsrechts, AfP 2003, 391 ff.

Schippan, Martin, Klare Worte des BGH zur Wirksamkeit von Honorarbedingungen für freie Journalisten – Zugleich Besprechung von BGH ZUM 2012, 793 – Honorarbedingungen Freie Journalisten, ZUM 2012, 771 ff.

Schlotter, Carsten/Hruschka, Franz, Aktuelle Fragen des Steuerabzugs nach § 50a EStG aus Unternehmenssicht, StbJb 2017/2018, 667 ff.

Schricker, Gerhard/Loewenheim, Ulrich, Urheberrecht - UrhG, KUG, VGG: Kommentar, 6. Auflage, München 2020.

Scholz, Matthias, Die rechtliche Stellung des Computerprogramme erstellenden Arbeitnehmers nach Urheberrecht, Patentrecht und Arbeitnehmererfindungsrecht, Köln 1989.

Schulze, Gernot, Die Übertragungszwecklehre – Auslegungsregel und Inhaltsnorm? - Zugleich Besprechung zu BGH, Urt. v. 31.5.2012 – I ZR 73/20 – Honorarbedingungen Freie Journalisten, GRUR 2012, 993 ff.

Schulze, Gernot, Kein Pauschalentgelt bei zeitlich unbegrenzter Rechtseinräumung, in: Büscher, Wolfgang/Erdmann, Willi/Haedicke, Maximilian/Köhler, Helmut/Loschelder, Michael (Hrsg.), Festschrift für Joachim Bornkamm zum 65. Geburtstag, München 2014, 949-963.

Schulze, Gernot, Werkgenuss und Werknutzung in Zeiten des Internets, NJW 2014, 721 ff.

Soppe, Martin, Das Urhebervertragsrecht und seine Bedeutung für die Vertragsgestaltung, NJW 2018, 729 ff.

Spindler, Gerald/Schuster, Fabian (Hrsg.), Recht der elektronischen Medien, 4. Auflage, München 2019.

Säcker, Franz Jürgen/Rixecker, Roland/Oetker, Hartmut/Limperg, Bettina (Hrsg.), Münchener Kommentar zum Bürgerlichen Gesetzbuch, 9. Auflage, München 2021.

Tauchert, Wolfgang, Zur Beurteilung des technischen Charakters von Patentanmeldungen aus dem Bereich der Datenverarbeitung unter Berücksichtigung der bisherigen Rechtsprechung, GRUR 1997, 149 ff.

Thiele, Philipp J., Quellensteuerabzug bei Softwareüberlassung – Das neue BMF-Schreiben zu § 50a EStG im Kontext des Urheberrechts, DStR 2018, 274 ff.

Tipke, Klaus, Die Steuerrechtsordnung, Band I, Köln 1993.

Tipke, Klaus, Die Steuerrechtsordnung, Band III, Köln 1993.

Tipke, Klaus (Begr.) /*Lang, Joachim* (Fortf.), Steuerrecht, 24. Auflage, Köln 2021.

Tractinsky, Noam, Aesthetics and Apparent Usability: Empirically assessing cultural and methodological issues, CHI `97, 115 ff.

Ulbricht, Johannes, Unterhaltungssoftware: Urheberrechtliche Bindungen bei Projekt- und Publishingverträgen, CR 2002, 317 ff.

Ulmer, Eugen, Die Immaterialgüterrechte im internationalen Privatrecht – rechtsvergleichende Untersuchung mit Vorschlägen für die Vereinheitlichung in der Europäischen Wirtschaftsgemeinschaft, Köln 1975.

Ulmer, Eugen, Urheber- und Verlagsrecht, 3. Auflage, Berlin 1980.

Ulrici, Bernhard, Vermögensrechtliche Grundfragen des Arbeitnehmerurheberrechts, Tübingen 2008.

Vinck, Kai, Die Rechtsstellung des Urhebers im Arbeits- und Dienstverhältnis, Berlin 1972.

Vinje, Thomas C., The Legislative History of the EC Software Directive, in: Lehmann, Michael/Tapper, Colin (Hrsg.), A handbook of European software law - Part 1, Oxford 1993, 39-142.

Walz, W. Rainer, „Der Buchstabe tötet, aber der Geist macht lebendig" – 2. Korinther, 3, Vers 6 – Anmerkungen zu BFH GrS 2/82, Beschl. vom 21.11.1983 – „Geldbußen", StuW 1984, 170 ff.

Walz, W. Rainer, Steuergerechtigkeit und Rechtsanwendung – Grundlinien einer relativ autonomen Steuerrechtsdogmatik, Heidelberg 1980.

Wandtke, Artur-Axel/Bullinger, Winfried (Hrsg.), Praxiskommentar Urheberrecht – UrhG, VGG, InsO, UKlaG, KUG, EVtr, InfoSoc-RL, 6. Auflage, München 2021.

Weber, Klaus (Hrsg.), Rechtswörterbuch, 28. Edition, München 2022.

Werneke, Frank/Vereinte Dienstleistungsgewerkschaft, Bewertung des Regierungsentwurfs eines „Gesetzes zur verbesserten Durchsetzung des Anspruchs der Urheber und ausübenden Künstler auf angemessene Vergütung", 9. Mai 2016, abrufbar unter: https://medien-kunst-industrie.verdi.de/ueber-uns/nachrichten/++co++133575b8-15c3-11e6-846b-525400438ccf; zuletzt abgerufen am: 21.07.2022, 18 Uhr.

Wilson, Greg/Aruliah, D.A./Brown, C. Titus/Chue Hong, Neil P./Davis, Matt./Guy, Richard T./Haddock, Steven H.D./Huff, Kathryn D./Mitchell, Ian M./Plumbley, Mark D./Waugh, Ben/White, Ethan P./Wilson, Paul, Best Practices for Scientific Computing, PLoS Biol 12(1), 2014.

Wimmers, Jörg/Rode, Tibor, Der angestellte Softwareprogrammierer und die neuen urheberrechtlichen Vergütungsansprüche – Argumente für die Fortgeltung der bisher geltenden Grundsätze auch nach dem neuen Urhebervertragsrecht, CR 2003, 399 ff.

Witte, Andreas, Der Rückruf von Softwarerechten, ITRB, 2011, 93 ff.

Zech, Herbert, Vom Buch zur Cloud. Die Verkehrsfähigkeit digitaler Güter, ZGE 2013, 368 ff.

Schriftenreihe zum Urheber- und Kunstrecht

Herausgegeben von Thomas Hoeren

Band 1 Stefan Baufeld: Kulturgutbeschlagnahmen in bewaffneten Konflikten, ihre Rückabwicklung und der deutsch-russische Streit um die so genannte Beutekunst. 2005.

Band 2 Alexandra Kruczek: Die Bewertung der Kabelweitersenderechte der Sendeunternehmen in Deutschland und den USA. 2005.

Band 3 Larissa Marrder: Verwertung von Filmrechten in der Insolvenz. 2006.

Band 4 Felix Heinz Siegfried: Internationaler Kulturgüterschutz in der Schweiz. Das Bundesgesetz über den internationalen Kulturgütertransfer (Kulturgütertransfergesetz, KGTG). 2006.

Band 5 Karsten Lisch: Das Abstraktionsprinzip im deutschen Urheberrecht. 2007.

Band 6 Thomas Meschede: Der Schutz digitaler Musik- und Filmwerke vor privater Vervielfältigung nach den zwei Gesetzen zur Regelung des Urheberrechts in der Informationsgesellschaft. 2007.

Band 7 Thomas Hoeren/Bernd Holznagel/Thomas Ernstschneider (Hrsg.): Handbuch Kunst und Recht. 2008.

Band 8 Michael Nielen: Interessenausgleich in der Informationsgesellschaft. Die Anpassung der urheberrechtlichen Schrankenregelungen im digitalen Bereich. 2009.

Band 9 Urban von Detten: Kunstausstellung und das Urheberpersönlichkeitsrecht des bildenden Künstlers. 2010.

Band 10 Timo Prengel: Bildzitate von Kunstwerken als Schranke des Urheberrechts und des Eigen¬tums mit Bezügen zum Internationalen Privatrecht. 2011.

Band 11 Christine Altemark: Wahrnehmung von Online-Musikrechten im Europäischen Wirtschafts-raum. Unter besonderer Berücksichtigung des Systems der Rechtewahrnehmung seit der Empfehlung der Kommission vom 18. Oktober 2005. 2011.

Band 12 Donata von Gruben: Das urheberrechtliche Entstellungsverbot im Umgang mit Original¬werken der bildenden Kunst. Unter besonderer Berücksichtigung der Eigenarten zeitge¬nössischer Kunst. 2013.

Band 13 Kathrin-Lena Kriesel: Einheitlicher europäischer Werkbegriff und Herabsenkung der Anforderungen an die Gestaltungshöhe bei Werken der angewandten Kunst. 2014.

Band 14 Nico Brunotte: Urheberrechtliche Bewertung der Streamingfilmportale. Unter besonderer Berücksichtigung der Schrankenbestimmung zu ephemeren Vervielfältigungen und des di¬gitalen Werkgenusses. 2014.

Band 15 Tudor Vlah: Parodie, Pastiche und Karikatur – Urheberrechte und ihre Grenzen. Eine rechtsvergleichende Untersuchung des deutschen und spanischen Urheberrechts. 2015.

Band 16 Benjamin Wübbelt: Die Zukunft der kollektiven Rechtewahrnehmung im Online-Musik¬bereich. 2015.

Band 17 Theresa Uhlenhut: Panoramafreiheit und Eigentumsrecht. 2015.

Band 18 Johannes Franck: Smart Grids und Datenschutz. Verarbeitung von Energiedaten in intelli¬genten Stromnetzen aus datenschutzrechtlicher Perspektive. 2016.

Band 19 Silviya Yankova: Das Folgerecht und die Durchsetzung der folgerechtlichen Vergütungsansprüche. 2016.

Band 20 Florian Klein: Personenbilder im Spannungsfeld von Datenschutzgrundverordnung und Kunsturhebergesetz. 2017.

Band 21 Julia Werner: Die Reformbedürftigkeit des Lichtbildschutzes nach § 72 UrhG aus rechtsökonomischer Perspektive.: Eine urheber- und einkommenssteuerrechtliche Betrachtung umfassender Nutzungsrechteeinräumungen 2023.

Band 22 Owen Mc Grath : Die Relevanz des Urheberrechts für den Steuerabzug nach § 50a Abs. 1 Nr. 3 EStG im Rahmen der Softwareentwicklung: Eine urheber- und einkommenssteuerrechtliche Betrachtung umfassender Nutzungsrechteeinräumungen. 2023.

www.peterlang.com

www.ingramcontent.com/pod-product-compliance
Ingram Content Group UK Ltd.
Pitfield, Milton Keynes, MK11 3LW, UK
UKHW021853290926
8980IPUK00005B/803